THE THEORY OF COLOR DESIGN
色彩デザイン学

THE THEORY OF COLOR DESIGN
色彩デザイン学

色彩デザイン学
THE THEORY OF COLOR DESIGN

目次

はじめに
色彩学は配色のデザイン学である　三井秀樹　4
色彩センスとデジタルカラー　三井直樹　6

1. 色彩学の基本と色のとらえ方　9
　1-1 色彩学を学ぼうとするあなたへ　10
　1-2 まず色のルーツを探る　12
　1-3 色彩の基本を正しく知る　14
　1-4 色の三属性　15
　1-5 色彩の表示法　23
　・ヨハネス・イッテン「カラースター」(Johannes Itten 'The Color Star')　24

2. マンセルカラーを知ろう　25
　2-1 色彩学の発展と色彩科学　26
　2-2 マンセルシステムをマスターしよう　29
　2-3 マンセルシステムの基本と色彩の考え方　29
　2-4 マンセルシステム　30

3. 配色の基本とデザイン　35
　3-1 色彩とイメージ　36
　3-2 配色とは何か　36
　3-3 配色は理論に基づく　37
　3-4 配色の基本理論　39
　3-5 ムーン・スペンサーの色彩調和理論　43
　3-6 さらに高度な配色法に向けて　51
　3-7 無彩色の配色とモノトーンの力　55
　3-8 無彩色＋有彩色　60

4. トーンによる配色　67
　4-1 トーンとPCCS　68
　4-2 トーンによる配色　73
　4-3 トーンイントーンとトーンオントーン　74

5. 併せて覚えておきたい配色のテクニック　77
　5-1 配色法をどのように会得するか　78
　5-2 ハイキーとローキー　78
　5-3 トライアード(Triad)とテトラード(Tetrad)　80

6. 配色力とカラーセンス　85
 6-1 調和理論と現実　86
 6-2 配色美学──その1・明度差について　86
 6-3 配色美学──その2・面積比　89
 6-4 配色美学──その3・基調色　92
 6-5 色彩とテクスチュア　92
 ・パントン・ビューカラープランナー（PANTONE® VIEW Colour Planner）　98

7. 色の見え方とイリュージョン　99
 7-1 色彩の心理　100
 7-2 配色の見えやすさと視認性　100
 ・バウハウス・カラーゴマ（Bauhaus Optischer Farbmischer）　110

8. デジタルカラーの基本　111
 8-1 絵の具とコンピュータ　112
 8-2 色光と絵の具の色　112
 8-3 デジタルカラーと加法混色、減法混色　114
 8-4 デジタルカラーの色再現とHSBカラーモード　114
 ・カラーマネージメント（Color Management）　120

9. デジタルカラーの配色法　121
 9-1 CMYカラーを数値でとらえる　122
 9-2 CMYカラーキューブの12色相　124
 9-3 CMYKで配色を考える　128
 9-4 RGBカラーの原理とWebカラー　132
 9-5 WebカラーによるRGBカラーキューブ（色立体）　134

10. 資料編　153
 ・オストワルトシステム（Ostwald System）　154
 ・XYZ表色系（CIE1931標準表色系：CIE1931 Standard Colorimetric System［XYZ］）　155
 ・プロセスカラーチャート　156
 ・プロセスカラーチャート（ライトカラー）　157
 ・プロセスカラーチャート（ライトカラー＋K）　158
 ・PCCSのトーン記号一覧　160
 ・PCCS色票インデックス　161
 ・色彩を活用するためのツール　166

■ 用語解説　169

・INDEX　175
・参考文献／出典　179
・あとがき　180

・ピンクの○印は学生による作品です。
・掲載されている作品は、作品名、媒体名、制作者名、年代、クライアント、他の順番で基本的に表記しています。

はじめに
色彩学は配色のデザイン学である　　三井秀樹

　色彩学を学ぶことの喜びは、カッコいい配色をつくり出せる醍醐味にあります。それはアートやデザインの色彩表現に限らず、私たちの日常生活のあらゆる場においてTPO（時・場所・目的）に応じたカラーハーモニー（色彩調和）を自由自在につくり出し、選び出せる能力にあるのではないでしょうか。この能力は色彩学の専門の勉強や、理論だけで会得できるものではありません。つまり、私たちにとって真に必要な色彩学は、自然や現代社会のあらゆる色彩環境の中で、「色彩センス」といわれる色彩に対する鋭敏な感性を養うことなのです。

　今、私たちに求められているのは、色彩の学問的知識ではなく、色彩を自由に操り、センスのよい色彩環境をつくり出せる配色力ではないでしょうか。つまり、色彩学は私たちにとって配色学でもあるのです。本書は従来の類書と一線を画し、こうした視点に立って執筆しました。また絵の具や色材による従来のアナログカラーと、この十数年来、新しく登場してきたコンピュータによるデジタルカラーを融合し、色彩や配色デザインの即戦力となる色彩学を総合的にとらえた、色彩の感性を身につける初の書を目指しました。

●

　私は大学のデザイン教育や色彩構成演習など、造形教育の現場における長年の経験から、どのような色彩の指導法が最も教育成果が上がるのか、また配色力を養うことが結果的に総合的な造形力を高めていくのを体感してきました。

　従来の色彩学は、絵画やデザインなどのドローイングや平面構成のトレーニングを通して、自ら会得するようにカリキュラム化されています。本書は、従来のトレーニング法をさらに色彩教育システムとして体系化し、構成学を援用しながら、アートやデザインの専門家でなくとも、習得できる配色学の本としました。

　現代社会では、その人柄やイメージがファッションなど、見た目で判断される機会が多くなりました。ビジネスマンは仕事にふさわしいきりりとしたファッション、学生は学生らしい清潔で健康的なイメージの服装が求められるように、TPOに応じた色のコーディネートが大切になります。

配色力を身につける

色彩の表現
アナログカラー ＋ デジタルカラー
絵の具、印刷　　色光、モニター
↓
色彩の基本としくみを学ぶ
↓
配色法の基本システムを学ぶ
↓
カラーイメージを決める
↓
カラーイメージを自由に
つくり出す配色力を会得する

また、レストランやホテル、ブティックなどの商業施設やパブリックスペースのインテリアでは、ブランドイメージだけでなく、場の与える信頼感や安らぎ、高揚感などさまざまな心理効果やイメージを演出する配色計画が重要です。

食品の販促ポスターでは、シズル感が伝わるヴィジュアルや食欲をそそる配色が広告デザイン上不可欠です。

ビジネスの現場ではどうでしょうか。パワーポイントのプレゼンテーションでは、得てしてカラフルな多色使いで、ただ派手なヴィジュアルが目立ちます。正しい配色法を知っていれば、色数を2、3色に絞り、メリハリ感のある配色となり、さらに見やすく訴求性の高いドキュメントとなるはずです。

●

本書では、こうしたさまざまな条件の下に求められる配色力の向上、つまりあなたの色彩センスを豊かにするテクニックと表現のコツを中心に、色彩のもつ特性や表現効果を再確認し、真の色彩力を会得するためのトレーニング法を紹介していきます。

そのためには、以下のことを守ってください。

・自分の好みや経験上の配色がベストであると思わない。
・思い込みで色のイメージや配色を決めつけない。
・使う目的のイメージに合わせて配色を計画する。
・流行色やファッショントレンドの配色に左右されない。
・コンピュータのみで配色トレーニングを行わない。

では、本書の内容にそってトレーニングを始めましょう。このトレーニングの効果は、アートやデザイン制作だけでなく、メイクやファッションのコーディネートにおいても体感できます。自分自身で効果を確認できるまで、繰り返し続けてください。

本書で紹介する方法で、配色法のトレーニングの効果を色紙や絵の具、あるいはコンピュータのデスクトップ上で試してみましょう。きっと、配色力の威力を再認識できるはずです。

色彩センスとデジタルカラー　　　三井直樹

M100％とY100％で何色になるかイメージできますか。
カラーチャートを使わずに、CMYKで配色できますか。

これは本書のデジタルカラーで学ぶ内容の一部です。これまでに色彩の検定や色彩学の講義を受けた読者の方で、デジタルカラーは苦手という方がいらっしゃると思いますが、それは当然です。
私たちが学んできた色彩の勉強は、あくまでも絵の具や色紙などの色材をもとにした理論であり、それはマンセルシステムやPCCSを基本としています。ところが、デジタルカラーでは、印刷の出力にはCMYK、WebデザインやアニメーションはRGBで色を数値（データ）で指定しなければなりません。つまり、アナログで培ってきた色彩理論や配色方法のテクニックを即、デジタルツール上で再現させることができないのです。
そこで、私は従来のアナログカラーとデジタルカラーの橋渡しとなる内容の書を目指しました。もちろん、デジタルツールを使わない読者の方にも対応した色彩の仕組みや配色のコツがつかめるようにした内容構成です。
本書では、まずアートやデザインにいかせる色彩学をマスターするための基本を説き明かしていきます。その上でデジタルカラーとの関わりやシステムの特性を理解していくという二段構えの方法をとっています。例えば、マンセルのカラーサークル（ヒューサークル）とCMY値との関係を理解し、CMY値によるカラーサークルを解説していきます。やや遠回りのようにみえますが、色彩をシステムとして理解するための正攻法なのです。
つまりアナログカラーの基本となるマンセルシステムやPCCSの理論を理解した上で、コンピュータによるデジタルカラーに対応した理論やテクニックを学んでいくということです。

●

デザインの現場では、映像やWebはもちろん、新聞、ポスター、書籍、雑誌、パッケージなど印刷媒体の制作は、数値データによるデジタル処理がごく一般的になりました。
かつて、印刷工程に入るまでのプリプレスでは、アートディレクター、デザイナー、コピーライター、版下担当のフィニッシュマン、写植オペレー

ター、タイポグラファ、フォトグラファなど、それぞれ役割分担が決まっていました。

現在では、こうした明確なデザインプロセスがあいまいとなっています。ひとりのデザイナーがデスクトップ上で企画、制作、最終的なデータ出力までのすべてのワークフローができるようになったのです。

このワークフローのなかで、デザイナーはアプリケーション上のパレットで色を選択し、配色やレイアウトをします。以前は、色名帳やDICカラーガイドやTOYO COLOR FINDER、PANTONEの色見本帳から色を選び、印刷の仕上がりは色見本と照合しながら、デザインを行っていました。今やこれらの特色の色見本もアプリケーション上でシミュレーションが可能です。

最近では、アプリケーションの機能性の飛躍的な向上によって、デジタル処理に依存するヴィジュアル表現が確実に広がってきました。裏返せば、未熟なデザイナーもオペレーションに習熟すれば、ある程度まとまったヴィジュアル制作が可能になったのです。

●

訴求性の高い魅力あるデザイン表現となるか、低レベルのデザインに終わるかは、デザイン力と色彩力の有無に左右されてくるのです。

本書では、デジタルデザインの現場で必須のデジタルカラーについて、そのとらえ方や従来のアナログカラーとの相関関係、配色テクニックなどさまざまな課題を解説していきます。併せて、DTPの演習で私が指導した色彩構成の学生作品や豊富な国内外の作品を用いながら紹介していきます。

ここで重要なのは、アナログで培われた色彩感覚をデジタル環境で使いこなしていく能力と、これをコンピュータでオペレーションできる技能です。本書では、このデジタルカラーとアナログカラー、両者の相関をいかにわかりやすく論じていくか、私の教育経験や独自の研究成果を注ぎ込みました。本書をデジタルカラーで配色する実践的なトレーニングのテキストとしても上手に活用して下さい。色彩力に少しでも不安を感じたり、自信をもてない時は、初心に戻り、本書を初めから読み直して下さい。その成果は早晩応えてくれるはずです。

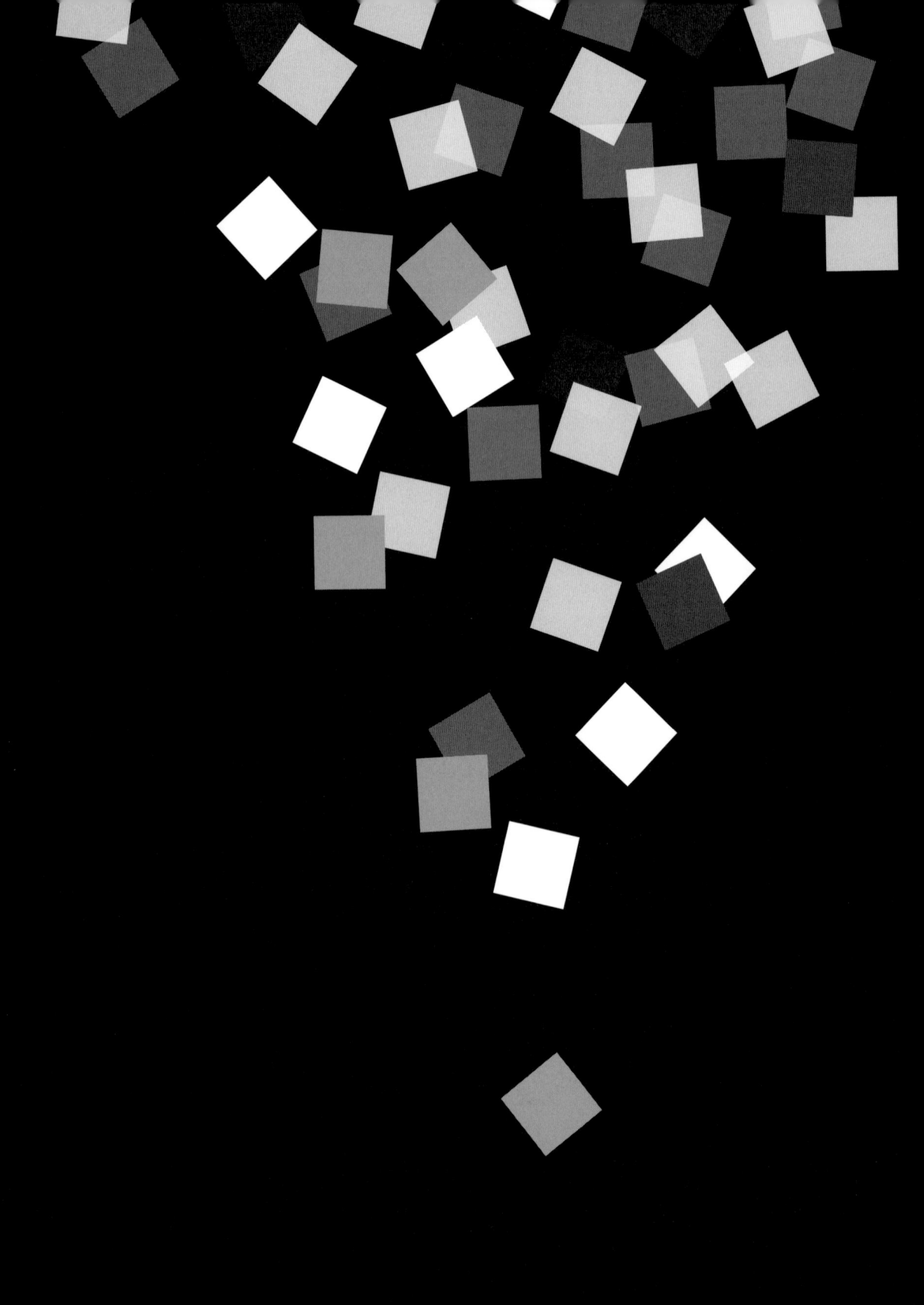

1 色彩学の基本と色のとらえ方

1. 色彩学の基本と色のとらえ方

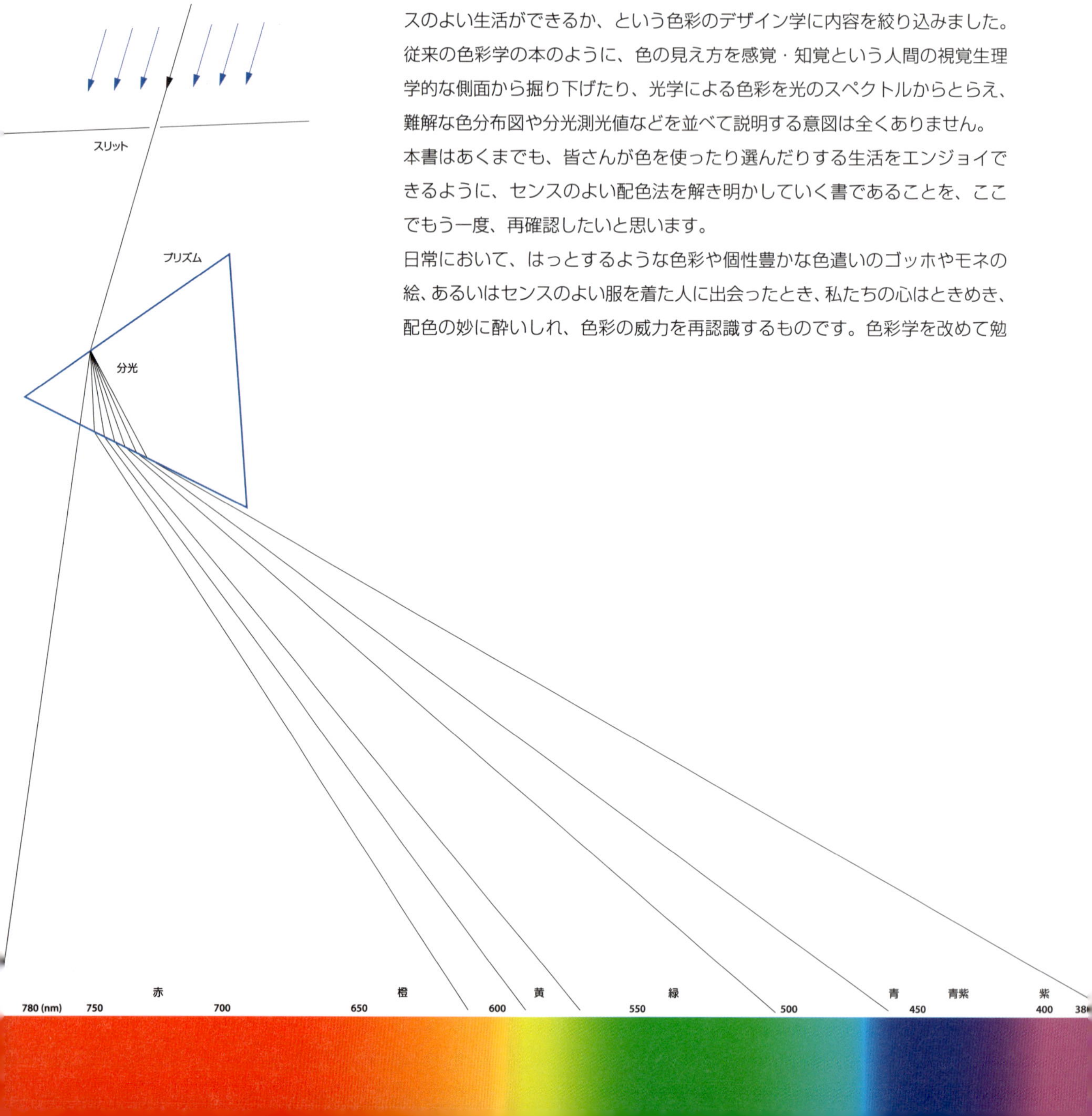

図1-1. プリズムによる分光
太陽光（白色光）をプリズムに通すと、波長の長い順に赤、橙、黄、緑、青、青紫、紫に分光される。このひとつひとつが単色光であり、帯状に並べたものをスペクトルという。人間が色として認識できる太陽光の電磁波は可視光線とも呼ばれる。1nm（ナノメートル）は1mmの100万分の1。

1-1 色彩学を学ぼうとするあなたへ

本書は、現代の日常生活の中で読者の皆さんが色彩をどのようにとらえ、どのような配色によって創作したり衣食住の環境を整えたら、より快適でセンスのよい生活ができるか、という色彩のデザイン学に内容を絞り込みました。従来の色彩学の本のように、色の見え方を感覚・知覚という人間の視覚生理学的な側面から掘り下げたり、光学による色彩を光のスペクトルからとらえ、難解な色分布図や分光測光値などを並べて説明する意図は全くありません。

本書はあくまでも、皆さんが色を使ったり選んだりする生活をエンジョイできるように、センスのよい配色法を解き明かしていく書であることを、ここでもう一度、再確認したいと思います。

日常において、はっとするような色彩や個性豊かな色遣いのゴッホやモネの絵、あるいはセンスのよい服を着た人に出会ったとき、私たちの心はときめき、配色の妙に酔いしれ、色彩の威力を再認識するものです。色彩学を改めて勉

強してみたいと自らを奮い立たせるのは、こんなときかもしれません。

しかし、配色という色と色とのマッチング（組み合わせ）は一見簡単なようですが、なかなかどうして理論どおりにはいかないものです。

こうした配色理論は、古くから欧米の学者の間で色彩調和理論として、さまざまな理論が提言されてきました。その中で現在最も普及しているのが「**ムーン・スペンサーの色彩調和理論**」です。後述しますが、これはそれまでの理論のいいとこ取りで、1944年に集大成した理論です（P.42参照）。しかしこの理論も完ぺきとはいえません。なぜならば、この理論もある一定の面積が隣り合わせで接していることを前提とした調和理論だからです。

現実問題として、ある色と別の色の配色は互いに直線で接したり、またそれぞれの色が全く同じ面積になっているとは限らないはずです。境界線がギザギザであったり、色面の中にぽつんと島のように別の色が配されていたり、両者の面積が極端に異なっていたり、またストライプ状や地模様になっていたりと、全く千差万別です。

現在刊行されている色彩の事典や配色イメージ集は、実際に起こりうるあらゆる色の配置やパターンを想定していません。したがって、ほとんどの本に紹介されているよい配色サンプルを、そのままファッションコーディネートやポスター制作に応用しても、必ずしもよい配色に仕上がるとは限らないのです。

そこで本書では、ムーン・スペンサーの理論や日本色彩研究所（色研）の編み出したトーンの配色、またこれまで提唱されてきた色彩調和理論のエッセンスを体系的にまとめて紹介しながら、読者の皆さんに、配色のコツを順に会得していただくという構成になっています。

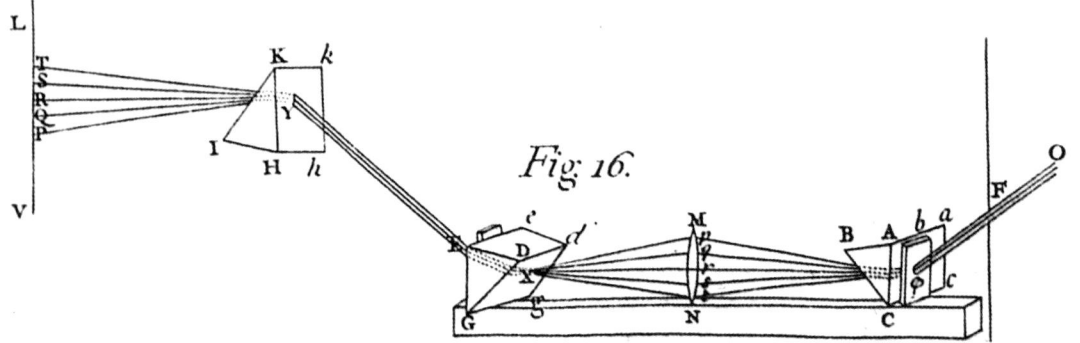

図 1-2. ニュートンの白色光の分析と再合成
ニュートンはプリズムを用いて白色光を初めて分光し、屈折工学として発表した。色彩学を光学という科学からとらえた最初の研究者であろう。

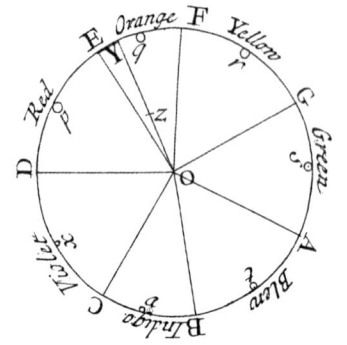

図 1-3. ニュートンの色環（1704）
ニュートンは色彩を光学から論じた偉大な科学者であるが、一方色彩の調和、不調和を音楽理論や幾何学と結びつける独自の理論を展開した。これは円周を7つの音階によって分割し、それぞれの分割面に色相をあてはめている。

1-2 まず色のルーツを探る

それでは私のデザイン教育の経験と実証から編み出した色彩学のプログラムを始めましょう。

色彩をよく知るために最も基本となるのが、まずあらゆる色のルーツを探ることです。これが人の心を魅了する感性豊かな配色をつくり出す方法の第一歩となります。

私たちの身の回りには、自然界の色、人工的につくられた製品や印刷物の色、あるいはネオンサインやイルミネーションの色光から液晶テレビや携帯電話の電子光まで、ありとあらゆる無数の色があり、それらは鮮やかな原色から明るくさわやかなパステルカラーや濁った暗い色まで、それこそ千差万別です。本書は先に述べたように、配色法をマスターすることが色彩センスを養い、色彩学への造詣を深め、さらには造形感覚を高めて情緒豊かな生活を送る源泉になるという、まるで風が吹けば桶屋がもうかる式の話のようですが、実はこれこそが正真正銘の色彩学の原理・原則なのです。

まず、図1-1をご覧ください。**ニュートン**が解明した**色彩光学**（図1-2）では、太陽光（白色光）をプリズムで分光すると、光は一直線上に虹色状になって現れます。これを順番に並べていくと両端の色がスムーズに連なり、赤から橙、黄緑というように、色調（色味）が変化しながら青、青紫、紫になります。この帯状の色を円環状に並べていくと、**カラーサークル**（ヒューサークル）ができ上がります。色彩学では基本的にこのカラーサークルを用いながら色彩の仕組みを説明すると便利なため、マンセルをはじめ、主な色彩体系では、このカラーサークルをまず提示した上で、色のさまざまな性質を論じています。図1-4は**マンセルのシステム**で40色のカラーサークルです。この色はすべて白や黒などの無彩色が混じっていない色で、**純色**と呼ばれている色群です。ここでは40色ですが、実際私たちが目にする色調は無限に連続する色帯です。しかし色彩のシステムを考えると、これでは色を特定できないので、色数を限定し色名や記号をつけてわかりやすく表示しているのです。

■ **マンセルシステム40色相のカラーサークル（ヒューサークル、色相環）**

外側にマンセルシステム（マンセル表色系）の40色相のカラーサークルと内側にスペクトルに似た無限に連続する色帯を配置している。

図1-4. マンセルカラーサークル（40色相環）

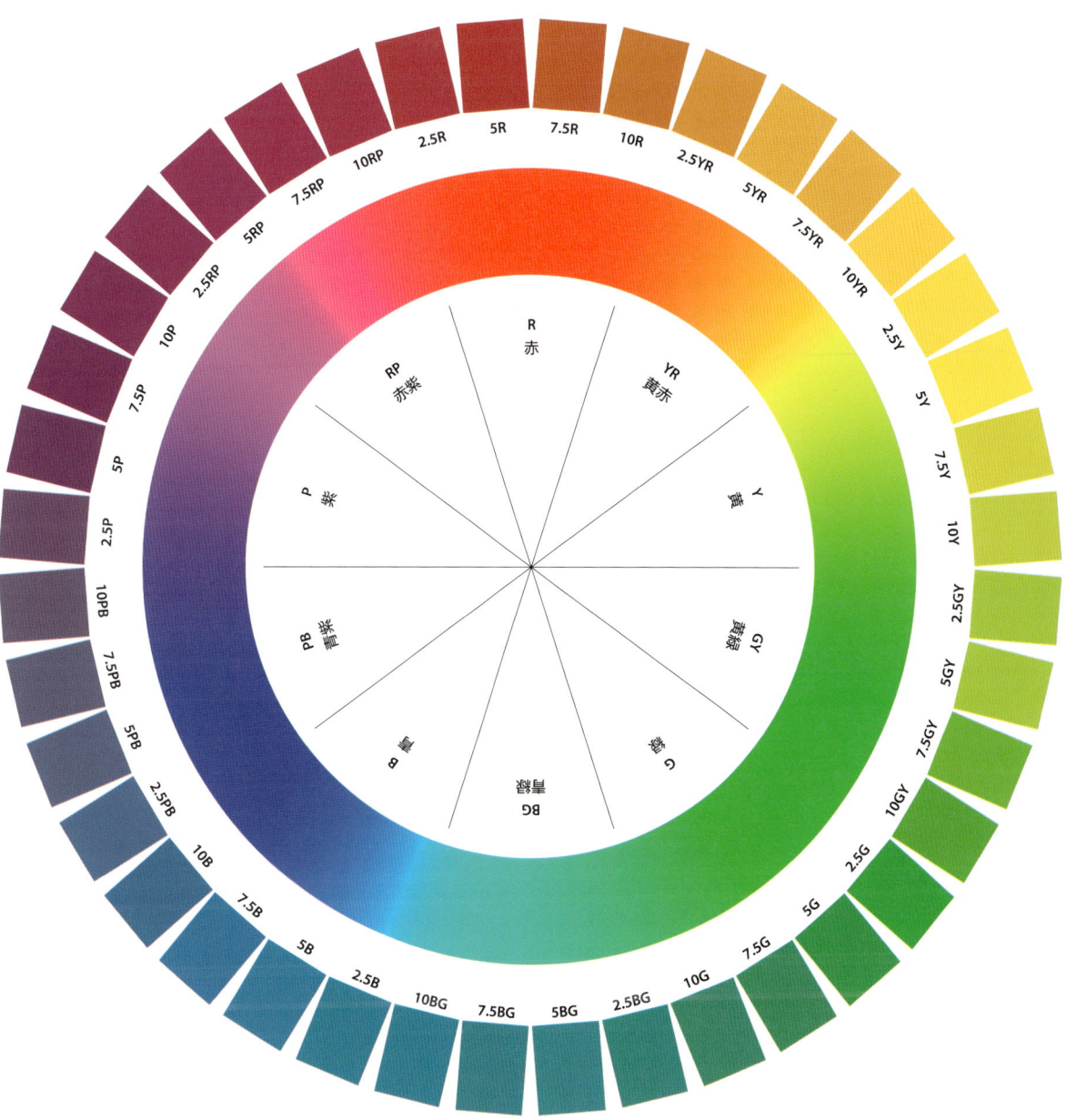

図1-5. 色のルーツ

紫系
20/30/5/0
C/M/Y/K

5P
マンセル色相記号

赤系
60/80/90/50

7.5R

青系
100/70/45/60

5B

赤紫系
20/30/15/0

5RP

緑系
45/5/35/0

5G

黄緑系
65/50/100/50

5GY

次に実在するさまざまな色のルーツは、すべてこのカラーサークルのどこかに属していると考えてください。現実に私たちが目にするすべての色は、カラーサークルのように鮮やかでクリアではありません。白っぽい色だったり、暗く鈍い色かもしれません。

そこで、こうした複雑な色は、カラーサークル上の鮮やかな色に白と黒が混じってでき上がっていると考えて下さい。現実にはランダムに選んだ色を自由に混ぜ合わせても自動的に複雑な色はできます。あくまでもこの考え方は、色をわかりやすく理解するための方法論のひとつとしてとらえて下さい。

例えば木の幹の茶色は、おそらく橙色に近い赤に黒とわずかな白が混じっていると考えると、その色のルーツは赤と黄赤の中間の色にたどり着きます。海の色は多分、青に白や黒が入ってつくられ、そうしてエーゲ海や日本海などさまざまな海の色が表現されるはずです。

このようにすべての色のカラーサークル上のルーツを探すことが、本書の目標である配色法を学ぶ第一歩となります。

図1-5はさまざまな複雑な色のルーツを探し当てた例です。皆さんも試してみてください。どんな濁色、複雑な色も、まず青系や赤系あるいは青紫系というように「○○系」を初めにつかんでとらえるとわかりやすいでしょう。じっと目を凝らしてみると、この色の系統が見えてくるものです。順々に黒をはがし取り、次に白を除いてみてください。するとついにカラーサークル上の純色にたどりつきます。初めは戸惑いますが、図を見ながらトレーニングしていくと、およそ見当がついてくるはずです。さあ、これで配色法をマスターする準備ができました。

1-3 色彩の基本を正しく知る

それでは次に、色彩をどのようにとらえれば、誰もが共通の認識をもって客観的に色を評価し、色を正しく特定できるのでしょうか。

色を表示したりこれを言葉で表現する場合、正確には伝わりにくいものです。例えば、青い空と青い海と言い表しても実際にはどんな青なのか、特定できません。受け取る人によって、青の意味がさまざまだからです。慣用的な言い方によっても変わってきます。また、青信号の色は実際には緑に近いのです。しかし、受け取る側は、ちゃんと青であると認識しているのです。また、日本語には緑の風、緑の黒髪、緑児などという比喩的で文学的な言い回しもあります。

図1-6. 5RP（赤紫）の明度、彩度の変化

そこで、誰もが正しく色を特定できるような方法や記述が必要となります。そして色彩を正しく知る基本は、まず色がもっている本来の性質、つまり色の属性を知る必要があります。この属性には、色の種類や明るさや鮮やかさがあり、これを数値や記号で表示することによって、色を客観的に特定することができるのです。例えば、桜色や若葉色、ミントグリーンといった慣用色名（図1-13参照）のように、人によって色のイメージが異なるわけです。

1-4 色の三属性

色彩を正しく伝える方法、誰もが共有できる表記の方法は、古くから色を扱う商人や画家などの専門家の課題となっていました。日本では江戸時代の染師や刷師が色出しの見本帳をつくり、照らし合わせながら実物の色をできるだけ見本に近付けるという工夫を重ねてきました。現代でもデザイナーは印刷インキの見本帳や色のサンプルを前提としているため、万能とはいえません。しかも見本も時間とともに劣化して、色はもとのままであるとは限りません。

そこで色彩学者の間で考え出されたのが、色を数字や記号で表すことです。一辺が10cmの正方形といえば、誰もが正しく理解し、これを再現できるように、理念的な概念によって、色彩を客観的に記述する試みです。これが**色の三属性**です。色の三属性とは**色相**（Hue: H）、**明度**（Value: V）、**彩度**（Chroma: C）を指します。

色相（Hue　ヒュー）

まず、色は一般的に赤から緑、青や紫というようなさまざまな色調で表しますが、つまり色味を表す色彩専門用語を色相（Hue）といいます。

後述しますが、マンセルシステムでは基本として赤、黄赤、黄、黄緑、緑、青緑、青、青紫、紫、赤紫の**10色相**に分けています。

それぞれ色の英語表記から頭文字をとって、R、YR、Y、GY、G、BG、B、PB、P、RPと記号で表します。また、図1-4のように、それぞれの色相は限りなく連続しています。例えば、赤の場合、赤紫に近い赤から黄赤に近い赤まで10段階に分けます。赤紫に近いところを1R、黄赤に近いところを10Rとし、その真ん中が5Rで、これが最も赤らしい赤となります。同様に、青は5B、紫は5Pというように表記されます。

図1-7. マンセル等色相面 5R（5Rに白、黒を混ぜてできるすべての色）

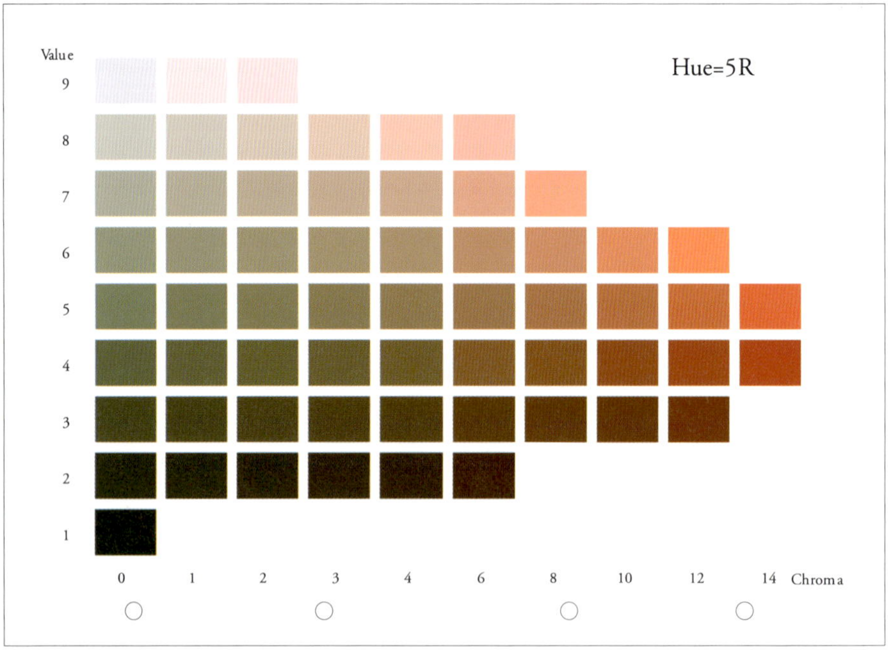

「マンセルシステムによる色彩の定規」(監修：財団法人日本色彩研究所) 提供：日本色研事業(株)

明度（Value　バリュー）

また同じ色相の色、例えば赤であっても暗い赤や明るい白に近い赤もあるように、色の明るさを基準にした属性を明度と呼んでいます。

明度は白から灰色を経て黒に至る、色味のない色、つまり無彩色の明度に準じて理想的な黒が0（物体色、つまり絵の具の色で表現できる色では1.5）から理想的な白が10（実際の物体色では9.5）までの10段階の数値（**PCCS**では17段階）で表記します（図1-9参照）。

色彩学では、色味のある色、これを有彩色と呼んでいます。例えば、ある色の明度はどのくらいかという場合は、この色面をモノクロで印刷（白黒の写真プリント）したときの明度を無彩色の明度段階に照らし合わせると、即、その色の明度と同じであると考えるとわかりやすいでしょう。

したがってマンセルシステムの純色の5Rの赤は、明度（V）は4という数値に表記されるわけです。そのため例えば5R8という表記を見れば、きわめて明るい白に近い赤であることが予想されます。

彩度（Chroma　クロマ）

色にはさらに彩度という属性があり、鮮やかな色もあれば濁ってくすんだ色もあります。この鮮やかさを測る目安が彩度です。よく間違いやすいのですが、彩度は黒を混ぜても、白を混ぜても鮮やかさは失われます。つまり彩度の目安は白や黒など無彩色の量に応じて変化していくと考えてよいでしょう。

P.22→

■ マンセルシステム10色相のカラーサークル

基本的な色相として赤 (R)、黄 (Y)、緑 (G)、青 (B)、紫 (P) の5色が置かれている。さらにその間に、黄赤 (YR)、黄緑 (GY)、青緑 (BG)、青紫 (PB)、赤紫 (RP) が配列される。マンセルシステムでは、色の三属性である色相 (H)、明度 (V)、彩度 (C) を数値・記号化することによって色を表記する。例えば、赤は5R4/14 (ごアールよんのじゅうよん) と表す。また下図のように、1色相を10分割し、その中心を5とすると、例えば2Rは紫みを帯びた赤であることがわかる。

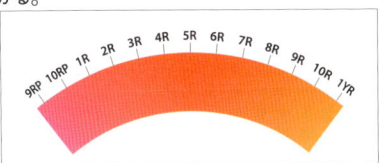

図1-8. マンセルカラーサークル (10色相環)
色相 (H) 明度 (V) /彩度 (C)

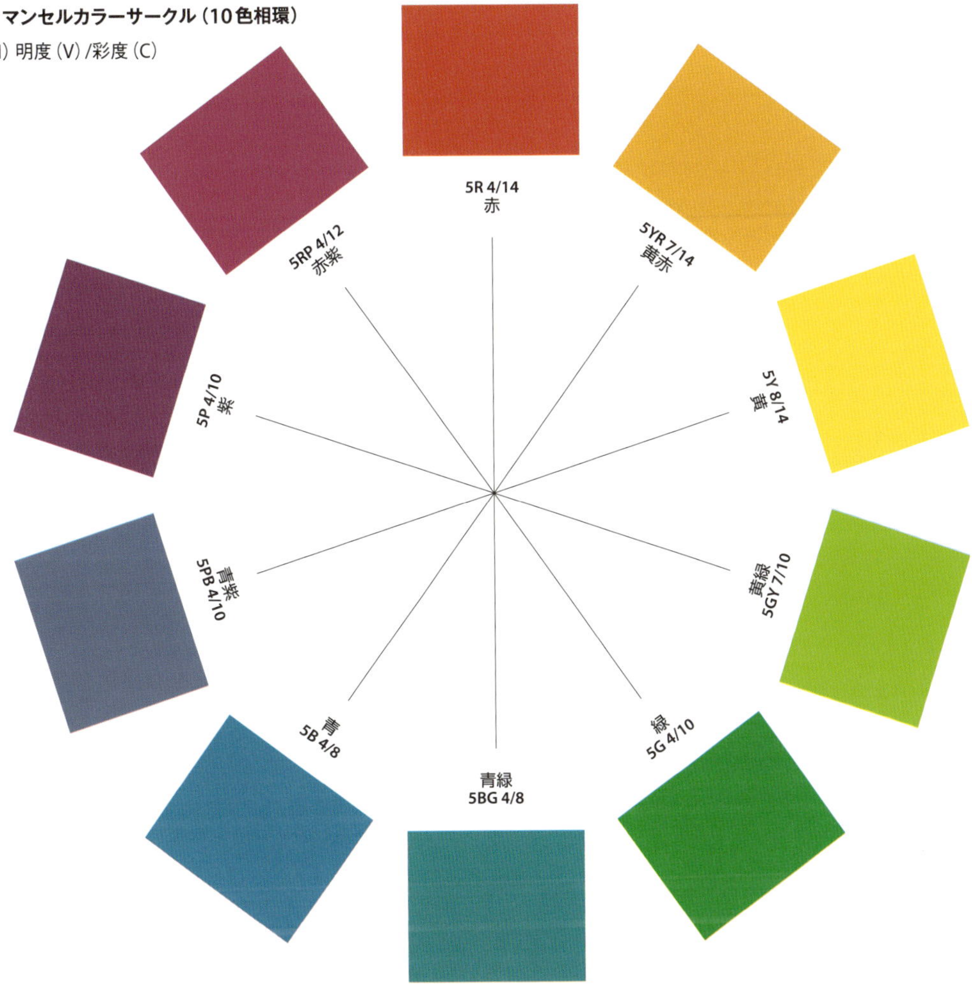

図1-9. 無彩色の明度段階 (1.5〜9.5)

明度は下図のように、理想的な黒を0、白を10とする。JISの系統色名では、0から2.25までを黒、8.75から10までを白としている。目安として、明度が4までを低明度、4から7が中明度、7以上が高明度色と考えればよい。マンセルシステムの無彩色は、頭に大文字のイタリックで「N」を付けて表記する。たとえば、灰色は「N5」と表示される。PCCS記号では、小文字の正体「n」を使用する。

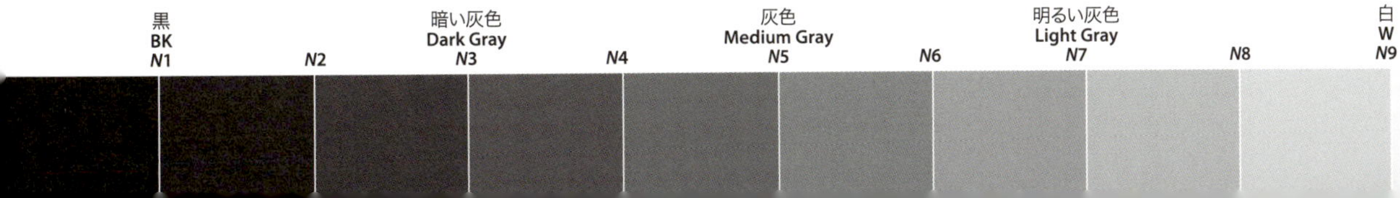

■ マンセルシステムの純色と明度変化

下の図はマンセルシステムの基本の10色相（純色）を中心に、左に向かって白を加えた明清色調（ティント）、右に向かって黒を加えた暗清色調（シェード）を配置している。白を加えると明るい明度の高い色になり、黒を加えると暗い明度の低い色になる。一般的に、明清色調はうすい色、パステルカラーなどと呼ばれ、比較的、純色をイメージしやすいが、暗く沈んだ暗清色調は純色がわかりにくいのが特徴である。図1-11は帯状に並べ、図1-12は円環状にレイアウトしている。

図1-10. 無彩色の明度変化

図1-11. 有彩色の明度変化

図1-12. 有彩色の明度変化のカラーサークル

図1-11の純色の明度変化のカラーチャートを同心円状に並べている。外側の低明度から中心に向かって明度が上がるように円環状に配置すると、色相と明度を合わせた変化が視覚的にわかりやすい。外から4列目の間隔をおいた同心円状の帯が純色のカラーサークルである。

■ 主な慣用色名

下図は、JIS（日本工業規格）で2001年に改正された「物体色の色名」（JIS Z8102：2001）で定められている慣用色名269色のうちの64色を示した。慣用色名は固有色名と呼ばれることもあるが、動植物、鉱物、地名などの物の色を表す色名が多く、文化や時代、地域で日常的に共有されてきた色である。各慣用色名には、マンセル値、系統色名、CMYK、RGB値を掲載している。CMYK、RGB値はあくまでも近似の色合いを表示した。

図1-13. マンセル色相RからGまでの慣用色名

色	慣用色名	マンセル値 系統色名	C/M/Y/K R/G/B	色	慣用色名	マンセル値 系統色名	C/M/Y/K R/G/B
	紅梅色 こうばいいろ	2.5R 6.5/7.5 やわらかい赤	0/48/25/0 234/147/149		黄色 きいろ	5Y 8/14 あざやかな黄	0/15/100/0 251/208/29
	臙脂 えんじ	4R 4/11 つよい赤	0/80/52/30 159/59/66		鶯茶 うぐいすちゃ	5Y 4/3.5 暗い灰みの黄	0/20/70/70 91/76/37
	赤 あか	5R 4/14 あざやかな赤	0/100/78/0 215/29/59		黄檗色 きはだいろ	9Y 8/8 明るい黄緑	3/0/70/0 249/240/111
	小豆色 あずきいろ	8R 4.5/4.5 くすんだ黄みの赤	0/60/45/45 134/73/68		鶯色 うぐいすいろ	1GY 4.5/3.5 くすんだ黄緑	3/0/70/50 131/130/61
	錆色 さびいろ	10R 3/3.5 暗い灰みの黄赤	0/60/55/70 85/44/35		抹茶色 まっちゃいろ	2GY 7.5/4 やわらかい黄緑	10/0/60/25 173/179/103
	ココアブラウン cocoa brown	2YR 3.5/4 暗い灰みの黄赤	0/45/45/55 118/78/64		若草色 わかくさいろ	3GY 7/10 あざやかな黄緑	28/0/92/0 187/211/71
	肌色 はだいろ	5YR 8/5 うすい黄赤	0/15/25/0 248/216/183		リーフグリーン leaf green	5GY 6/7 つよい黄緑	40/0/80/12 137/179/86
	オレンジ orange	5YR 6.5/13 あざやかな黄赤	0/60/100/0 230/121/40		若葉色 わかばいろ	7GY 7.5/4.5 やわらかい黄緑	28/0/52/10 166/196/134
	琥珀色 こはくいろ	8YR 5.5/6.5 くすんだ赤みの黄	0/50/75/30 167/102/59		ミントグリーン mint green	2.5G 7.5/8 明るい緑	45/0/50/0 135/198/147
	イエローオーカー yellow ocher	10YR 6/7.5 こい赤みの黄	0/48/25/0 234/147/149		常磐色 ときわいろ	3G 4.5/7 こい緑	82/0/80/38 0/112/66
	セピア sepia	10YR 2.5/2 ごく暗い赤みの黄	0/36/60/70 90/65/40		エメラルドグリーン emerald green	4G 6/8 つよい緑	80/0/72/0 0/167/113
	カーキー khaki	1Y 5/5.5 くすんだ赤みの黄	0/25/60/35 162/131/80		萌葱色 もえぎいろ	5.5G 3/5 暗い緑	80/0/65/50 0/109/77
	鬱金色 うこんいろ	2Y 7.5/12 つよい黄	0/30/90/0 242/179/61		青磁色 せいじいろ	7.5G 6.5/4 やわらかい青みの緑	57/0/40/10 93/173/148
	芥子色 からしいろ	3Y 7/6 やわらかい黄	0/14/70/25 188/163/82		ビリジアン viridian	8G 4/6 くすんだ青みの緑	80/0/60/30 0/125/95

■ 64色の慣用色名の見方

P.20-21に示す64色の慣用色名は、Rから色相順に並べており、明度、彩度の高さは考慮していない。最後の5色、アイボリーから利休鼠までは無彩色、あるいは色みを帯びた無彩色である。64色は、アート、デザイン分野でよく使われる色や日常的に身近な色名から取り上げている。各色を見ながら、その純色がどのあたりの色相にあたるかイメージできるようにしよう。また、彩度、明度が異なる慣用色名が色相順に並んでいるので、各色を比較しながら見ると、色彩感覚を養うトレーニングになる。

図1-14. マンセル色相BGからRPまでと無彩色の慣用色名

慣用色名	マンセル値 系統色名	C/M/Y/K R/G/B
青竹色 あおたけいろ	2.5BG 6.5/4 やわらかい青緑	50/0/35/10 111/178/156
錆浅葱 さびあさぎ	10BG 5.5/3 灰みの青緑	50/0/25/40 74/128/123
ピーコックブルー peacock blue	10BG 4/8.5 こい青緑	100/0/40/5 0/152/149
浅葱色 あさぎいろ	2.5B 5/8 あざやかな緑みの青	82/0/30/11 0/156/158
ターコイズブルー turquoise blue	5B 6/8 明るい緑みの青	80/0/20/0 0/174/189
藍鼠 あいねず(み)	7.5B 4.5/2.5 暗い灰みの青	30/0/5/55 85/113/119
スカイブルー sky blue	9B 7.5/5.5 明るい青	40/0/5/0 142/209/224
セルリアンブルー cerulean blue	9B 4.5/9 あざやかな青	80/0/5/30 0/130/158
藍色 あいいろ	2PB 3/5 暗い青	70/20/0/60 19/74/99
露草色 つゆくさいろ	3PB 5/11 あざやかな青	73/21/0/0 37/149/199
ネービーブルー navy blue	6PB 2.5/4 暗い紫みの青	70/50/0/70 23/37/64
瑠璃色 るりいろ	6PB 3.5/11 こい紫みの青	90/70/0/0 40/82/148
ウルトラマリンブルー ultramarine blue	7.5PB 3.5/11 こい紫みの青	82/70/0/0 61/83/148
藤色 ふじいろ	10PB 6.5/6.5 明るい青紫	30/25/0/0 168/173/204
バイオレット violet	2.5P 4/11 あざやかな青紫	65/75/0/0 101/81/146
江戸紫 えどむらさき	3P 3.5/7 こい青みの紫	60/72/0/12 99/78/134
古代紫 こだいむらさき	7.5P 4/6 くすんだ紫	35/63/0/32 112/76/115
茄子紺 なすこん	7.5P 2.5/2.5 ごく暗い紫	40/73/0/70 51/25/54
菖蒲色 あやめいろ	10P 6/10 明るい赤みの紫	20/60/0/0 185/116/164
牡丹色 ぼたんいろ	3RP 5/14 あざやかな赤紫	3/77/0/0 217/93/151
ワインレッド wine red	10RP 3/9 こい紫みの赤	0/80/36/50 120/43/58
バーガンディ burgundy	10RP 2/2.5 ごく暗い紫みの赤	0/70/35/80 63/23/29
桜色 さくらいろ	10RP 9/2.5 ごくうすい紫みの赤	0/7/3/0 252/238/235
アイボリー ivory	2.5Y 8.5/1.5 黄みのうすい灰色	0/1/12/5 243/238/213
銀鼠 ぎんねず	N 6.5 明るい灰色	0/0/0/43 150/153/152
茶鼠 ちゃねず	5YR 6/1 黄赤みの灰色	0/10/15/45 144/135/124
鼠色 ねずみいろ	N 5.5 灰色	0/0/0/55 126/128/128
利休鼠 りきゅうねずみ	2.5G 5/1 緑みの灰色	12/0/20/60 100/111/99

マンセルシステムに並んだ10色相は、すべて白や黒などの入っていない、その色の最も鮮やかな色、純色です。これらの色はそれぞれの最も高い彩度の値がつけられています。ところが彩度は一様ではなく、図1-8のように赤、黄赤、黄が彩度14で最も高く、青や青緑は、彩度8というように色相によって異なります。真っ赤な色は鮮やかで、見た目の刺激値が高いので私たちが普通にイメージする感覚から判断できますが、緑や青のように低い数値の示す彩度はわかりにくいものです。皆さんもこの図を時折、眺めながら彩度や明度についての認識を新たにしておくことは、配色を学んでいくためには大切なことです。

「テキスタイルのサンプル」 グンタ・シュテルツル 1927
平織変化組織、起毛（木綿、毛） ミサワホーム蔵
©BILD-KUNST, Bonn & APG-Japan/JAA, Tokyo, 2009

幾何学的な構成による連続多色のテキスタイル。グンタ・シュテルツルは、1919年、ワイマールのバウハウスに入学し、ヨハネス・イッテンやパウル・クレーの影響を受ける。1927年には織物工房の主任を務めた。織物工房は、バウハウスの中で最も成功した部門のひとつ。シンプルで機能的なデザインは量産化可能な繊維工業の発展に結びついた。

1-5 色彩の表示法

これまで述べてきたように色彩は、色相、明度、彩度と3つの属性の記号を数値で表すことによって、あらゆる色を特定できるのです。

つまり色を表記するときは、色相（H）、明度（V）と彩度（C）を並べて **HV/C** と表します。例えばマンセルシステムの赤は5R4/14と記します。読み方は「ごアールよんのじゅうよん」と発音し、この方法は日本のJIS規格による記載方式ともなっているので、ぜひ覚えておきましょう。

例えば、8R7/9（8R7の9）と表記された色は、恐らく橙色に近い赤色系で、明度7は純色の赤より高い数値のため、中間のやや明るい灰色系の色が想定されます。また白か明るい灰色が入って明度が高くなっていると考えると、当然、濁色系となるため、彩度が14より低い9はおおむね見当がつくはずです。

このように記号や数値から色を想起する方法に慣れてくると、ほぼ実際の正しい色をイメージできるようになってきます。こうなったらしめたものです。色彩の勉強が楽しくなり、これが配色法をマスターするよいきっかけとなっていくはずです。

図1-13、図1-14には、慣用色名のマンセル値（HV/C）の表記があります。先のマンセルシステム（図1-8）を参考にしながら、実際の色と表記された値を見比べてください。この表記法に慣れてきたら、次に進みましょう。

ヨハネス・イッテン「カラースター」（Johannes Itten 'The Color Star'）

スイスの美術理論家、造形家であるヨハネス・イッテン（1888-1967）は、1919年にヴァルター・グロピウスの招聘を受け、バウハウスのマイスターとなった。著書『色彩の芸術（The Art of Color）』（1961）では、独自の色彩調和理論を展開し、その後の色彩理論、造形理論に大きな影響を与えた。イッテンのカラーサークル（色相環）は絵の具の三原色である赤・黄・青の混色に基づいて、計12色を位置付けた。色立体は球形とし、中心軸に無彩色を位置付け、色相分割の方法をもとに2色から6色配色の調和理論を提唱した。2色配色（ダイアード）、3色配色（スプリットコンプリメンタリーとトライアード）、4色配色（テトラード）、5色配色（ペンタード）、6色配色（ヘクサード）である（5-3 トライアードとテトラードを参照）。

「The Color Star」表紙
Johannes Itten, The Color Star, John Wiley & Sons Inc, 1986

イッテンの12色相のカラーサークル

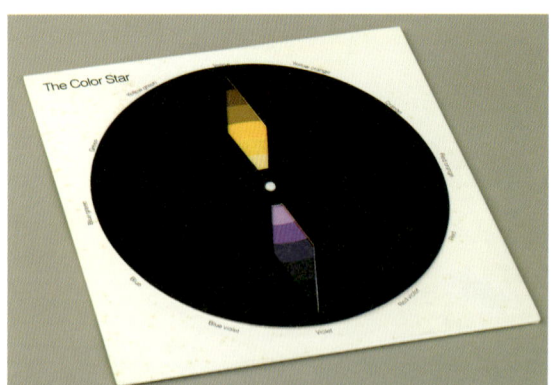

2色配色（ダイアード）

3色配色（スプリットコンプリメンタリー）

4色配色（テトラード）

「カラースター」（The Color Star）は、『色彩の芸術（The Art of Color）』（1961）で述べられている色彩調和理論の色彩教材キット。イッテンの12色のカラーサークルと穴のあいた8枚のディスクで構成されている。各ディスクをカラーサークル上に置いて回す。ディスクを回すことによって、さまざまな配色を試すことができる。写真は2色配色（ダイアード）、3色配色（スプリットコンプリメンタリー）、4色配色（テトラード）のディスクをはめこんだ状態である。

2 マンセルカラーを知ろう

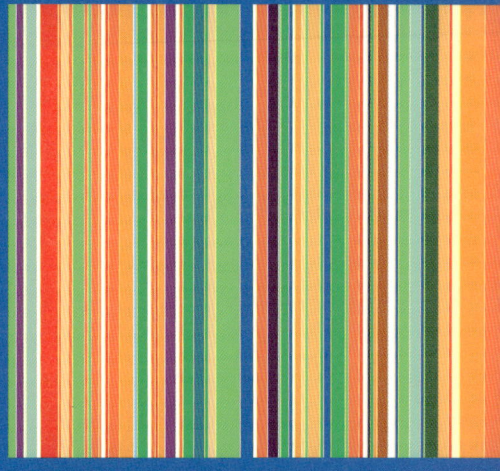

2. マンセルカラーを知ろう

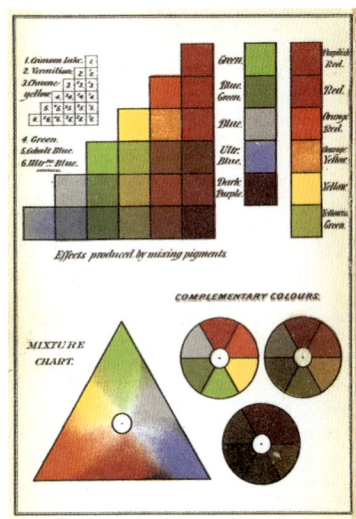

ルードの色彩の混合と色光の混合、補色色相環
「ルードの近代色彩論」は生物学者、O. ニコラス・ルードが論じた色彩論。円形の対比図から等距離にある3色を選ぶと自動的に調和するとした独自の色彩理論を展開した。また並置混合による科学的解明は、印象派のスーラに大きな影響を与え、点描表現画法を編み出した。

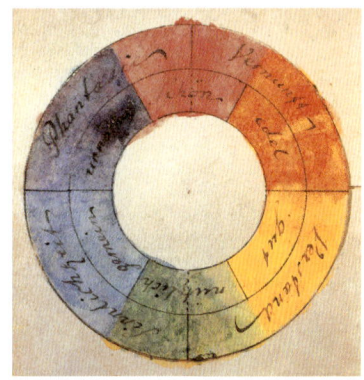

ゲーテ「色彩環」における色彩の象徴的解釈（1809）
ゲーテは偉大な文学者の顔と独自の色彩論を展開した色彩学者の顔をあわせもっていた。ゲーテの色彩環における色の象徴的解釈は、19世紀に入って、色彩生理学や心理学の学問領域の基盤となった。図の左上から紫、深紅、橙、黄、緑、青の順に並んでおり、6色が象徴する言葉が表されている。例えば、内側に紫は「わがまま」、深紅は「美」、橙は「高貴」とし、外側に、紫と深紅は「空想」、深紅と橙は「理性」としている。

2-1 色彩学の発展と色彩科学

ニュートンとゲーテ

人類がこの地球上に誕生して以来、色彩は人間にとって衣食住を飾る装飾とともに最も深い関心事でありました。古代エジプトの神殿における色彩装飾をはじめ、古今東西の寺院建築の装飾に見られるように、色彩は人間社会にとって、きわめて重要な視覚伝達の意味と自己表現の証であることがわかります。

ところで色彩を科学的に解明しようとした歴史は意外と古く、紀元前の古代ギリシャ時代から始まったと考えられています。

紀元前4世紀のデモクリトスはすべての色は、白、黒、赤、緑の4色によって成り立っていると唱え、アリストテレスはすべての有彩色を白と黒の間に置き、説明しています。また最初に虹がつくり出す色光の帯を科学的に注目したことで知られています。

しかし色彩学としてまとまった理論としては、イギリスの**ニュートン**（I. Newton）が初めてでしょう。17世紀末に発表した『光学』で、太陽光をプリズムを用いて分光し、すべての白色光はさまざまな単色光の合成で成り立っていることを証明し、色彩学を科学的に研究、解明する第一歩となりました。また文学者として著名なドイツの**ゲーテ**（J. W. Goethe）も忘れてはなりません。1810年には『色彩論』を発表、色彩を科学的側面からではなく、感覚・知覚の視座からとらえ直した点で、現在、再び評価が高まっています。

近代の色彩学

近代の色彩学の発展に寄与した人物は、17世紀のオランダの**ホイヘンス**（C. Huygens）や18世紀イギリスの**ヤング**（T. Young）で、またフランスの**フレネル**（A. J. Fresnel）は光の干渉、回析現象から光の波動説によって色彩をとらえる理論を発表しました。

19世紀には、スコットランドの物理学者**マクスウェル**（J. C. Maxwell）が電磁波理論によって光の源は電磁波であると唱え、さらにドイツの物理学者**ヘルムホルツ**（H. Helmholtz）が加わり、今日の**光の三原色**をR（赤）、G（緑）、B（青）とする三原色説を確立しました。

これが今日の色彩の混色法となっている、物体色における**減法混色**（CMY）と色光による**加法混色**（RGB）の基盤であり、科学と色彩心理学の両側面と

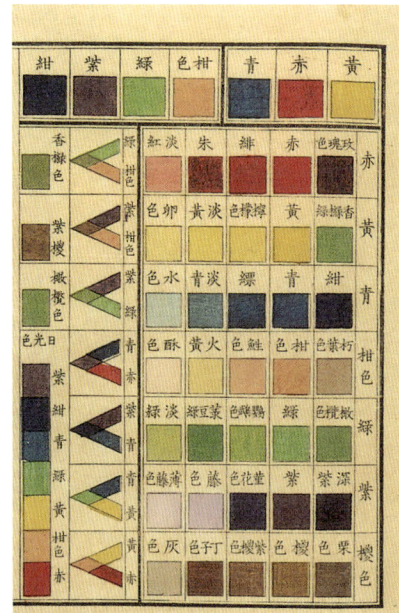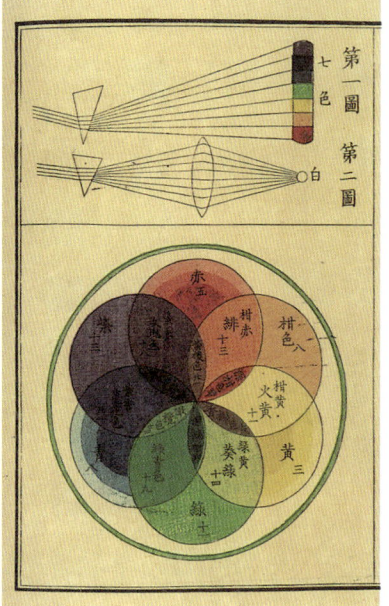

明治初期の色彩教育『色圖問答』
明治6年から9年まで発行された。小学4年生の美術教科書『色圖問答』を見ると、欧米に合わせて色彩を美術教科の中に取り入れ、その内容もきわめて高度であったことがわかる。左が色票と混色の仕組みを表わし、右は太陽光による分光のメカニズムの原理について解説している。

もに統合された**オストワルト、マンセルやCIE表色系**など現代のさまざまな色彩理論の基礎となったのです。

また20世紀初頭から、ゲシュタルト心理学（造形心理学）とともに、色彩の錯覚、残像対比などの**色彩心理学**も専門的に研究分野として確立されました（色彩心理→7章参照、オストワルトシステム、CIE表色系→P.154、155参照）。

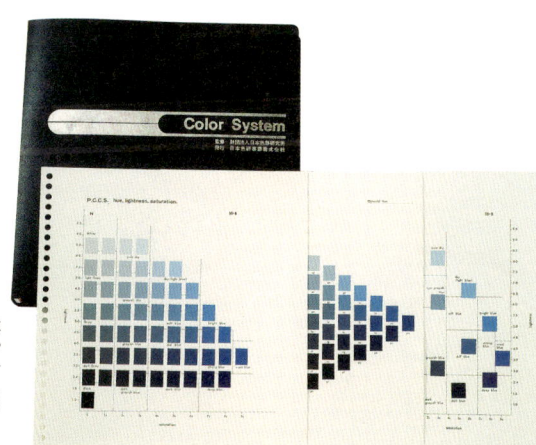

「カラーシステム」（監修：財団法人日本色彩研究所、発行：日本色研事業（株））

PCCS、マンセル、オストワルトの各カラーシステムを色票で示したバインダーブック。カラーサークル（色相環）や等色相面、特にPCCSでは、PCCSトーン別、PCCSトーン基準色と系統色名などの色票が付属しているので、色彩理論の学習に便利。各カラーシステム（表色系）の詳細な解説も役に立つ。
提供：日本色研事業（株）

図 2-1. 色立体の歴史

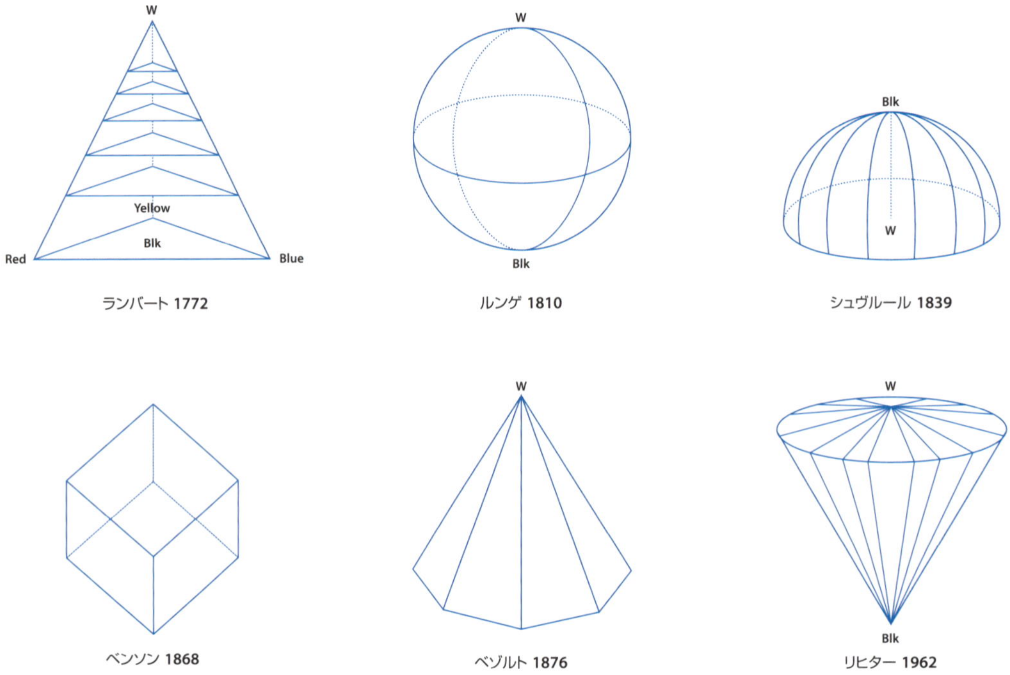

W
Yellow
Blk
Red
Blue
ランバート 1772
W
Blk
ルンゲ 1810
Blk
W
シュヴルール 1839
ベンソン 1868
W
ベゾルト 1876
W
Blk
リヒター 1962

色を定量化して三次元で表現する色立体は、色彩の体系を視覚化したものである。さまざまな色彩理論とともに、19世紀頃より多種多様な色立体が誕生した。

図 2-2. 色立体と三属性

白
高明度
色相（H）
彩度（C）
低彩度
高彩度
明度（V）
低明度
黒

図 2-3. マンセルカラーツリー（色立体）

THE MUNSELL
COLOR TREE

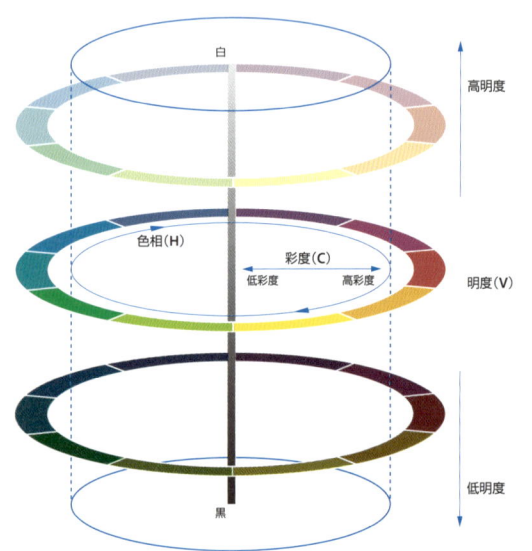

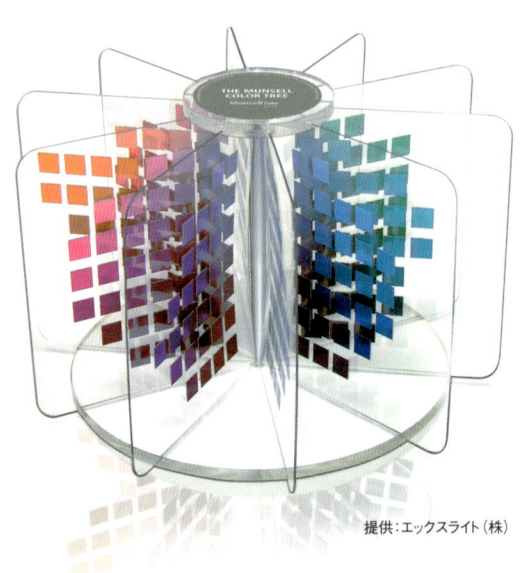

提供：エックスライト（株）

2-2 マンセルシステムをマスターしよう
色彩力の発達とアナログ感性

先に色を客観的に表す方法として色彩の表示法について述べました。つまり**HV/C**という表示法によって、誰もが正しく色を他人に伝達できるようになりました。

もうひとつ、私たちの色彩に対する認識は、幼いころからのクレヨンや絵の具を混ぜ合わせて好みの色をつくり出す興味から生まれたことを思い起こすでしょう。5、6歳までの幼児は、微妙な中間色が認知しづらく、ほとんど赤、青、黄、緑などの原色だけを単独に用いながら、ドローイングやペインティング（描画）をするといわれます。

しかし小学1、2年生になると、少ない色数の色材を混ぜ、自分の好みの色をつくるようになります。赤と青を混ぜ、紫色をつくったり、赤の上に白色を重ね合わせてピンク系の色を編み出す快感を覚えたりしていくのです。

本書の配色法がその人の色彩感覚を高め、色彩センスを養っていくという主張は、こうした人間の成長に合わせて培ってきた能力との一致に基づいています。これは幼いころからクレヨンや絵の具によるきわめて経験的体験を経た、アナログ的描画能力の発達段階に的確に合致しているからにほかなりません。

後述するデジタル色彩の配色法も、こうした色材によるアナログ混色体験を基盤とした方が配色のベースとなる感性を身につけやすいということは、データに基づいていることなのです。

デジタル化社会が浸透し、絵の具などを使わなくてもパソコンさえあれば何でも事足りるようになった現代、混色や色彩の基本的知識がないままでも、とにかく色の出力や配色はつくれるのですが、人の心を引きつけるような色彩構成やパターンはそう簡単には生まれてきません。

長年色彩を教えてきた私共からみると、私たちが幼いころから慣れ親しんできた絵の具などの色材によるアナログのトレーニングが、いかに高い色彩センスを育み、色彩力を高めていくかを痛感するのです。

本書でマンセルシステムをもとに配色法を皆さんに伝授するのは、配色力が私たちのアナログ感覚と皆さん自身の色彩経験との相乗効果によって身につきやすいからなのです。

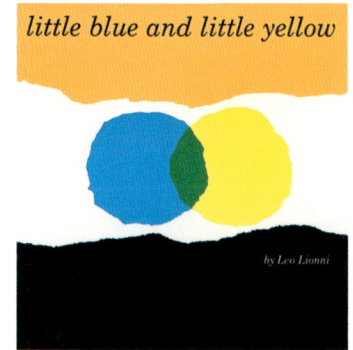

"Little blue and little yellow," Book, Leo Lionni, 1959, Publisher: Astor-Honor Publishing
邦訳：『あおくんときいろちゃん』至光社。

レオ・レオニによる絵本。オランダ生まれのデザイナー（1910-1999）で、絵本作家としても有名。ビジネス誌「Fortune」のアートディレクターを1949年から61年まで担当、オリベッティの広告も手がけるなどグラフィックデザイナーとして活躍。抽象的な色のイメージとほのぼのとしたストーリーのなかで、青と黄色で緑になるという色彩感覚を教えている。

2-3 マンセルシステムの基本と色彩の考え方

これまで私たちが目にするすべての色を記述したり客観的に表示する方法として、色彩の三属性の記号や数値によって表記できると述べてきました。つ

「ファンズワース・マンセル FM100ヒューテストと採点ソフトウエア」
色彩感覚を評価するテストで、ランダムに並べられたカラーキャップを
色相順に置いていく。検査結果は採点ソフトウエアで管理、分析できる。
提供：エックスライト（株）

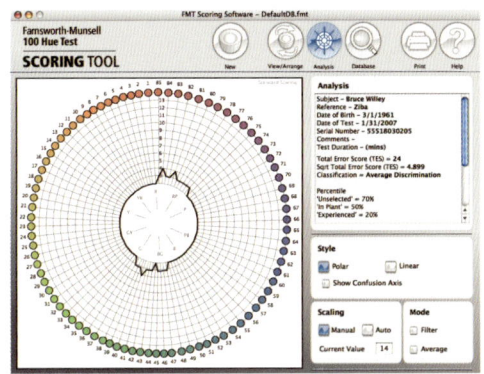

まり、色調の属性を表す**色相**、明るさの**明度**と鮮やかさの尺度となる**彩度**という属性です。

こうした**色の三属性**の色を測る単位として、総合的に体系化（システム化）したのが、1章で既に述べてきた**マンセルシステム**（Munsell Color System）です。

アメリカ人の画家**マンセル**（A.H. Munsell）が1905年に提唱、さらに改良した1943年に「**修正マンセルシステム**」がアメリカの光学会から発表され、現在、世界の最も標準的な色彩体系となっています。日本の**JIS標準色系**は、この修正マンセルシステムに基づき発表され、現在最も一般的な色彩システムとして利用されています。

マンセルのほか、1917年ドイツ人の**オストワルト**（F.W. Ostwald）によってオストワルトシステムが提唱（1923年修正）されています。オストワルトシステムがマンセルシステムと異なる点は、すべての色が純色に白と黒が混ざり合ってでき上がると考えられ、体系化されている点です。

両者ともそれぞれ利点はありますが、私たちが日常的に色彩をとらえる常識や、先に述べた絵の具で混色をつくり出す経験上の色に対する感覚を、すんなり投影させ理論化、体系化できる点では、はるかにマンセルシステムの方が勝っているでしょう。

そのため本書ではマンセルシステムを基軸に、オストワルトや日本の色彩研究所（色研）が提唱した**PCCS系**などの利用しやすく効果のある部分を加えながら、話を進めていきます。

2-4 マンセルシステム

マンセルはすべての色の**純色**を、赤を基準に右回りに色票を順番に配列し、円環状に並べた**カラーサークル**をまずつくりました（図1-8）。

その基本色は赤（R）、黄（Y）、緑（G）、青（B）、紫（P）の色相をあて、この5色を**基本色相**としました。さらにそれぞれの色相の中間に黄赤（YR）、黄緑（GY）、青緑（BG）、青紫（PB）、赤紫（RP）の5色を加え、全体として

10色相の純色を円環上に配しています。

この10色の色相を並べたカラーサークルは、これから展開する配色法、つまり色彩を美しく調和させるさまざまな技法や方法論のベースとなりますので、しっかり覚えておきましょう。

このカラーサークルは、円周の360°を10等分して色相を配するので、色相と色相の間は360°÷10＝36°となります。また直径に当たる180°の色相と色相は反対色、これを**補色**（Complementary Color）といいます。

また10色相は色名を忘れても基本のR、Y、G、B、Pだけを覚えておくと、その間に両方の頭文字を合わせ、YR、GY、BG、PB、RPとし、その結果合計10色相となり、簡単に思い出すことができます。カラーサークルを手元に置いていないときでも、すぐ再現できるカラーシステムとしてこのマンセルの10色相を常用するように心掛けましょう。

マンセルでは、さらに10色相に1色ずつ配した20色相から40色相、100色相まで用意されていますが、やはり基本となるのはこのマンセルシステム（10色相環、図1-8）です。

PCCSでは、このカラーサークルが12色となり、さらに24色を基準としたPCCSのカラーサークルがあります（4章参照）。この場合、実際に目安となるカラーサークルを見比べながら配色計画をする必要があるでしょう。

私自身、大学のデザイン実習でも、長年PCCS色相環を活用していますが、色名やPCCS記号、色の順序はとても記憶できるものではありません。配色

「マンセル色相・明度・彩度（HVC）カラーチャート」
マンセルシステムの色彩教育教材（エックスライト製）
提供：エックスライト（株）

感覚を身につけるためには、やはりマンセルシステムの10色相が便利です。

また、実際にはマンセルシステムは、図2-2のように三次元空間で見ると、無彩色を中心軸にすえ、上部を白、下部を黒にして連続的に明度を変化させているのがわかります。円筒形の中心角、つまり円周上に色相が並び、彩度は中心軸からの距離で表示されます。
ところが実際の色面は、色の顔料によって表現するので、限界があり一様にならずゆがんだ色立体となってしまいます。
しかし現実的な問題として、色立体まで頭に浮かべながら配色を考える人はいないでしょう。利便性を考えれば、先のマンセルシステムの10色をイメージしながら色の調和を考える方が直感的で実用的です。
こうしたことから、これから配色法のプログラムを展開する上で、色を美しく調和させる技法や理論は、マンセルシステムの10色相をベースにして話を進めていきます。

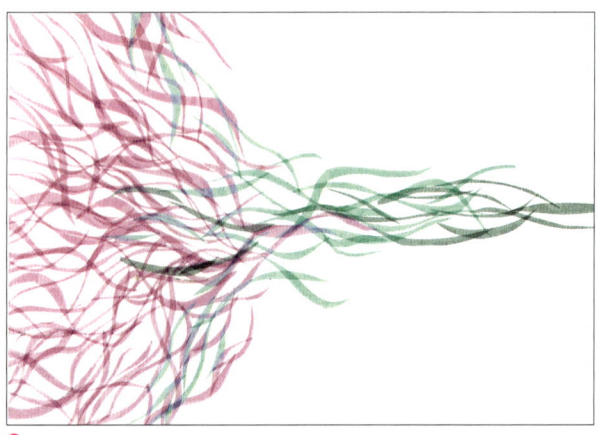
○

図2-4.「マンセル ブック オブ カラー／無光沢版」

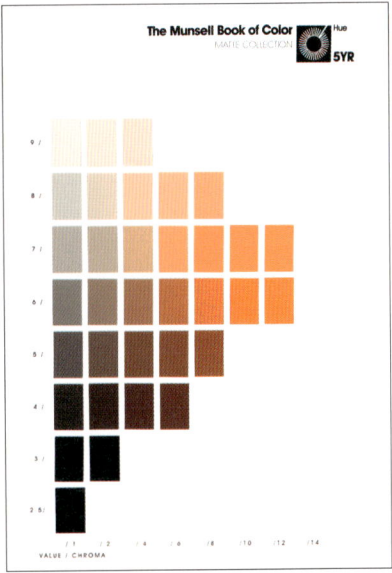
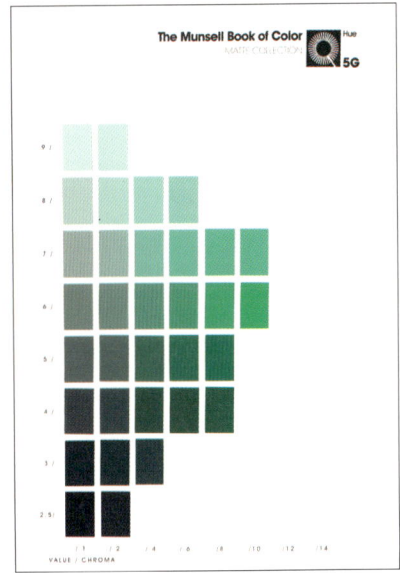
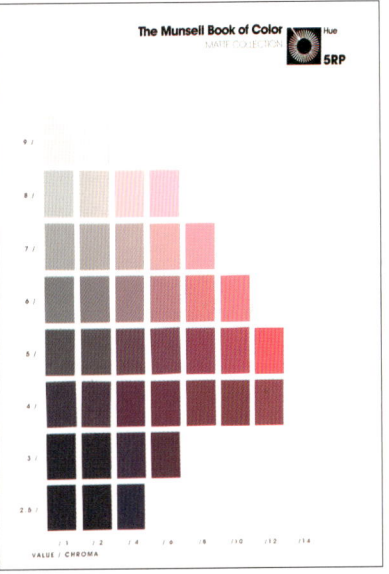

提供：(株)ユナイテッド・カラー・システムズ

色相ごとにページが構成されており、縦軸は明度（Value）(2.5、3、4、5、6、7、8、9まで)、横軸は彩度（Chroma）(1、2、4、6、8、10、12、14まで）を表している。無光沢版は、低明度と高彩度がわの色域が狭いため、光沢版と比べて色数が少ない。31段階に明度を分けたニュートラルカラーチャートも含まれている。

収録色相
2.5R / 5R / 7.5R / 10R（赤系）
2.5YR / 5YR / 7.5YR / 10YR（黄赤系）
2.5Y / 5Y / 7.5Y / 10Y（黄系）
2.5GY / 5GY / 7.5GY / 10GY（黄緑系）
2.5G / 5G / 7.5G / 10G（緑系）
2.5BG / 5BG / 7.5BG / 10BG（青緑系）
2.5B / 5B / 7.5B / 10B（青系）
2.5PB / 5PB / 7.5PB / 10PB（青紫系）
2.5P / 5P / 7.5P / 10P（紫系）
2.5RP / 5RP / 7.5RP / 10RP（赤紫系）

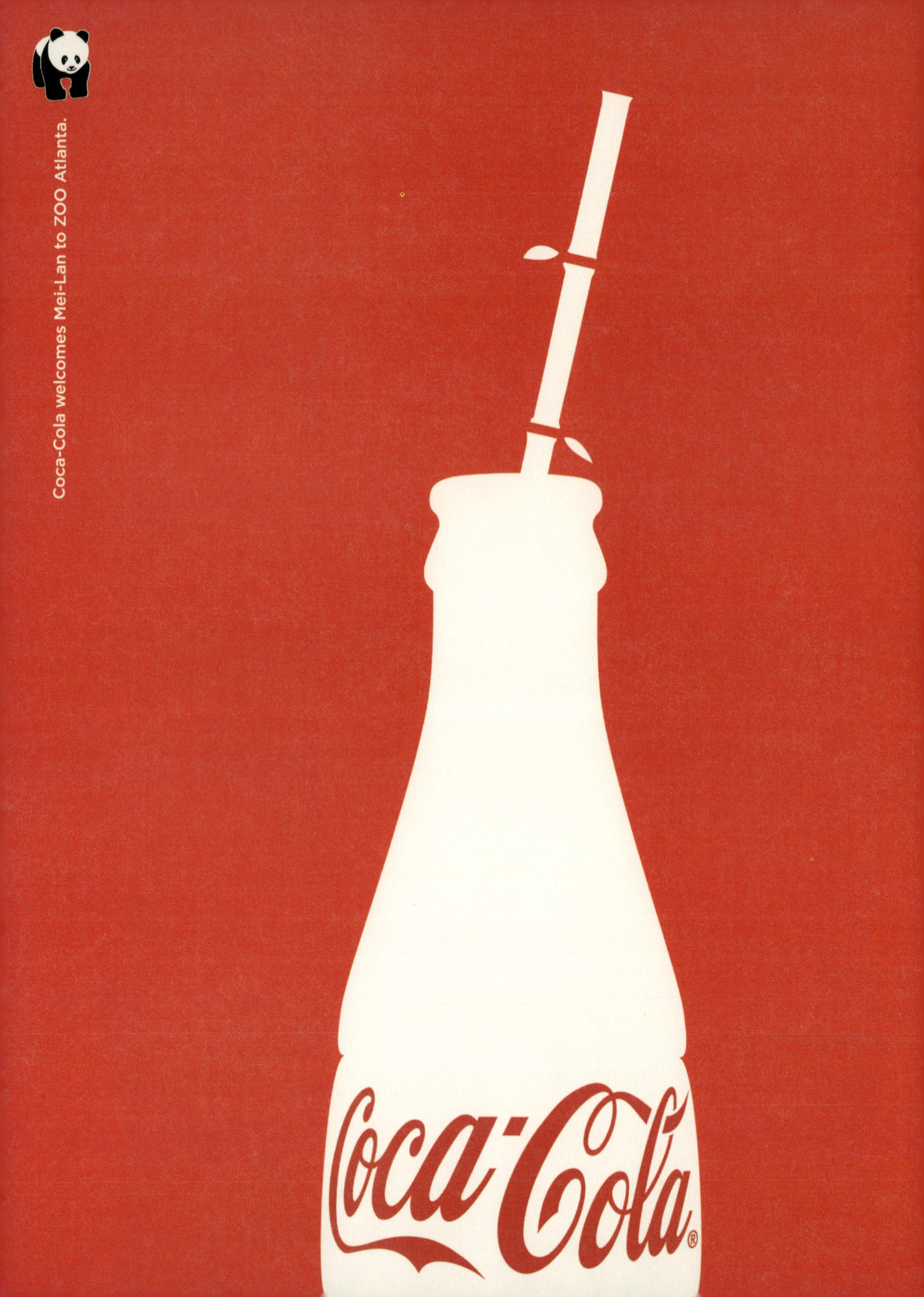
Coca-Cola welcomes Mei-Lan to ZOO Atlanta.
Coca-Cola®

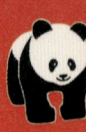

3 配色の基本とデザイン

"Panda," Poster, art direction: Matthew Sharpe,
copywriter: Leslie French, creative direction: Hal Barber,
Fitzgerald+CO, client: Coca-Cola

コカ・コーラのブランドカラーとバックの赤を同色にし、企業イメージを高揚させた表現。コカ・コーラレッド（Coke Red）は 4/100/95/0（C/M/Y/K）と指定されている。

3. 配色の基本とデザイン

"NESCAFÉ," art direction:Inaki Bendito,
agent: McCann Erickson Madrid, cl: Nescafé

無彩色＋有彩色。ここでは赤の基調色に黒と白がアクセントカラーとなって個性的な配色に進化した。

3-1 色彩とイメージ

どんな色でも、単色だけを使って美しい色、よくない色などと決めつけることはできません。黒に近い暗緑系の鉄色や千歳緑のような暗い色は、冷たい色ですが、ひとたび和服の色となれば、シックで重厚なイメージに変身します。これはそれぞれの色から連想する心理的な感情効果なのです。例えば、赤色は炎や血の色、また太陽のシンボルでもあることから情熱、生命、恋愛から危険や闘争のイメージにもつながっていきます。黒い色は暗いイメージから死や孤独、悪を連想しますが、一方では厳粛さ、高尚さ、気品高いイメージも併せ持っています。礼服や喪服からは厳粛さと品格が漂います。

また、色に対するイメージは国や地域の習慣や宗教、風土によっても左右されてきました。黄色は、中国では皇帝や高僧だけに許された色でしたが、逆に、イギリスやフランスでは、裏切りや臆病さを連想させるマイナスのイメージが強く、一般的に好まれていませんでした。

日本では、飛鳥時代以降、紫は天皇や公家など高位の身分の人だけが着用できる色で、いわゆる衣服の禁色であったのです。これは紫色の原料が、栽培が難しいムラサキの紫根からつくられる染料で、貴重であったことが理由のひとつになっています。

また単色のイメージは、面積の大きさによっても大きく変化します。真っ赤なジャケットやスカートは、一般的に派手で、刺激的なイメージとなります。ところが赤を、黒やグレーのスーツに、ベルトや靴、アクセサリーのような小さい部分に用いると、気品やクールなイメージが生まれてきてセンスのよさが輝いてきます。

このように、どんな色も、その色自体がもっている色彩の心理的なイメージだけで、よい色、悪い色と区別はできません。よい色といわれるのは、よく考えてみると、私たちが常に肌の色との対比や、コーディネートする別の色との関係で色を評価していることに気付きます。

つまり色について思い悩むのは、色と色の相性であり、色同士を合わせたときの全体のイメージが、見る人にとって快感や美しさを与える配色になっているかどうかということではないでしょうか。

3-2 配色とは何か

先に述べたように、「あの人は色彩のセンスがよい」というような場合、その

「2月 春商戦 Pantone キャンペーン交通広告」ポスター　大貫卓也　2007　ソフトバンクモバイル

パントンのカラフルで豊富なヴァリエーションでみせる広告のヴィジュアル。

"Zurich Concert Hall," Poster, Josef Müller-Brockmann, 1955, ©2009 by ProLitteris, CH-8033 Zurich & SPDA, Tokyo

青を基調としたヨゼフ・ミューラー＝ブロックマン制作の音楽会ポスター。斜線の構成と白が色として生きている。

センスとは**配色**、つまり色と色を調和させる方法が上手であることを意味するのではないでしょうか。

配色とは、このように単色ではなく、2色以上の複数の色と色を表現したいイメージに合わせ、効果的に配することを指します。これは複数の色が相乗効果により、単色だけでは得られない美的な快感をつくり出す調和の力なのです。これを色彩学では、**色彩調和**（Color Harmony：カラーハーモニー）と呼んでいます。したがって、美的快感のない色の組み合わせは、配色とはいいません。

私たちが色彩に興味をもち、色彩学を学びたいというモチベーションは、実はこの配色力の魅力にあるのではないでしょうか。

この配色センスは、その人のもって生まれた天性もありますが、実際には、多くの人は、生まれ育った自然環境、家庭環境や、その後の自分自身の趣味趣向への関心の高さなど、後天的な因子が大きく影響しています。自ら色彩センスがないと決めつけている人も、配色のトレーニングを行い、調和のテクニックをマスターすることによって、少しずつ色彩センスを向上させることができるのです。私の教育現場においても、色彩演習のトレーニングにより、学生は1、2年間のうちに見違えるほど色彩センスがよくなっています。私の持論ですが、色彩センスは、9割以上はトレーニングによって得られるもので、決してアーティストやデザイナーだけのものではありません。

では、この配色センスをつくり出すプログラムをこれから始めましょう。

3-3 配色は理論に基づく

コンピュータが生活のすみずみまで浸透した現在ですが、今なおソフトウエアによる配色法は実現していません。Adobe（アドビ）のIllustratorのライブカラー機能やエックスライト社のカラーモンキーデザイン（P.120参照）などで、調和理論に従って配色のパターンをつくり出せるようになりましたが、それらは色面同士の面積比や境界線、位置などの条件を加えた膨大な組み合わせに対応できる配色法ではありません。

やはり、配色センスは理論に基づきながら、繰り返しトレーニングを行うことによってしか得られないのです。コンピュータのデスクトップ上では配色をシミュレーションしながら検討し、繰り返しできるメリットがあります。しかし、配色のトレーニングは、絵の具や色紙を使って、試行錯誤しながら配色経験を積み上げることが大切です。これが、配色センスを身につける最良の方法といえるでしょう。

そこで、次にその基本となる配色理論について考えてみましょう。

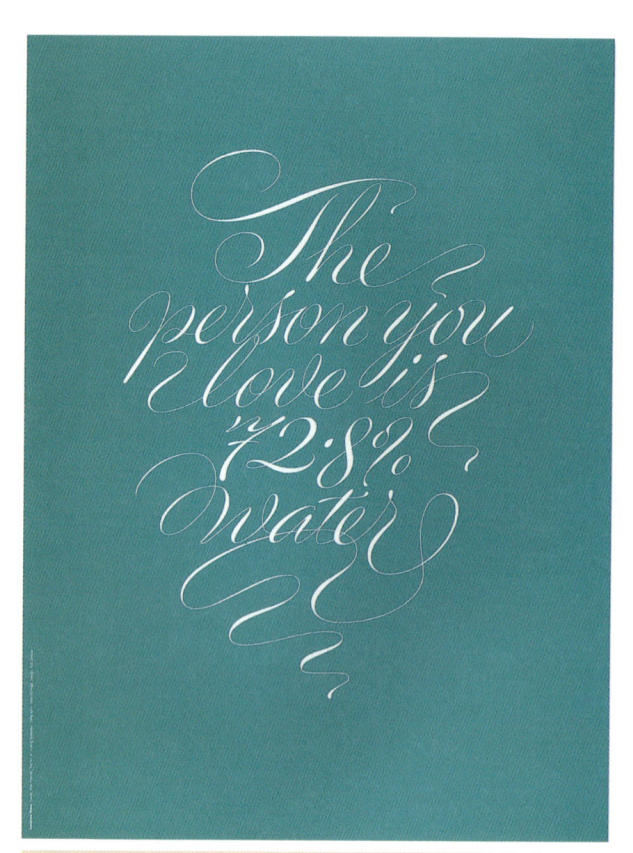

右上:"Celebrate Water," Poster, Rob Duncan, Rob Duncan Design, 2007, Just a Drop, calligraphy: Peter Horridge, copy: Alan Fletcher

シックなブルーと白ヌキ文字だけのシンプルイズベストのヴィジュアル。

右下:「エアバス　A380」新聞広告　野上隆生　山口直樹　2006　エアバス

エアバスのコーポレートカラーをいかした尾翼のデザインは、青の濃淡の同一調和。背景の淡いベージュと尾翼の青は補色同士で、対比調和の美。

下:「REGAL」雑誌広告　永井一史　2004　リーガルコーポレーション

シックな赤を基調色としたコーポレートイメージの広告。

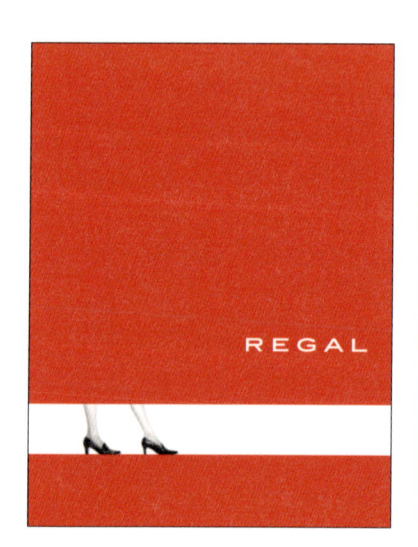

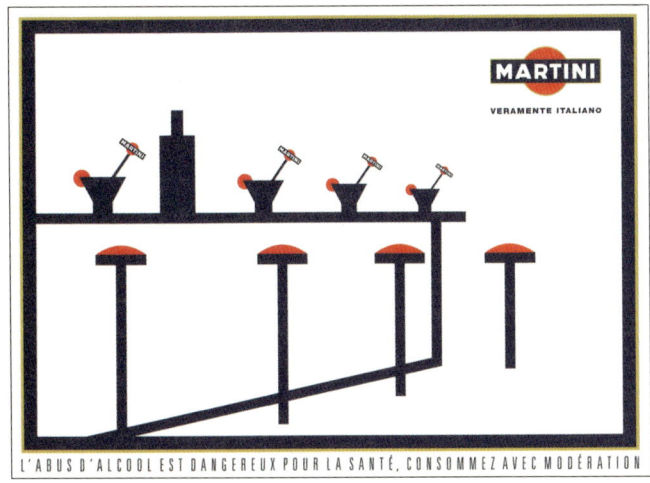

"POINT BARRE campaign," Press and Poster, Vincent D'Amiens, 2003, Martini, agent: McCann Erickson Paris

白いスペースをバックに赤のアクセントカラーの個性が光る。

「iD」キャンペーン　ポスター　水野 学　2007　NTTドコモ
4社のコーポレートカラーとドコモiDのブランドカラーをいかした広告シリーズ。幾何学的なヴィジュアルイメージと統一したレイアウトは、印象的なヴィジュアルをつくり出す。

3-4 配色の基本理論

1章の図1-8を見て下さい。**マンセルシステム**の**10色相環**です。配色方法は、すべてこの10色を基本としてスタートします。

まず、第1章で述べたように、ある2色が調和しているか否か検討する場合、それぞれの色から白と黒色の**無彩色**を取り除いて、**純色**をイメージして下さい。次にその色がカラーサークル上のどの辺りにあるのか印をつけます。

そこで、この2色の円周上の位置の関係が問題となります。例えば、一直線上となる180°の関係であれば**補色**、40°ぐらい離れている関係であれば**近似色**となり、調和するはずです。

もし、50°ぐらい離れていれば、2色の関係は近似色ではない「**あいまい領域**」の関係となり、不調和であることがわかります（「あいまい領域」については、後述する**ムーン・スペンサーの色彩調和理論**で解説します）。

このように、配色を考えるときには、どんな色でも、白と黒色を除いた純色で、カラーサークル上の位置を確認することが重要になります。

次に、各色のカラーサークル上の関係を手掛かりに配色を考えていく方法を紹介しましょう。配色方法の基本として、ムーン・スペンサーの色彩調和理論を解説しながら、私が工夫した配色法のテクニックを解説します。

P.43→

「エッグチェアー」「スワンチェアー」
ポスター　池田享史　2006
フリッツハンセンジャパン

曲線の形と濁色の単純な組み合わせ
は、上品でシックなイメージをつくり出す。

"Cut Prices by Mic Hairstyling,"
agent:Arih, Slovenia, creative
direction: Igor Arih, copywriter: Gal
Erbeznik, art direction: Slavimir
Stojanovic, product: Hairstyling,
advertiser: Simple Hairdressing
Salons

黄色を全面に配したヴィジュアル。黄と
黒の明視性が高くインパクトを与える。

"Savannah Film Festival 2006," Poster, creative direction:David Duran, design and illustration:Scott Newman, client:Savannah College of Art and Design (Savannah, Ga. USA)

コダックのパッケージを模した映画祭ポスター。黄は、コダック社のイメージカラーであり、コーポレートカラーでもある。

■ ムーン・スペンサーの色彩調和理論

1944年にパリー・ムーンとドミナ・スペンサー夫妻が、マンセル表色系をもとに発表した色彩調和理論。色相、明度、彩度それぞれについて、「同一：Identity」、「類似：Similarity」、「対比：Contrast」の3つの調和関係に分類し、「あいまい：Ambiguity」、「眩輝：Glare」という概念を提案した。この理論は2色間における配色を基本としており、あいまいな関係が生じる部分、色の差が極端に大きく眩しさを感じる配色を不調和領域とした。彼らは、配色の調和・不調和を定量的に図式化させただけではなく、面積比や美しさを数値で表現する「美度」を提案するなど、それまでにない斬新な視点で色彩調和理論を展開した。

図3-1. 色相差による調和と不調和の範囲

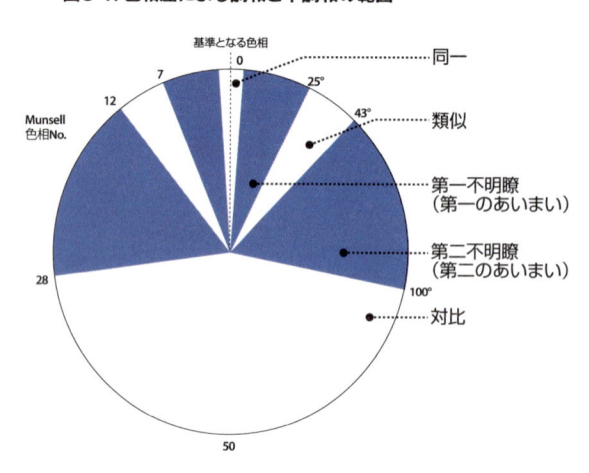

図3-2. 明度差、彩度差による調和と不調和の範囲

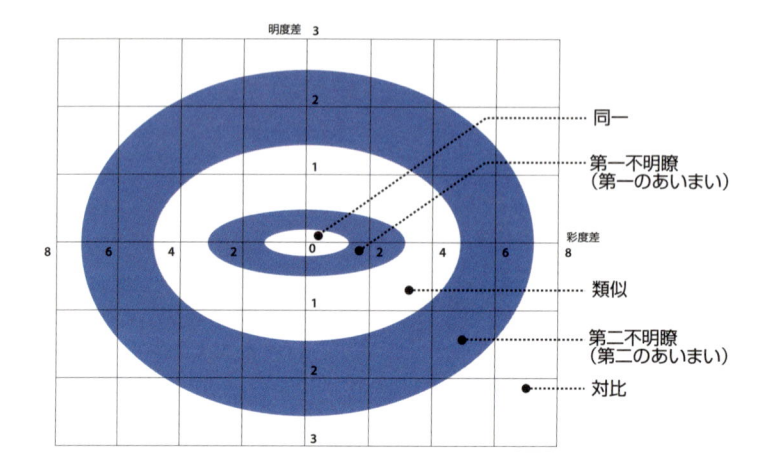

3-5 ムーン・スペンサーの色彩調和理論

ムーン・スペンサーの詳しい理論の内容は後述しますが、ここでは実践で役立つ配色のコツとテクニックについて述べていきます。

この理論では、調和の基本は以下の3つに大別できるとしています。いずれも色相から配色法を考えた理論です。

　　同一調和
　　類似調和
　　対比調和

すべての配色は、このたった3種類のみであるというきわめてシンプルな考え方です。例えば、後述する**スプリットコンプリメンタリー**（分裂補色）や**連続多色**は、この基本の3つの調和理論をもとにしたヴァリエーションです。
また、**日本色彩研究所**（通称：色研）で提唱された「**トーン**」による色彩調和理論は、ムーン・スペンサーの理論とは異なります（P.68参照）。

図 3-3. 同一調和による配色

用いる色相は1色のみ。白、黒を混ぜた同じ色相同士の配色。

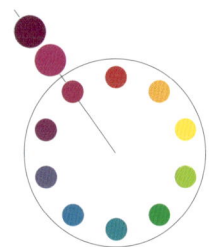

5RP

16/57/12/4	27/96/19/6	27/96/19/50	— C/M/Y/K
明度高	基準カラー	明度低	

5R
| 10/57/35/3 | 17/95/59/5 | 17/95/59/50 |

5YR
| 4/23/56/0 | 6/38/93/6 | 6/38/93/50 |

5Y
| 1/4/55/0 | 2/7/91/0 | 2/7/91/50 |

5GY
| 26/3/58/0 | 43/5/97/0 | 43/5/97/50 |

5G
| 56/7/53/1 | 94/12/89/2 | 94/12/89/50 |

5BG
| 56/15/14/4 | 93/25/24/6 | 93/25/24/50 |

5B
| 56/23/6/1 | 94/38/10/2 | 94/38/10/50 |

5PB
| 43/37/7/1 | 71/62/12/2 | 71/62/12/50 |

5P
| 28/56/11/4 | 47/94/18/7 | 47/94/18/50 |

5RP
| 16/57/12/4 | 27/96/19/6 | 27/96/19/50 |

"On Our Way," Poster, John Rieben, cl: Kewaunee Tourist Board

同一調和。青に白黒のみを加えたおだやかな配色。

「INOUI」ポスター　渋谷克彦　2002　資生堂

バイカラー。赤と黒のバイカラーの個性の強い配色は、訴求性が高い。

「キャラメルコーン」ポスター　杉山ユキ　2003　東ハト
赤を背景に赤いパッケージを重ねてレイアウトし、赤のイメージカラーを強調したヴィジュアルは見事である。

"Rain," Poster, Cai Shi Wei, Eric, 2006, National Chang Kai Shek Cultural Center
同一調和。青色に無彩色を加えただけの単純な配色であるが、それだけに強いインパクトを与える。

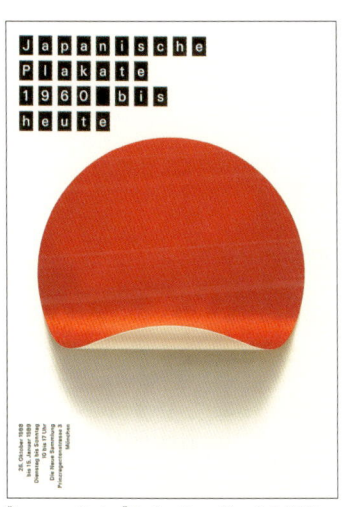

"Japanese Poster," Poster, Pierre Mendell, 1989, Museum for Applied Art Munich
日の丸をイメージした白地と赤の配色は、やはり日本そのものである。

同一調和

同一調和とは文字通り、同じ色相同士による配色法を指します。例えば、赤と、同じ赤に黒や白を混ぜた暗い赤やピンクとのそれぞれの関係は、基本的に調和するという理論です。これは私たちの幼いころからの彩色体験でわかりやすく、最も基本となる色彩調和法として知られています。

ムーン・スペンサーの理論では、カラーサークル上で約4°以内の色相は、同一の色相として見なしています。

したがって、5Rの赤と4°離れた橙色に近い赤に白あるいは黒を混ぜた色は同一調和として考えていいわけです。

しかし、この範囲を超える色相で2色の配色を行うと、ムーン・スペンサーの理論でいう「**第一不明瞭**」の領域に入り、不調和となります。赤と20°ぐらい離れた朱色の関係です。2色とも赤系の色ですが、似ているようでいて、よく見ると色味が異なるので、無意識にその2色の違い（色差）を見極めようとして、心理的にもどかしさを感じ、美しく見えない一因となるのでしょう。同じ色相なのか、異なる色相なのか、その微妙であいまいな色の違いは美しいと感じないのです。

同一調和は元来、墨絵のように1色の濃淡なので、まとまりが出てきて、統一感のあるイメージの調和が自動的につくり出されるという、とても明快な配色法といえるでしょう。

一方で、他の調和法に比べ、この調和はやや単調で、華やかさに欠ける短所があるため、平凡な配色になってしまう傾向があります。

図3-4. 類似調和による配色

色相間が約40°離れた近似の2色相による配色。

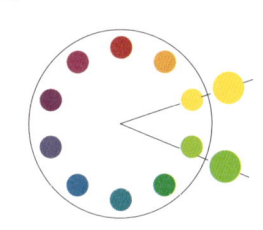

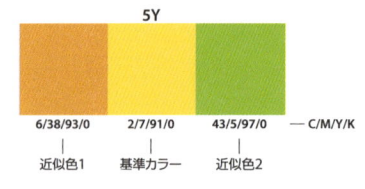

5Y

6/38/93/0	2/7/91/0	43/5/97/0	— C/M/Y/K
近似色1	基準カラー	近似色2	

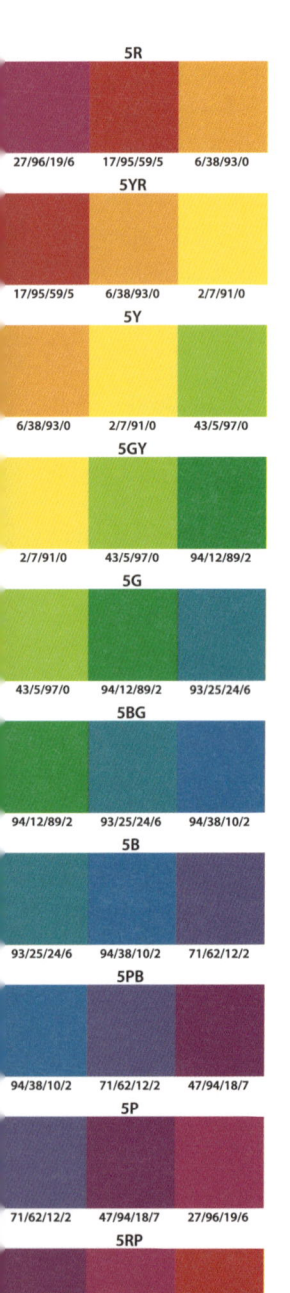

5R
27/96/19/6	17/95/59/5	6/38/93/0

5YR
17/95/59/5	6/38/93/0	2/7/91/0

5Y
6/38/93/0	2/7/91/0	43/5/97/0

5GY
2/7/91/0	43/5/97/0	94/12/89/2

5G
43/5/97/0	94/12/89/2	93/25/24/6

5BG
94/12/89/2	93/25/24/6	94/38/10/2

5B
93/25/24/6	94/38/10/2	71/62/12/2

5PB
94/38/10/2	71/62/12/2	47/94/18/7

5P
71/62/12/2	47/94/18/7	27/96/19/6

5RP
47/94/18/7	27/96/19/6	17/95/59/5

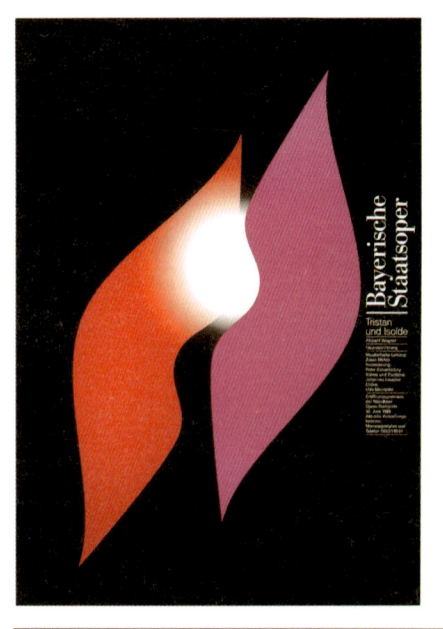

上:"Tristan and Isolde," Poster, Pierre Mendell, 1997, Bavarian State Opera

黒の背景に赤と赤紫の近似色が鮮やかに映える。白い光のモチーフが色光の効果のように輝く。

下:「日本野鳥の会」ポスター　小島良平
1984　日本野鳥の会

黄・黄赤系を主に紫を配した連続多色の配色効果を巧みにいかした作品。

「LEAD THE VALUE」新聞広告　山本和弘　2007
三井住友フィナンシャルグループ
黄緑と緑による類似調和。円と正方形のみで構成され、明度差をつけた好感度の企業広告。

類似調和

類似調和は、配色法の中で最も使用頻度が高い色彩調和法のひとつです。類似調和は、ムーン・スペンサーの理論によると、互いの**色相差**が25°から43°の間にある2色の関係で、**近似色相による配色**とも呼ばれています。

マンセルシステムの10色相に当てはめると、隣り合う色相間の角度は36°なので、これを目安にカラーサークル上の2色を選ぶとよいでしょう。1色が5Rの赤であれば、もう1色は5YRより少し右の色、あるいは5RPより少し左の色のいずれかになります。

しかし、25°から43°といっても、実際にはなかなか色を角度で選び出すことは困難です。したがって、40°を目安に2色を選ぶことを心掛けるとよいでしょう。つまり、40°を目標に近似色を選び出すと、誤差を考えても、ほとんど類似調和の範囲に入ると考えれば、問題はありません。

また、この類似調和は、近似色の関係にある2色を基本にして、さらに各色の白や黒を混ぜた濁色などもすべて含まれるので、4～6色で類似調和をつくり上げることができます。より多彩な類似調和のイメージにするために、基本の2色に濁色を加えた方が、さらに効果的な配色となります。

Illustratorなどのグラフィックアプリケーションでは、**HSBカラーモード**を使うと、カラーサークルの角度を数値で指定できます。これについては**デジタルカラー**の章で解説します（P.118、119参照）。

図3-5. 対比調和による配色

2色相が180°離れたコントラストの強い配色。

5R	5BG
17/95/59/5	93/25/24/6

5YR	5B
6/38/93/0	94/38/10/2

5Y	5PB
2/7/91/0	71/62/12/2

5GY	5P
43/5/97/0	47/94/18/7

5G	5RP
94/12/89/2	27/96/19/6

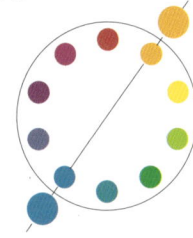

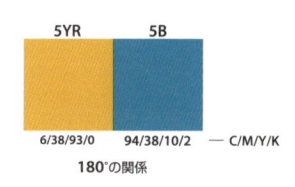

5YR	5B
6/38/93/0	94/38/10/2

— C/M/Y/K

180°の関係

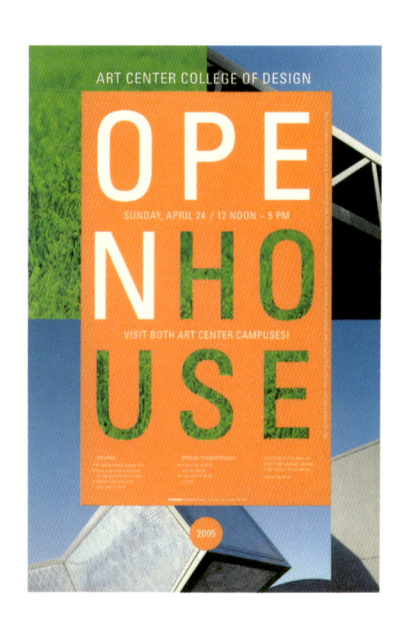

右上:"Open House," Poster, Brad Bartlett, 2005
cl: Art Center College of Design

多色配色のようにみえるが、中央の黄赤と対比する青系の補色調和の作品である。(黄赤の面積が大きいため、逆にモダンにみえる)

左下:"Giselle-Mats Ek," Poster, Pierre Mendell, 2000, Bavarian State Ballet

モノクロームのイメージに、補色の緑と赤紫の矩形が断ち切りで大胆にレイアウトされ、いっそう鮮やかに映る。2つの矩形とバレエダンサーの動きがシンクロしたダイナミックな構成。

右下:「ウェルネスブランドのポスター」松永 真 2006 医心方

スプリットコンプリメンタリーによる配色と、黒を背景としているため、黄と青が一層鮮やかに映える。

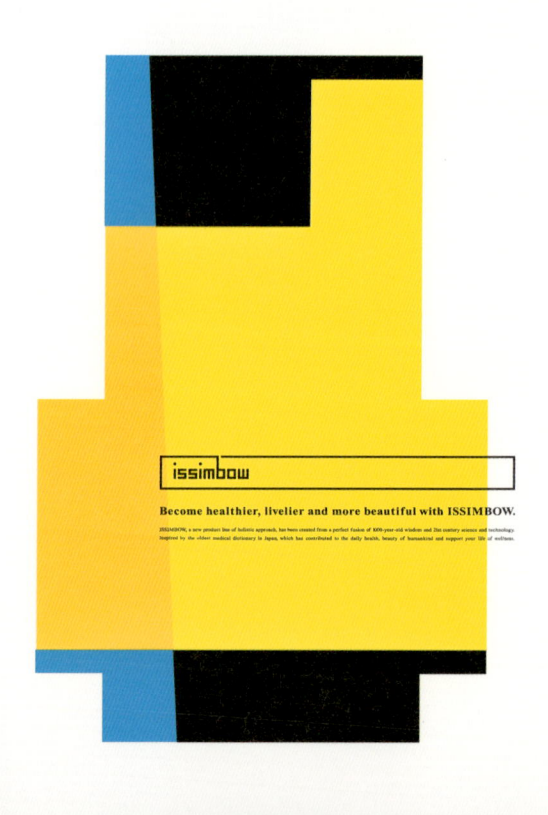

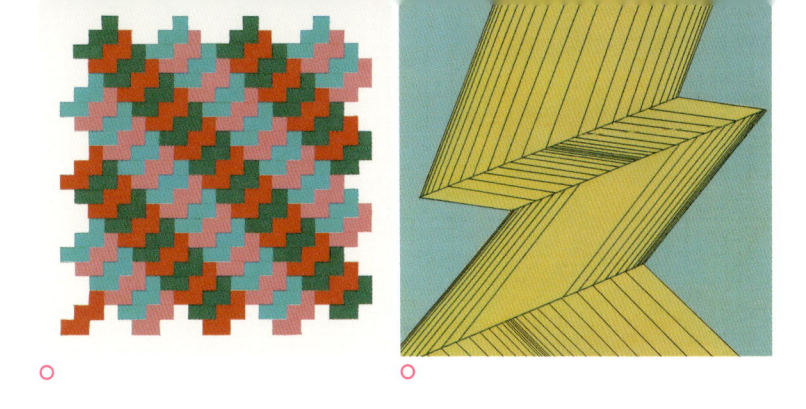

対比調和

対比調和は、カラーサークル上で180°離れた（直径）2色の関係です。この2色の色調は全く共通性がないことから、**コントラストの配色**とも呼ばれます。類似調和に比べ、コントラストの高い配色になるため、派手で主張性の強いイメージになります。

ムーン・スペンサーの理論では、図3-1のように、100°から260°の広い範囲で調和するとしています。しかし、実際には選ぶ2色次第では、この角度の範囲内でも不調和になる場合があり、注意が必要です。例えば、5Rの赤に対して180°離れた5BGは補色の関係ですが、5Gや5Bの色を組み合わせると違和感が生じ、あまり美しい配色とはなりません。きめ細かく色を確認しながら、対比調和となる色を選ぶことが大切です。対比調和では、わずかな色相の差が配色に大きな影響を与えるので注意しましょう。

対比調和では補色の選択のトレーニングが不可欠です。トレーニングを重ねながら色彩感覚を磨くことが大事です。

また、後述しますが、5Rと5BGは明度が同じなので、隣接するとチカチカして目が痛むような感じの**リープマン効果**（色のちらつき）（P.106参照）が生じてしまいます。この場合は、どちらかの色相に、白や黒を入れて明度差をつけるようにしましょう。ぐっと落ち着き、華やかなのにシックで格調高いイメージに変化します。明度差のつくり方については、6章で詳しく解説します。対比調和の配色法をマスターするためには、まずカラーサークルで180°の関係にある2色を確認し、この組み合わせを確実にイメージできるようにしましょう。確かに、ちょうど180°離れている2色は美しく見えます。ところが、個性的な色彩感覚を発揮するアーティストやデザイナーの作品では、この基本ルールに少し破調（イレギュラー）を加えた表現が少なくありません。これは、あえて破調の美をねらって、意外性やオリジナリティを演出しているのです。本来不調和とされる配色の組み合わせは、巧みに面積比や明度差で調節させると、時折はっとするような魅力のある配色もつくれるのです。

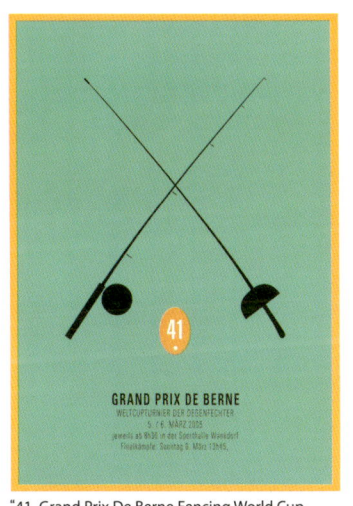

"41. Grand Prix De Berne Fencing World Cup Competition," Poster, Claude Kuhn, 2005, Fechtklub Bern

補色対比。アクセントカラーの黄赤系が濁色にもかかわらず光るように見える。

3. 配色の基本とデザイン

図3-6. スプリットコンプリメンタリーによる配色

スプリットコンプリメンタリーは、基準カラーAに、補色Bを中心とする近似色C、Dを加えた3色を基本とする配色。

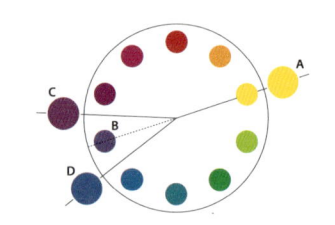

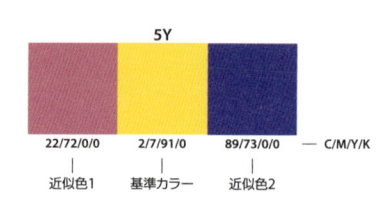

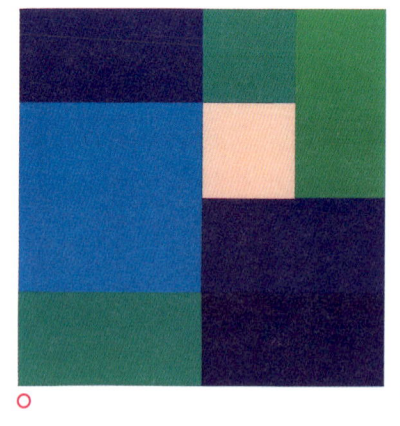

調和と不調和

ムーン・スペンサーの色彩調和理論では、これまで解説した3つの同一調和、類似調和、対比調和が、カラーサークル上で調和する領域内であるとしています。

図3-1のように、円の右部分を見ると、それ以外の青の部分は4°程度から25°までを「第一不明瞭」、43°から100°までを「第二不明瞭」としています。円の左部分はマンセルシステムの色相差の値で示しています。この色相差の値は、色相を100分割して、色相同士が離れた値を表示しています。360°÷100＝3.6°が色相差1に相当するので、例えば、対比調和の目安となる色相差28は、28×3.6°≒100°と同じになります。

例えば、5Rの赤に対して、隣の5YRは36°離れており、類似調和の関係になります。ところが2つ目の5Yの間は72°となり「第二不明瞭」に入るので、調和しないということです。また5Rと5YRより赤寄りの朱色などの色は20°ぐらいの色相差で、「第一不明瞭」に入り、これも調和しない色相の関係にあります。

そこでこの理論に従って、色紙を組み合わせて実験してみると、確かに調和、不調和の関係が明らかになっています。皆さんもまず純色同士で試してみて

3. 配色の基本とデザイン

「マ・マー"PASTAism"」カレンダー　稲葉大明　2008　日清フーズ

1月：互いに離れあう純色3色を配置し、ヴィヴィッドなイメージをつくり出している。下部の白の面積が広いため、さして違和感はない。6月：黄の近似色とさわやかなブルーのスプリットコンプリメンタリー。
8月：暖色系の純色や明清色ばかりを配し、健康的なイメージを演出している。

ください。色紙はできればマンセルの色票に準拠した色研の**トーナルカラー**（93色）や**プランニングカラー147**（147色）を用いると一層わかりやすいでしょう（P.160〜P.165参照）。あなた自身がまず調和の配色を納得することが大切です。調和したとき、2つの色が醸し出す美的な快感、配色の妙は何ともいえません。

次に純色に白を加えた**明清色**や純色に黒を加えた**暗清色**も加えて調和、不調和の組み合わせを体験しましょう。

3-6 さらに高度な配色法に向けて
スプリットコンプリメンタリーの配色

近似色相の2色同士は類似調和であり、180°離れた2色相は補色と呼ばれ、対比調和であると先に述べました。

この2つの調和理論を組み合わせた調和法のひとつにスプリットコンプリメンタリー（分裂補色）と呼ばれる高度なテクニックの配色法があります。

図3-6のように、スプリットコンプリメンタリーはA、C、Dの3色相の組み合わせによる高度な配色法です。

スプリットとは分岐したという意味で、コンプリメンタリー（補色）の対極が2つに枝分かれした計3色を基本とする配色です。つまり基準カラーAと、その対峙する補色Bを中心とした約40°の色相差の近似色相CとDの関係を指します。見方を変えると近似色の配色の中に反対色のAが入ってくるということになるでしょうか。

この場合、近似色の柔らかい配色にアクセントの反対色が入って全体が引き締まり、現代的で粋な配色に変身してしまいます。そのため一般的にはC、Dの近似色である面積を大きくとり、Aの補色はぴりっとしたスパイスを効か

図3-7. 連続多色による配色

連続多色は、カラーサークル120°の範囲で、等間隔に離れた4〜6の色相が入った配色。下図は30°の間隔で5色選んだ例。

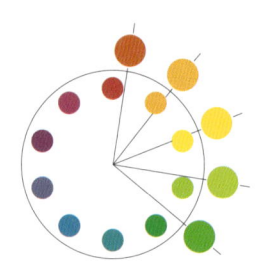

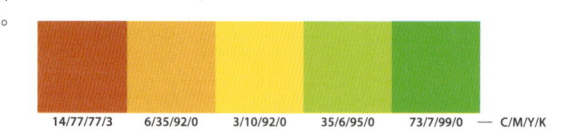

14/77/77/3　6/35/92/0　3/10/92/0　35/6/95/0　73/7/99/0　― C/M/Y/K

"BRASIL," McCann Erikson Brazil, 2006, MasterCard Worldwide
連続多色によるグラデーションを具象表現にいかした雄大なヴィジュアル。

「マクドナルドのおいしいは、
立ち止まらない。」

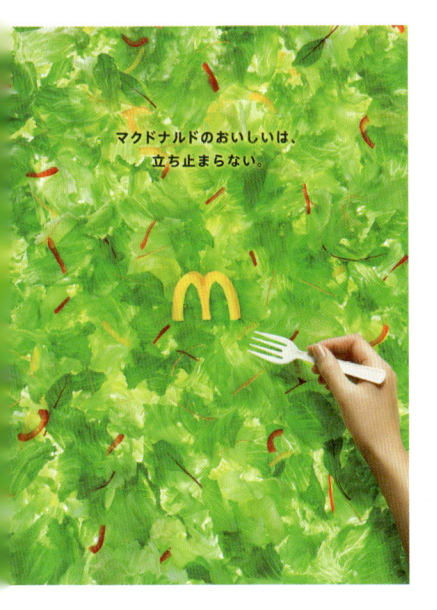

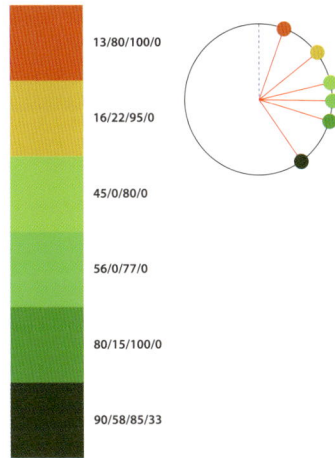

	13/80/100/0
	16/22/95/0
	45/0/80/0
	56/0/77/0
	80/15/100/0
	90/58/85/33

「日本マクドナルド」新聞広告　中村仁也　稲村陽一
2006　日本マクドナルド

緑系を基調色とした連続多色で全体をまとめた配色により、さわやかで健康的なイメージをつくり出している。

せた程度の少量のアクセント色に止める方がよいでしょう。

逆にAの補色の量とC、Dの量が等量に近いと、派手でアヴァンギャルドなイメージに変化します。この場合、色面構成などではレイアウトを誤ると、ただ派手なイメージばかりが強調され、安っぽく見えてしまうので気をつけましょう。

早速、トーナルカラーやパソコンでシミュレーションしてみてください。50ページの上の図は色彩構成の例です。いずれも補色の鮮やかなアクセント色が冴え、互いの色の彩度を高め合う補色対比との相乗効果をいかしたモダンな配色といえるでしょう。

また補色による対比関係を一対の対極という意味の**ダイアード（Dyad）**とも呼んでいますが、スプリットコンプリメンタリーはその変形の調和テクニックといってもよいでしょう。

連続多色による華やかな配色

これまで述べた色彩調和の方法、つまり配色法は、同一調和による同色、あるいは類似調和による、近似色相の柔らかくソフトなイメージの調和と、対比調和の強いコントラストの調和の、大きく2つのグループに分けられます。スプリットコンプリメンタリーは両者のよさを併せ持った配色でした。ところで、もっと多彩で華やかな配色として、「連続多色の配色」法が挙げられます。この配色は、カラーハーモニーの奥義を知るといってもいいようなきわめて醍醐味のある色彩調和のテクニックといえます。これはカラーサークルのおよそ120°、つまり円周の3分の1の範囲の色相を均等に取り出した4、5色のすべてを使ったカラフルな色調の配色法です。

もちろんこの色相を順に並べて配置した場合、虹のようなグラデーションとなり、代わり映えしません。この4、5色の色相に白、黒を加えた濁色をすべて含め、順不同に互いに明度差ができるように配置することがコツです。

隣り合わせの色が、互いに不調和といわれる「あいまい領域」にあってもかまいません。このように全体にレイアウトすると、不思議なことにカラフルでありながら、ある統一感のある配色ができ上がります。

これは色のグルーピングによって、結果的に色相のイメージがまとまる色彩効果が影響しているからと考えられます。

つまり赤から黄赤、黄、黄緑といった120°の範囲の色相では、全体的に暖色系としてのまとまり感が生じ、多彩な色彩イメージの中にも一貫した統一感が出るからです。角度を移すと同じく緑系、青系、紫系などとなり、まとまり感をつくり出すのです。

53　3. 配色の基本とデザイン

色相におけるまとまり感を、色彩学では、一部に「**ドミナントカラー**」あるいは「**トーンオントーン配色**」などと記している本がありますが、これも「連続多色の配色」の一種ととらえてもよいでしょう。

「ドミナント」とは、支配するという意味で、○○系の色相のことなのです。

ただし、この配色で注意することは、色相の順番に置かないことと、隣接する色同士には必ず明度を変えた明度差をつけることです。

華麗なグラデーションの配色

最も美しいと感じる配色のひとつに**グラデーション（Gradation）**があります。グラデーションとは、色相や明度、彩度が少しずつ連続的に変化していく色の表現をいいます。日本語では、漸変といいますが、英語表記のグラデーションの方が、むしろ一般的でわかりやすいでしょう。

私たちは自然の中で、はっとするようなグラデーションのマジックにかかり、色彩の威力を再認識することがあります。日没前の真っ青な空が夕焼けの橙色へと劇的に変化していくグラデーションから、緑色の葉が目にまぶしい鮮やかな紅色に染まる秋の紅葉、花弁の中心から縁に向かってピンクに変化する絞り系のバラの花など、さまざまな光景に出会い、感激するのです。

そういえば、日本の伝統的な美術表現の墨のぼかしや滲み、掠れなども和紙と墨のコラボレーションによるグラデーションではないでしょうか。伝統工芸の蒔絵などの金粉（砂子）、野毛から溜込などの技法も、日本の自然の美しさの中のグラデーション表現なのです。

●

さて色彩学におけるグラデーションは、大きく次の2つの要素によって分けられます。

ひとつは、明度段階によって、明度の高い色から低い色に段階的、あるいは無段階的に変化していく**明度のグラデーション**です。

最もわかりやすいのが、白から明るい灰色、灰色、暗い灰色を経て黒に変化する無彩色のグラデーションでしょう。この明度段階を有彩色に当てはめると、例えば、5Rの赤に、少しずつ白を加えていき、ついには白色になるグラデーションです。逆に黒を加えて、明度を下げていくグラデーションも同様です（図1-11参照）。

明度のグラデーションは一般的にやさしくソフトなイメージの配色法で、失敗のない美しい調和が得られます。

もうひとつのグラデーションは、**色相のグラデーション**です。これは、ある色相から別の色相へ変化するグラデーションを指します（P.58参照）。例えば

左から順に、無彩色のグラデーション、有彩色の明度のグラデーション（黄と黒、青と白）、色相のグラデーション（紫と黄赤）。

レインボーカラーのように、光のスペクトルで変化する表現です。ただ色相のグラデーションは、若葉の黄緑色が初夏に緑色に変化していくごく自然なグラデーションとして見慣れているので、私たちが作品制作として用いる場合は、色相順にせず、5R（赤）から5PB（青紫）へ、あるいは5BG（青緑）に変化する方が、ドラマティックな色彩の演出効果を楽しむことができます。なぜならば、対比する互いの色は、混ぜ合わせると暗い濁色になり、両端の彩度の高い色同士が彩度対比によって、さらに光輝いて見えるからです（図3-8）。

54ページの図は、それぞれ無彩色によるグラデーション、有彩色の明度のグラデーション、そして色相のグラデーションです。

よくある質問ですが、彩度のグラデーションとはいわないのかという問いです。明度や色相のグラデーションでは、明度や色相の変化にともない、自動的に彩度も変化していくため、一般的に彩度を基準にしたグラデーションという分類は省かれます。

また、グラデーションの表現で注意することは、色彩の変化が視覚的に認識できるような、明快な明度段階や漸変効果が必要なことです。つまり、あまり明度段階を細かくすると、隣り合う色同士の色調の変化がわかりづらくなるため、美的な快感に結びつかないということです。私の経験では、多くても15段階ぐらいが限度だと思います。

グラデーションの配色を絵の具でつくると大変な作業になりますが、大きな達成感が得られるとともに色彩感覚を養うことができます。

これをグラフィックアプリケーションを使って配色すると、きわめて簡単につくれます。IllustratorやPhotoshopでシミュレーションしてみて、効果的な配色や明度段階を決めることが得策です。

3-7 無彩色の配色とモノトーンの力

無彩色は文字通り、色味（色相）も彩度もない白、黒、灰色で、色調のないモノトーンだけの配色で地味なイメージが先行しますが、時としてシックでダイナミックなイメージをつくり出します。

カラフルな色彩に囲まれた現代社会では、こうしたモノトーンの配色は、他の色やカラーコーディネーションの引き立て役やアクセント色として大きな効果を発揮します。

ファッションの世界では、無彩色はベージュや紺色と並んで、他の色を効果的に見せる**ベーシックカラー**と呼ばれ、私たちは日常的に使いこなしています。冠婚葬祭などのベーシックカラーが、国や地域を問わず、多くが黒と白

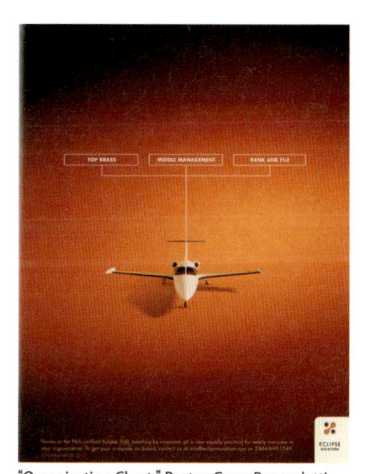

"Organization Chart," Poster, Gerry Pasqualetti, HSR Business to Business, cl: Eclipse Aviation

グラデーション効果と視覚の中心を巧みに一致させている。

3. 配色の基本とデザイン

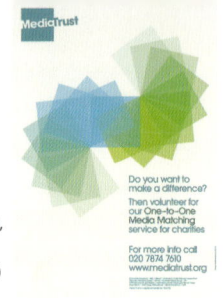

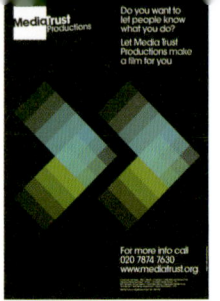

"Media Trust," Poster & Pamphlet, Paul West,
Paula Benson, 2006, Media Trust
色相が少しずつ変化する色の重なり感（透明感）
を表現した美しいグラデーション効果。

であることは、納得できます。ファッションでは、黒のスーツと白のワイシャツ、黒が基調で白のアクセントが入った**バイカラー**（Bicolor）のワンピースなど、時代を問わずモノトーンは定番です。バイカラーとは、ファッションでよく見られる2色使いの組み合わせで、赤と白、濃紺と白などの2色の配色を意味しています。女性のファッションアイテムのワンピースやコート、パンプス、バッグなどでもバイカラーが多く見られます。ちなみに3色の場合は、**トリコロール**（Tricolore）と呼びます。

ポスターやカラフルなグラビア印刷の雑誌でも、文字やグラフィックエレメントなどは黒、白、灰色抜きには、レイアウトもイメージも定まらないでしょう。

P.60→

上："Synchromies," Karl Gerstner, 1992〜
右："Synchromy 82 in relief," Karl Gerstner, 2002
カール・ゲルストナーはバウハウスの流れをくむ構成主義作家で、巧みな色彩実験の作品も多い。

56　　3. 配色の基本とデザイン

"The Mona Lisa could've used some flames or an eagle.," Hans Hansen, photograph: Madison Ford©/midcoaststudio.com client: Harley-Davidson

橙から黄へのグラデーションが炎のオーガニックフォルムと見事な調和を見せている。

「紫に、目覚める。」「人のからだは、野菜の色に守られている。」新聞広告　齋藤大輔　2006　カゴメ

野菜のモチーフの色相に合わせた同一調和によるグラデーション。わずかに色相に幅をもたせながら明度差をつけた美しい配色。グラデーションの透明感が健康的なイメージをつくり出している。

57　　3. 配色の基本とデザイン

図 3-8. グラデーションによる配色

グラデーションとは、色を段階的に変化させていく配色法をいう。「段階的変化、徐々に変化する」という意味で、「グラデーションの配色」は、秩序や統一感、連続感が生まれる配色である。見た目にもリズム感のある心地よい配色となる。グラデーションには、色相・明度・トーンのそれぞれを変化させていく配色があり、またそれらを組み合わせた変化に富んだグラデーションがある。

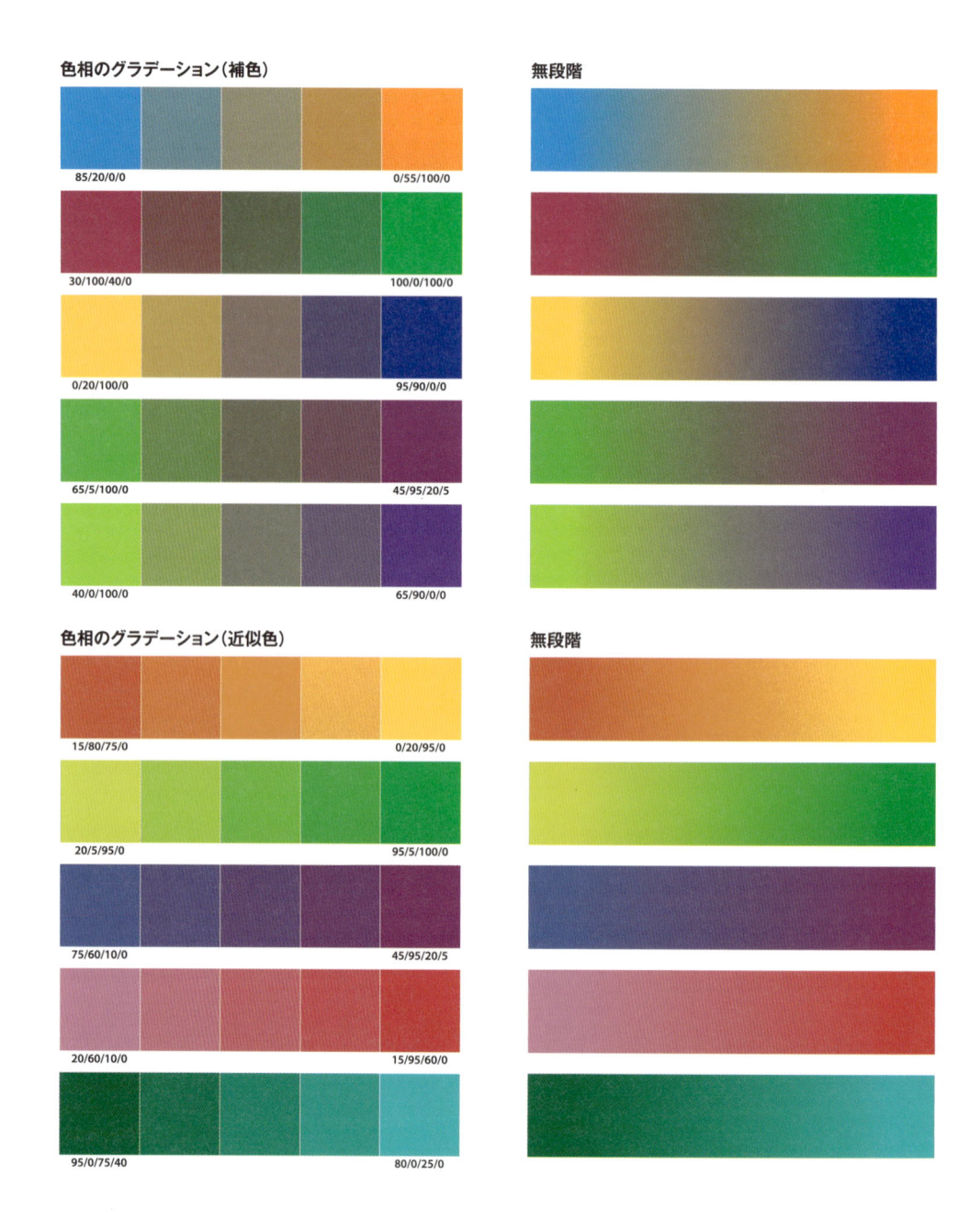

色相のグラデーション（補色）　　　　　　　　　　**無段階**

85/20/0/0　　　0/55/100/0
30/100/40/0　　100/0/100/0
0/20/100/0　　　95/90/0/0
65/5/100/0　　　45/95/20/5
40/0/100/0　　　65/90/0/0

色相のグラデーション（近似色）　　　　　　　　　**無段階**

15/80/75/0　　　0/20/95/0
20/5/95/0　　　95/5/100/0
75/60/10/0　　　45/95/20/5
20/60/10/0　　　15/95/60/0
95/0/75/40　　　80/0/25/0

明度のグラデーション（明清色調：ティント）　　　**無段階**

20/95/0/0　　　　　　　　　　　　5/25/0/0

55/0/95/0　　　　　　　　　　　　10/0/15/0

100/0/80/0　　　　　　　　　　　　20/0/15/0

100/60/10/0　　　　　　　　　　　20/10/0/0

10/90/100/0　　　　　　　　　　　0/10/15/0

明度のグラデーション（暗清色調：シェード）　　**無段階**

0/50/95/0　　　　　　　　　　　　0/50/95/100

100/15/0/0　　　　　　　　　　　100/15/0/100

0/100/30/0　　　　　　　　　　　0/100/30/100

70/60/0/0　　　　　　　　　　　　70/60/0/100

20/0/100/0　　　　　　　　　　　20/0/100/100

3. 配色の基本とデザイン

「マンセル ニュートラル バリュースケール（グレースケール）」
白から黒までの無彩色をマンセル明度値（Value）で段階別に
表示した見本帳で、明度 2～9.5 まである。（エックスライト製）
提供：エックスライト（株）

無彩色の配色で大切なのは、使用する色の明度差が均等であることです。また、歯切れのよい明快なトーンをつくるために、色数をあまり多くしないことです。図3-9のように、配色の際は、明度の順に並べずに、明度差をつけてコントラストが高くなるようにした方が、全体としてメリハリのあるイメージになることを覚えておきましょう。後述しますが、この明度差をつけるというテクニックは、配色においてきわめて重要な役割を担っています。

階調のリズムが出てくると、無彩色による表現力の効果が発揮されます。カラフルな色の洪水のもとで生活している現在こそ、無彩色の配色を上手に使いこなすことが、配色全体の表現力を高めることにつながっていくのです。

このことを踏まえ、これまで以上に無彩色の配色効果を意識しながら、使っていくようにしましょう。これが色彩力を高めていく秘訣のひとつです。

3-8 無彩色＋有彩色

モノトーンという無彩色の濃淡だけの配色を、さらに魅力的にするテクニックのひとつに有彩色を加える方法があります。

黒、白、灰色だけの配色に、わずかに有彩色を置いた配色法です。全体に色味のない無彩色の画面に、高彩度の有彩色がアクセントとして入ることによって、たちまち印象的な色面に変化します。夕闇せまる山里にともる灯のように、赤い灯の色が染みわたって印象的な情景をつくり出します。

例えば、純色の赤や青が入ると、**彩度対比**（P.102参照）の効果によって、より鮮やかに見え、見る人を引きつけるのです。

図3-10は、こうした無彩色＋有彩色の例ですが、有彩色の色面の大きさや彩度によって、印象が変わってきます。

一般的に、鮮やかな純色がわずかに入ると、彩度や面積の対比効果によって、互いの色を引き立て合い、まとまり感が強まってきます。これは、無彩色を**基調色**（主調色）とし、その中に純色がアクセントとなり統一感をつくり出し、訴求性を高めることができるからです。いわば、黒いスーツにわずかに見えるチーフの色の鮮やかさが、気品のあるシックな印象を醸し出すコーディネートのファッションセンスと同じです。

また、有彩色の面積を大きくしても、基本的には無彩色と相性がいいので、よく調和します。ところが、基調色がなくなるため、イメージががらりと変わり、ダイナミックでモダンな印象となります。

さらに、この配色法を応用し、有彩色に白や黒を混ぜ彩度を低くすると、今度は落ち着いた上品な配色に様変わりします。これも失敗のない配色法なの

"The Connecticut Grand Opera & Orchestra
Present," Thomas G. Fowler, H. T. Woods,
cl:Connecticut Grand Opera & Orchestra

赤と白とブルーのトリコロール（3色配置）はフランスの
国旗色でもある。単純明快な配色とパリのイメージが呼
応し、印象度が高い。

3. 配色の基本とデザイン

"New York Art Directors Club," Poster, Michael Gericke/Pentagram, 1990,
©Pentagram Design, Inc.
黒バックにカラフルな高彩度有彩色と放射状のレイアウトによる訴求性を高めた表現。

"Mero Structures becomes Novum Structures,"
Poster, Kerry Grady, Grady, Campbell, cl: Novum
Structures LLC
無彩色の配色に少量の有彩色を加えると、有彩色はよ
り鮮度がひき立ちクールに見える調和効果がある。

で、ぜひ取り組んでみましょう。低彩度の色の面積は、前述したように、面積比によってイメージの違いが出てきます。

いずれにしても、無彩色は明度の高低にかかわらず、有彩色と相性がよく、有彩色の色調を鮮やかに、あるいはシックで重厚に見せる効果があるので、配色法のテクニックのひとつとして活用しましょう。

■ モノトーンの魅力

図3-9. 無彩色による色彩構成

5×5分割のフォーマット（グリッドシステム）をもとに、分割面をつくりながら無彩色によるコンポジションを試みた習作。面積比をつけて、明度のコントラストをつけながら配色を行う。少量の黒がアクセントとなり、視覚的中心をつくり出している。

「「真善美」展ポスター」　杉崎真之助　2007
ハンブルク美術工芸博物館

モノトーンのクールで知的なイメージを巧みにいかした表現。

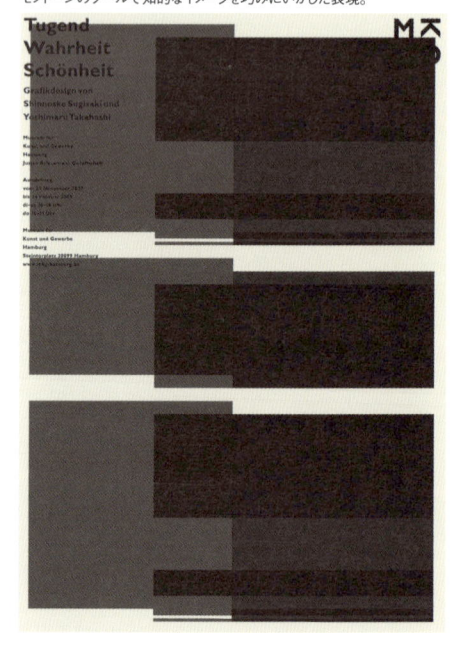

3. 配色の基本とデザイン

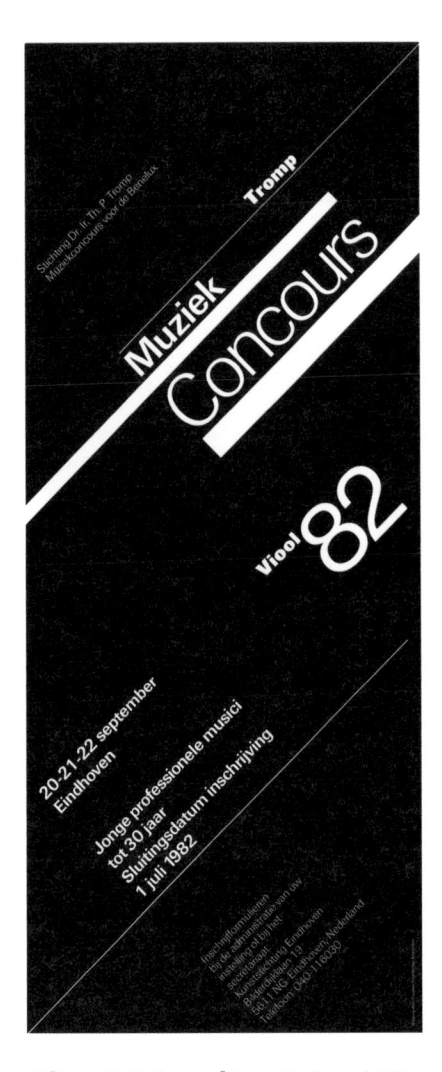

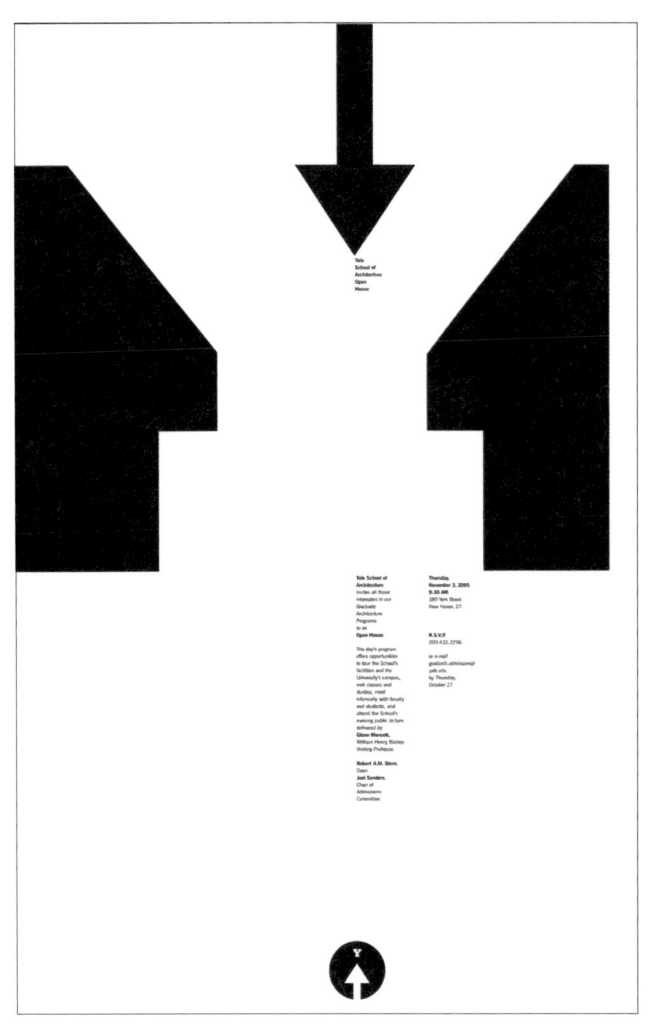

上："Tromp Muziek Concours," Poster, Wim Crouwel, 1982, Stichting Dr. Ir. Th. P. Tromp

黒と白との知的で重厚な配色。

右上："Open House Poster for the Yale School of Architecture 2005," Poster, Michael Bierut/Pentagram, 2005, Yale School of Architecture, ©Pentagram Design, Inc.

黒と白だけの強いコントラストの配色は、色彩の溢れる現代では、逆説的な表現効果も併せ持つ。

右："Roland Pöntinen Plays Liszt," Poster, Anders Malmströmer, cl:Haddock Records

タイポグラフィによるモノトーンの作品。「Liszt」の文字を断ち切りでレイアウトし、余白をいかした視認性の高い作品。

■ モノトーンに色のアクセント

図3-10. 無彩色＋アクセントカラーによる色彩構成

5×5分割のフォーマット（グリッドシステム）をもとに、分割面をつくりながら無彩色＋アクセントの有彩色を織り混ぜたコンポジションの習作。少量の有彩色がアクセントとなるので、どのような有彩色でも無彩色に調和しやすい。

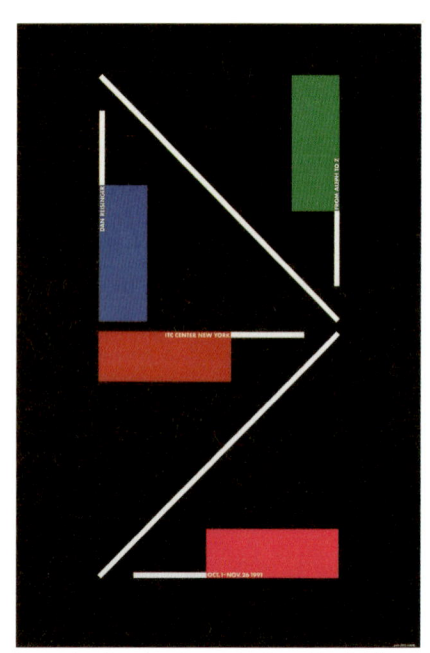

"International Typeface Corporation Center, New York,"
Poster, Dan Reisinger, 1991, International Typeface
Corporation Center, New York

黒バックに少量のヴィヴィッドトーンの各色は、ネオン効果のようにより彩度が高く映る。

NESCAFÉ

RICH FROTH
HomeCafé
MY SPECIAL MOMENT
ホームカフェ

どれにする？

カフェの定番 — CAFFELATTE カフェラッテ	new! 紅茶好きに — DARJEELING TEA LATTE ダージリンティーラッテ
本格派 — CAPPUCCINO カプチーノ	new! 和のなごみ — KOKUTOU GREEN TEA LATTE 黒糖抹茶ラッテ
MOCHA LATTE モカラッテ	new! APPLE & CINNAMON TEA LATTE アップル＆シナモンティーラッテ
ORANGE & CARAMEL LATTE オレンジ＆キャラメルラッテ	new! HAZELNUTS & VANILLA LATTE ヘーゼルナッツ＆バニララッテ	new! CARAMEL & NUTS TEA LATTE キャラメル＆ナッツティーラッテ

「ネスカフェ ホームカフェ」ポスター　ネスレ日本　2008　ネスレ日本
どんな有彩色も、黒バックの無彩色の明度・彩度対比によって、いきいきと見える。

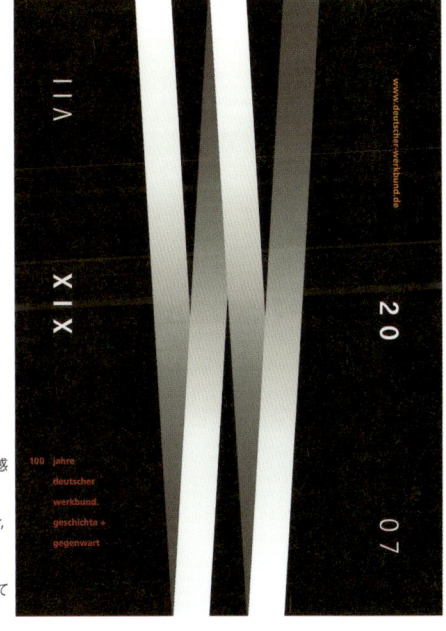

左："100 Years of German Werkbund 1907/2007," Poster, BK Wiese, BK Wiese Visuelle Gestaltung, cl: German Werkbund

黒から白までのグラデーションは立体感さえ感じさせる。

右："Self-Promotion Capabilities," Poster, Terry Lesniewicz, 2006, cl: Lesniewicz Associates

小さな蝶の色が、ネオンサインのように輝いて見える。高彩度有彩色によるネオン効果。

"Werner Lüdi Sunnymoon / Vienna Art Orchestra," Poster, Niklaus Troxler, 1985, Vienna Art Orchestra, Werner Lüdi Sunnymoon

白と黒の形が互いに重なり合い、図と地が反転する。反転図形をいかしたポスター。

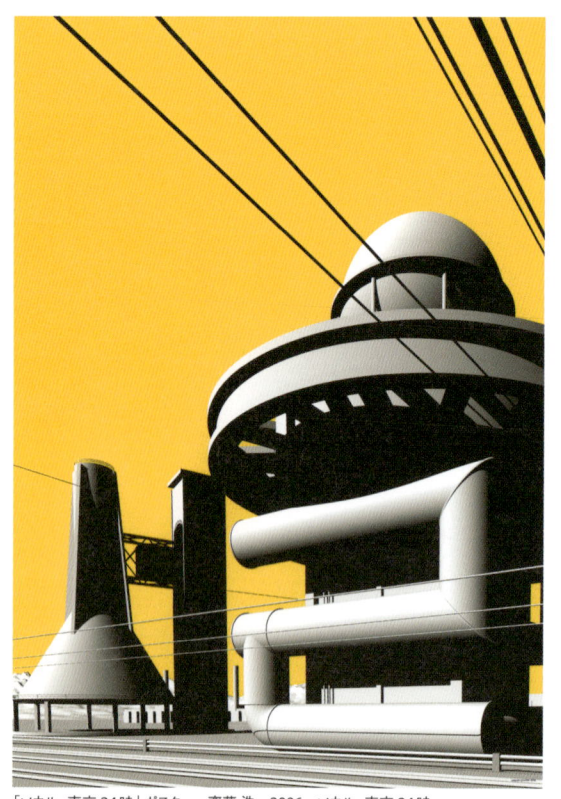

「ソウル・東京 24 時」ポスター　齋藤 浩　2006　ソウル・東京 24 時

黄と黒による明視性を最大限に引き出した配色と巨大な人工物の組み合わせは近未来を予感させる。ダイナミックな構図と黒・白・黄の配色。

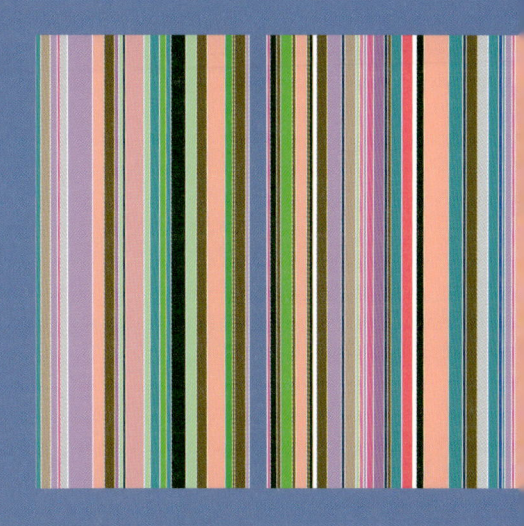

4 トーンによる配色

4. トーンによる配色

4-1 トーンとPCCS

第3章では、配色のテクニックとして、ムーン・スペンサーの色彩調和理論に基づき、**マンセルのカラーサークル**上の基本となる色相で配色を選ぶ方法のコツとテクニックを紹介してきました。

この基本は同一調和、類似調和、対比調和の3つの調和理論と、ここから派生した**スプリットコンプリメンタリー**や**連続多色**などの配色法です。

さらに配色する上で、知っておくと便利で、使いやすい配色理論として、「**トーン（Tone）**」という概念があります。トーンはパステルトーンやダークトーンのように、日常的に使う言葉ですが、これは、色面全体から感じられる色調や色のイメージを意味します。

このトーンのイメージを理論化し体系化したのは、1963年に**日本色彩研究所**（通称：色研）で、マンセルシステムに準拠し、新たに提案した**PCCS**（Practical Color Co-ordinate System）において「トーン」の概念も定められました。

PCCSにおける「トーン」とは、明度と彩度を合わせた概念を指します。トーンは、図4-3のように12のトーンと無彩色のグループに分けられています。色相に関係なく明度と彩度を同じようなイメージでグルーピングしたもので、それぞれ「ペールトーン」「ビビッドトーン」「グレイッシュトーン」のような名称が付けられ、その色のグループがよりわかりやすくなっています。つまり、同じトーンの色同士は、色相が異なっていても、共通の色彩イメージがあるため、基本的に調和するのです。

同じトーンの色同士の配色は、ソフトで柔らかく落ち着いたイメージをつくり出します。また、トーンは明度が近いグループなので、強いコントラストはありませんが、明るいパステル調のイメージや灰色味の渋いイメージなどは、トーンで色を簡単に選べるので、迷うことなく色彩計画を行うことができます。

トーンによる配色法の長所は、図4-3のように、インテリアをペールトーンでまとめたり、洋服をビジネス用にダークグレイッシュなイメージでコーディネートするような際に役立ちます。つまり、トーンをまず決めてから配色をするときには、便利な考え方です。

「とらや 生菓子 百千鳥」雑誌広告　木下勝弘
2006　虎屋
ピンク系で包まれた淡い空間に、同色のトーンの和菓子が冴える。

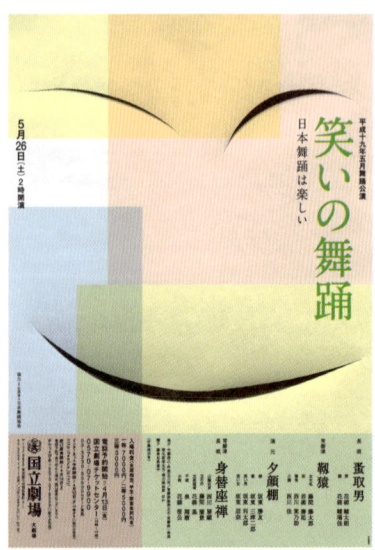

「笑いの舞踊」ポスター　秋田 寛＋アキタ・デザイン・カン
2007　国立劇場
ペールトーンとオーガニックな曲線の調和をいかしたポスター。

バウハウス・バウスピール

家具工房にいたアルマ・シードホフ・ブッシャー（Alma Siedhoff-Buscher）がデザイン。1977年にスイスの玩具メーカー、ネフ社（Naef Spiele AG Swiss）が復刻。ブッシャーはバウハウスの実験住宅、ハウスアムホルンで、子供部屋の家具を担当している。この積木は立方体や直方体、三角柱、円柱、舟形などの22個のパーツから構成され、鮮やかな色の塗装が際立つ。三原色を基調としたパーツはヴィヴィッドトーンとストロングトーンで、現在なお斬新さを失っていない。パーツは箱にすき間なく収まり、緻密に計算されたバウハウスらしいデザインである。パーツの積み方が描かれたパッケージも当時のままである。日本では（株）アトリエ ニキティキから販売。P.110のバウハウス・カラーゴマ（Bauhaus Optischer Farbmischer）も合わせて見てほしい。

バウスピール組立例

バウスピール 外箱と中

提供：（株）アトリエ ニキティキ

69　　4. トーンによる配色

■ PCCS（日本色研配色体系：Practical Color Co-ordinate System）

PCCSは、1964年に（財）日本色彩研究所が発表した表色系で色彩調和を目的として開発された。色相（Hue）、明度（Lightness）、彩度（Saturation）の3属性を使用し、さらに色相とトーン（Tone）から色を分類する点が特徴となっている。色相環の表記は、色相記号を表しており、1:pRから24:RPまでの24色が与えられている。3属性で色を表すとき（これをPCCS記号という）には、例えば、1:pR-4.0-9sとなる。

図4-1. PCCS（日本色研配色体系）

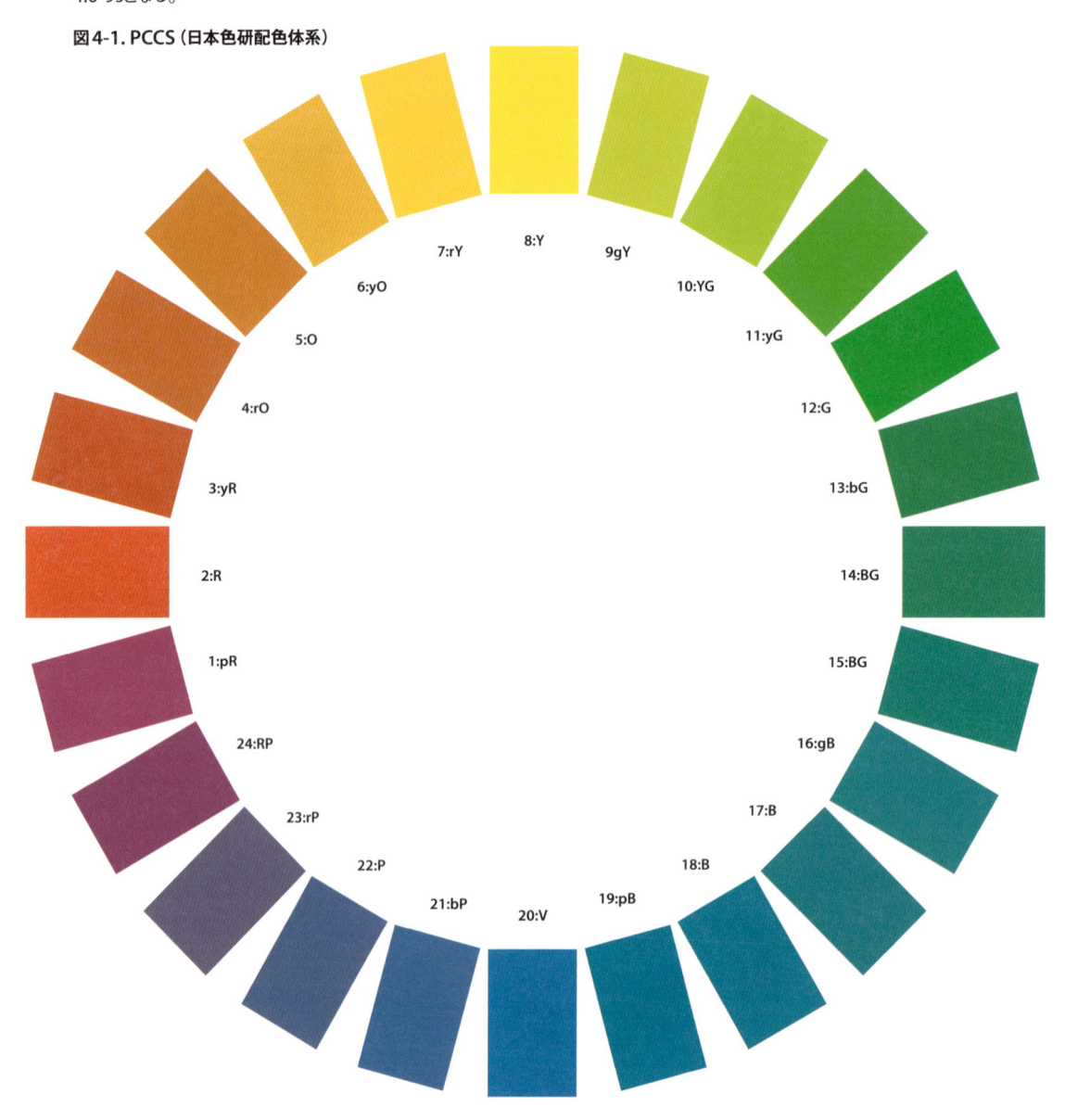

図4-2. PCCSトーン名

トーン記号	tone（英名）	トーン（和名）
v	vivid	冴えた・鮮やかな
b	bright	明るい
s	strong	強い
dp	deep	濃い・深い
lt	light	浅い
sf	soft	柔らかい・穏やかな
d	dull	鈍い・くすんだ
dk	dark	暗い
p	pale	薄い

トーン記号	tone（英名）	トーン（和名）
ltg	light grayish	明るい灰みの
g	grayish	灰みの
dkg	dark grayish	暗い灰みの
W	White	白
ltGy	light Gray	明るい灰
mGy	medium Gray	中間の灰
dkGy	dark Gray	暗い灰
Bk	Black	黒

図4-3. PCCSトーン分類図

PCCSのトーンとは、明度と彩度との複合概念で、「色の調子」を指す。「グレイッシュ（灰み）」「ビビッド（さえた）」などの形容詞によってトーンを表示し、系統的に色名化できることから、親しみやすい。下のトーン分類図を見ると、トーンごとに、全体的に共通した印象を受けやすく、わかりやすい。トーンは「色の調子」を感覚的にとらえられるので、イメージによって配色しやすいのが特徴である。

各色相とトーンによる色表示は、色相番号の前にトーン記号をつけて表わす。色相は1から24まで、トーンは17種に分けられる。例えば1:pR-4.0-9s（紫みの赤：purplish Red）をトーンで表わす場合には、頭にトーン記号をつけて、「v1」と表記する。

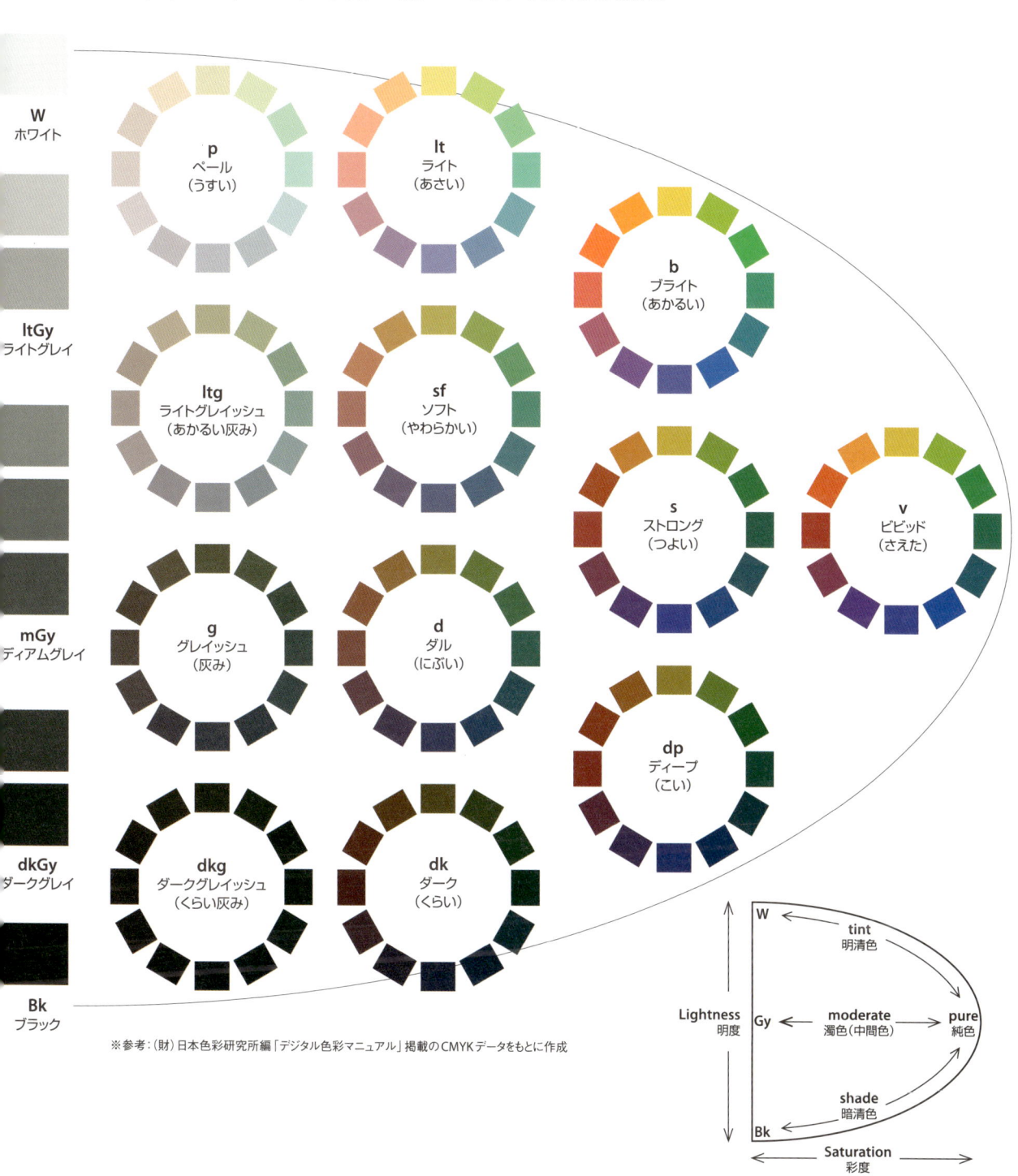

W ホワイト
ltGy ライトグレイ
mGy ミディアムグレイ
dkGy ダークグレイ
Bk ブラック

p ペール（うすい）
lt ライト（あさい）
b ブライト（あかるい）
ltg ライトグレイッシュ（あかるい灰み）
sf ソフト（やわらかい）
s ストロング（つよい）
v ビビッド（さえた）
g グレイッシュ（灰み）
d ダル（にぶい）
dp ディープ（こい）
dkg ダークグレイッシュ（くらい灰み）
dk ダーク（くらい）

W — tint 明清色 — pure 純色
Lightness 明度
Gy — moderate 濁色（中間色） — pure 純色
Bk — shade 暗清色 — pure
Saturation 彩度

※参考：(財)日本色彩研究所編「デジタル色彩マニュアル」掲載のCMYKデータをもとに作成

純色・明清色・暗清色・濁色

色を表現する方法として、純色、清色や濁色（中間色）という呼び方がある。PCCSのトーン名では、さらにきめ細かく色を表現しているが、これらの純色、清色や濁色（中間色）という分類は、もう少し大きい視座から色をとらえた分け方である。清色は、明清色と暗清色に分けられる。
下図では、12：Gのグリーンを例にしている。
・純色（pure）：色相において最も鮮やかな最高彩度の色で、白も黒も混ざっていない。ビビッドトーンに相当。
・明清色（tint）：純色に白を混ぜた色で、だんだん明度が高くなる。ブライト、ライト、ペールトーン周辺に相当。
・暗清色（shade）：純色に黒だけを混ぜた色で、だんだん明度が低くなる。ディープ、ダーク、ダークグレイッシュ周辺に相当。
・濁色（moderate）：純色に灰色（白と黒）を混ぜたくすんだ色で、中間色ともいう。ソフト、ダル、ライトグレイッシュ、グレイッシュ周辺に相当。

図4-4. PCCSトーン分類図でみる12：Gの清色と濁色

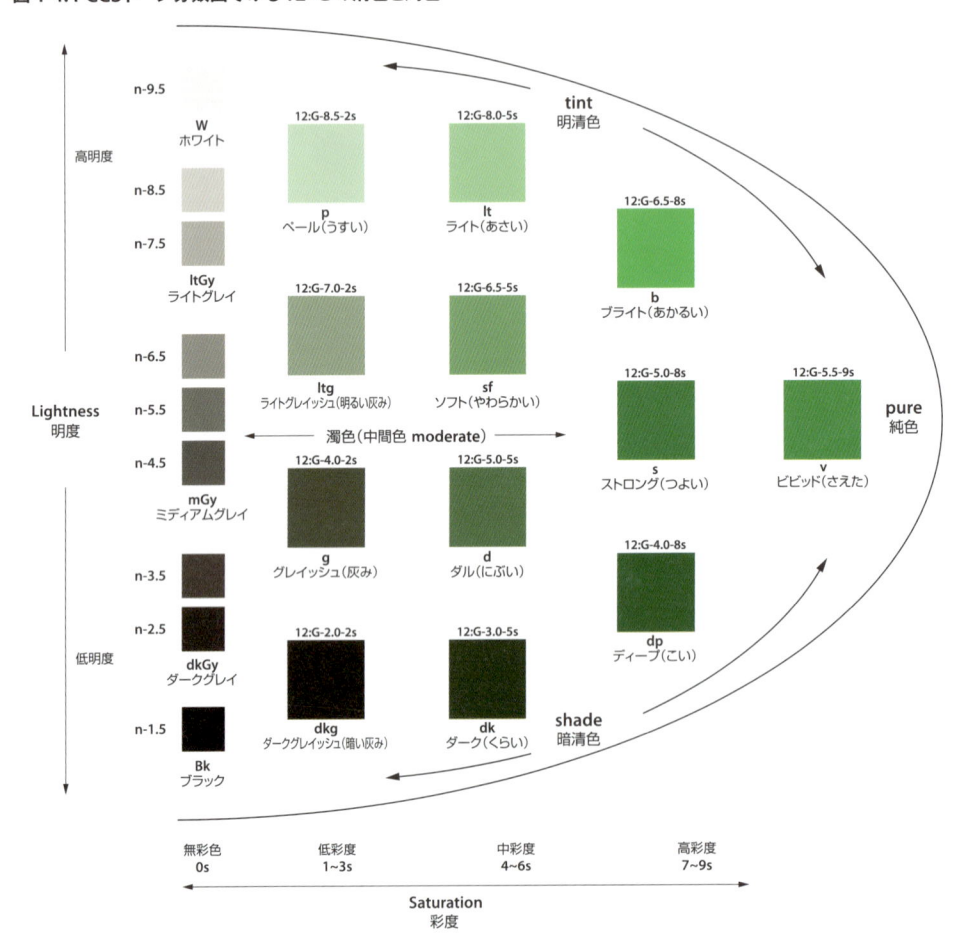

72 ｜ 4. トーンによる配色

「クレアラシル『薬用洗顔フォーム』『ニキビ治療クリーム』」雑誌広告　マッキャンエリクソン
矢崎良幸　遠藤智幸　岡田和美　2006　レキッドベンキーザー・ジャパン
白に近い高明度色のペールトーンでまとめた、柔らかで女性的なイメージをつくり出している。

"MAD," Poster, Travis Brown,
cl:Method Art+Design
中明度の灰色を基調として、押え気味の黄色を配したレトロ・モダンのような作品。

4-2 トーンによる配色

図4-4のトーンの分類図を見てみましょう。

それぞれのグルーピングされたトーンは、ビビッドトーンやダルトーン、ライトグレイッシュトーンなどの名称がつけられています。

つまり冴えた色のグループ、くすんだ鈍い色のグループ、また明るく灰色がかった色のグループというように色のイメージの属性によって分けられていて、私たちが描く色の印象と一致している点で、トーンはわかりやすい概念といえるでしょう。そのため、それぞれの同一トーンの中の色と色とは、色相にかかわらず、どの組み合わせでも自動的に調和するという便利な配色法として考えてよいでしょう。

注意することは、隣り同士の色と色の**明度差**ができるように配置することです。基本的に同じトーンの色は彩度がほぼ同じですが、明度はトーンによって均一ではありません。ペールトーンやダークグレイッシュトーンのように近い明度のグループもありますが、ビビッドトーンやソフトトーンでは色によって明度がいろいろですので、注意しましょう。

したがって、その狭い明度差の範囲でメリハリ感をつけることが大事です。また、複数のトーンを組み合わせて配置するテクニックがいかせるのも、トーンによる配色の特長です。これについては、次に実践します。例えばトーンが似ている（トーン差が近い）2組のトーンを同じ画面に用い、明度差をつけたり、**色相差**でメリハリをつける配色は、トーンのつくり出す高度な配色テクニックでしょう。ただ色相差をつける場合、色調に統一感をつくるため、どちらかのトーンを主にし、別のトーンを副次的に、あるいはアクセント程度にして基調色をつくり出すことが大切です。

"The Great Unisson," Poster, François Caspar,
1990, City of St. Jean de la Ruelle
ヴィヴィッドトーンに黒と白のモノトーンを配し、全体をひき締めた印象度の高い配色。

「とけいのほん 2」まついのりこ著
福音館書店　1973

ダイナミックな構成（コンポジション）に呼応した青を基調とする補色の配色。

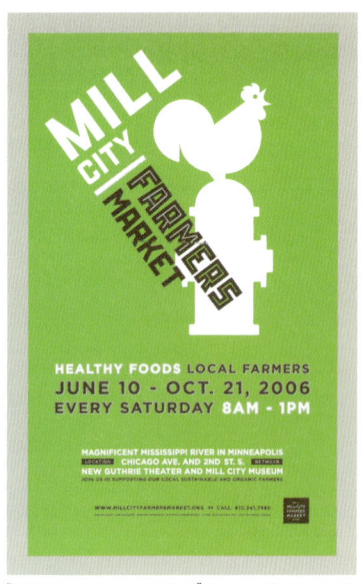

"Mill City Farmers Market," Poster, Alan Leusink, Duffy & Partners, 2006, Mill City Farmers Museum

基調色の落ち着いたグリーンは和み系（癒し系）のイメージをつくり出す。

4-3 トーンイントーンとトーンオントーン

トーンによる配色で知っておくと便利な配色法に、**トーンオントーン**（Tone on Tone）と**トーンイントーン**（Tone in Tone）があります。

トーンオントーン

トーンオントーンはトーンを重ねるという意味から、トーンのそれぞれのグループから同系色相や類似色相の色同士で配色する方法を指します。しかし慣れるまではトーン表と対照させながら配色を決めざるを得ないでしょう。実用的な配色法として、やはり**類似調和**の近似色相による配色法から始める方が得策でしょう。

トーンイントーン

トーンイントーンは同じトーンの中でという意味で、基本的には同一トーンの中で色相に変化を加えたヴァリエーションの配色法です。この場合、2色以上の多色の配色には便利な方法でしょう。しかしこれも類似調和や**対比調和**による配色法との重複的な技法ともいえるため、慣れるまでは時間がかかります。調和する要素が同一イメージのトーンという色彩要素に頼り過ぎると、個性的な配色をつくり出しにくくなるので注意しましょう。

むしろトーンを特別視して配色法をとらえるのではなく、**三大調和法**の他に無彩色、グラデーションの配色法を加えながら配色法のイメージを広げていくという考え方に徹した方がわかりやすく上達も早いように思います。
トーン配色のなかでも、高明度有彩色をまとめた**ハイキートーン**や低明度有彩色の**ローキートーン**という考え方も「トーン」導入以前から欧米にはありました。前者はペールトーンとほぼ同じであり、後者はダークグレイッシュ

"Twentieth Anniversary of Friends of Good Music," Poster, Cyan, 2003, Freunde Guter Musik Berlin E.V.
ライトトーンの甘くロマンチックな配色例。中心のセピアを合わせて、トーンオントーンの配色ともいえる。

トーンと同じ色群ではないでしょうか。
いずれもトーンの配色は、同一の色調のイメージでまとまり感をつくり出す配色法であるため、ごく一般的な、きれいな配色方法として適しているでしょう。ユニークでより高い感性の配色や、あっと人を驚かすような配色は、やはり、先の三大調和法や後述する明度差、**面積比**や**基調色**などと併せてつくり出す必要があります。

"Tuna water and salt. Tuna in its natural element," Magazine Ad, Dario Neglia, Eric Loi, 2007, Icat Food (Consorcio), copy writer: Francesca Pagliarini, agent: McCann-Erickson Italia Srl
暗闇に浮かび上がるようなツナ缶の広告。缶詰のエッジが光り、リズム感のある抽象的な美しいパターンは、鱗のようにも見える。

'InStyle'（2008年4月号）Time Inc. 米雑誌の特集記事「Color」
女性向けファッション＆ライフスタイル誌。有名人のライフスタイルを中心に、ファッションなども取り上げる。本号の特集記事「Color」では、色をキーワードに、ファッションコーディネート、コスメ＆メイク、小物＆アクセサリー、インテリアなど生活に取り入れたい情報やトレンドを紹介している。

What's Your Perfect COLOR?

Sure, black is nice. It's slimming, sophisticated and makes coordinating clothes a no-brainer. But color, the *right* color—like a periwinkle that brings out those baby blues or a bright cardinal that matches your fiery personality—can transform your looks and your attitude. Let our experts direct you to the hue that's waiting to rock your world

CHARLES MASTERS

BEAUTY

ORANGE OPTIONS

Laura Mercier Lip Glacé in Bonbon, $22, lauramercier.com.

Rimmel Lasting Finish lipstick in Pink Shimmer, $6, ulta.com.

Chanel Rouge Hydrabase crème lipstick in Coral, $26, chanel.com.

IMPACT

...s your lips, not the lipstick. "Liner is ...here you need it," explains Lobell, who ...ll in Sheer Pink No. 02 along the outer ...eer, creamy liner, she adds. A dry, highly ...ng edge."

...edium skin tones like Wilde's look best ...matte can "go cloudy on dark skin," says ...lor a classic coral, which flatters all skin ...gets too peachy," she explains.

...e focus, your lips have to look ...obell, who used a lip brush ...he edges and filled in the ...e lips with her finger to ...kin.

...ntrast between Wilde's

Estée Lauder Pure Color lipstick in Pink No. 02, $...

PLUM CHOICES

Avon True Color eye shadow in Boysenberry, $4, avon.com.

Lancôme Color Design eye shadow in Trendy, $19, lancome-usa.com.

Vincent Longo Eye Shimmer Soufflé in Ultra-Violet, $24, vincentlongo.com.

Dior 5-Colour Iridescent eye shadow in Pink Mix, $56, Saks Fifth Avenue.

MAC Pigment in Violet, $20, maccosmetics.com.

PURPLE GAZE

KEY TIPS

Use more than one shade. Layering slightly different shades of purple gives you a more complex finish, says Lobell. "Sometimes the shadow looks dark and smoky, and sometimes it looks more violet," she adds. Lobell dusted the two palest violet shades from Chanel's Quadra eye shadow in Stage Lights all over Wilde's lids. Then she wet a liner brush and applied the deepest plum shade along the upper and lower lashes. Finally, with a dry brush, she applied the second darkest color over the upper lid and into the crease.

Get jiggy with mascara. For a dramatic, non-clumpy look, hold the wand horizontally and work it back and forth at the base of lashes, then sweep it through the tips. "This gives definition without a spidery effect," Lobell says.

Keep other makeup minimal. "With such bold eyes, you need to keep lips and cheeks very neutral," says Lobell, who used a rosy cream

Shu Uemura Pressed eye shadow in Pristine Green, $23, shuuemura-usa.com.

Estée Lauder Pure Color eye shadow in Sea Grass, $18; esteelauder.com.

Shiseido the Makeup Hydro-Powder eye shadow in Clover Dew, $23, sephora.com.

GREEN SHEEN

KEY TIPS

Experiment and find the hue that works on you. Lobell's rule of thumb? The deeper your skin tone, the darker the green should be: rich emerald for dark skin; light kelly or seafoam for paler complexions. The color is right "if it doesn't disappear into your skin or look like it's sitting on the surface," says Lobell, who opted for Urban Decay Loose Pigment in Graffiti on Wilde.

Apply it wet. If you dampen your brush before applying the color, you'll give this pearlescent, pigment-rich formula "a pastelike consistency that goes on so it looks really rich," says Lobell. She used a damp medium-size brush to work the color onto the lids from the lash line upward into the crease.

Add dimension with shimmery gold shadow. To break up the shadow "so it doesn't look like a solid block of green," Lobell applied Stila All Over Shimmer Eyes in No. 2 vertically down the center of Wilde's lids. Placing gold above the iris "makes eyes look bigger and picks up any flecks of yellow in them," she adds.

Amp up the intensity with black liner. For extra definition, Lobell lined the upper and lower inner rims with jet-black pencil. "This intensifies the green, brings out the eyes and makes lashes look fuller," she says.

On Eyes Urban Decay Loose Pigment eye shadow in Graffiti, $20, beauty.com.

Stila All Over Shimmer Eyes in No. 2, $18, stilacosmetics.com.

More makeup! See spring's 20 beauty essentials at instyle.com/spring20

ROSY VIEWPOINTS

Kiss New York Shiny Stix in Berry-Bella, $6, drugstores.

The Balm lipstick in Gossip, $16, thebalm.com.

Guerlain Kiss Kiss Stick Gloss in Fleur de Feu, $30, sephora.com.

PINK AHEAD

KEY TIPS

Check your undertones. When choosing a pink, use your skin as a guide, says Lobell. Those with pink tones should go for a blue-based pink. Yellow tones require a warmer, browner shade. "If you're shy, choose one with a sheer, glossy texture," she adds. For Wilde, Lobell used YSL Rouge Pure lipstick in Pink Orchid, a blue-based pink. Starting at the bow of the lips and moving out toward the edges, she used a lip brush to apply two coats of the color.

Fake a perfect flush. To harmonize lips and cheeks, swirl a matching pink blush onto the apples of cheeks, says Lobell. Then use a clean, angled brush "to blend the shade out without adding excess color." This pink cheek keeps the look fresh and sophisticated. A red- or brown-based blush would look "too clownish, too much like a doll," she says.

Go light on the lids. To counterbalance all the pink, Lobell brushed a shimmery white shadow across Wilde's eyelids from the lash line to the brow. Multiple coats of black mascara on upper and lower lashes give eyes a "smidge more definition, but it's still more subtle than liner," she says.

Check today's nail. Notice it doesn't match? This was deliberate. "Don't be afraid to mix brights—it's so much more modern than coordinating your nails to your lipstick," says nail pro Josephine Allen, who applied two coats of Essie nail polish in Coral Reef. ■

On Nails Essie nail polish in Coral Reef, $8; essie.com.

On Lips YSL Rouge Pure lipstick in Pink Orchid, $29; yslbeautyus.com.

5 併せて覚えておきたい配色のテクニック

5. 併せて覚えておきたい配色のテクニック

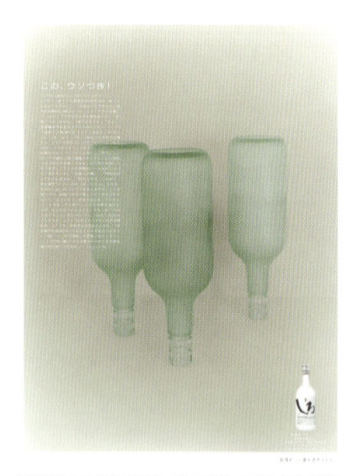

5-1 配色法をどのように会得するか

イメージに合わせた配色の方法は、これまで多くの学者や画家たちによって提唱され、色彩調和法として工夫され一般化されてきました。

ところがその理論も一長一短があり、論理としては明快で一貫しているがあまり実用的ではない、あるいは反対に配色イメージはできるものの理論の整合性がきちんと説明できていないといった具合で、完全無欠な配色理論というものはありませんでした。

理想的にいえば、**マンセル**、**オストワルト**から**PCCS**や、**XYZ表色系**（**CIE表色系**）、また古くは**カンディンスキー**（W. Kandinsky）、ニュートンの色彩調和論、バウハウスで教鞭をとっていた**ヨハネス・イッテン**（J. Itten）や**クレー**（P. Klee）の色彩調和論などをすべてマスターしているに越したことはありません。ところが、それはそれぞれの理論を統合し、必要に応じて適切な配色法を選び出し、うまく使い分けていく高度なスキルが要求されます。

色彩が美しく見える配色法には、感性というアナログの美的評価が関わっているだけに、科学実験のような数式では割り切れない不確定要素が実に多いのです。

それゆえ本書では、これまで紹介したような、筆者が自ら体験し得られた効果のある配色法や、教育現場での経験をもとに、さまざまな理論と実体験から得られたテクニックやコツを併せて紹介しています。その結果として、さまざまな色彩調和論を取り上げ、そうした理論のいいとこ取りをしようと思っています。非難は甘んじて受けるつもりです。

5-2 ハイキーとローキー

通称ハイキーは**ハイキートーン**を意味します。同じようにローキーは**ローキートーン**を指します。本来は写真用語で、ハイキーは全体が白っぽく、わずかに黒色が入ったトーンです。例えば女性の瞳の色か、髪の毛の黒が少量入ったトーンのイメージです。また、ローキーは全体の色の調子が黒っぽいイメージで、わずかに光る輪郭線や白いポイントなどが入った白黒写真の表現をいいます。

これが転じ、色彩では、明度が8か8.5以上の色相の色ばかりの配色をハイキーと呼んでいます。もちろんトーンでは**ペールトーン**もこの中に入りますが、それ以上の高い明度群（図4-4参照）の色も入ります。同じようにローキーは、**ダークグレイッシュトーン**も含め、およそ明度3以下の暗い色相同士の配色を指します。

つまり、トーンの枠組みには入らない、さらに高い高明度有彩色や、さらに

「米焼酎しろ」新聞広告　副田高行　2006　高橋酒造
酒造会社の商品広告。白いラベルと半透明のボトルのイメージに合わせたライトグレイッシュトーンの配色。

"Rolling With Ronald," Poster, J.J. Puryear, Erwin-Penland, cl: Ronald McDonald House Charities of the Carolinas

黒を基調として、少量の低彩度有彩色を配したローキートーンの作品。

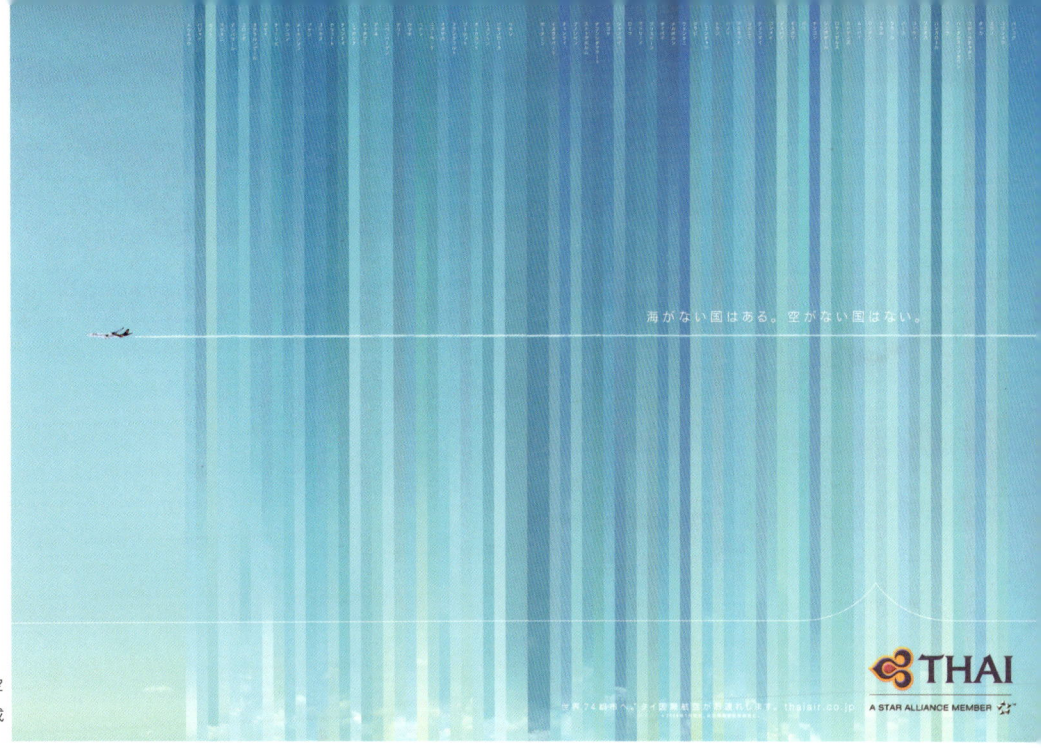

「SKY ALLIANCE」雑誌広告
岡村雅子　2005　タイ国際航空
青系のライトトーンと縦縞の構成
が心地よく爽やかである。

暗い低明度有彩色のグループととらえていければいいでしょう。
ハイキーもローキーも白っぽい色ばかり、あるいは黒に近い濁色ばかりなので、これも失敗のない配色であるといえます。ハイキーやローキーの配色をさらに美しく見せるコツは、わずかな**明度差**の中にもできる限り隣り合う色と色に明度差ができるようなレイアウトになるように心掛けることです。
また白のみを入れたハイキーは明るく軽快な感じとなりますが、わずかに黒を入れ明るい灰色系にすると格調高く優雅なイメージとなります。女性のランジェリーは、このよい例でしょう。ベビー用品は前者の好例です。

「+SILK / TAKEO PAPER SHOW 2005」ポスター
松下 計　2005　竹尾
ダークトーンでまとめたシックで品位ある構成主義
的ポスター。

左："Wellness Center Activity Poster," Allen Hopkins, Creative Arts and Services, cl: Wellness Center
緑・肌色・紫のダークなトーンでまとめた印象度の高い作品。

右："10th International Musicfestival in Stans," Poster, Melchior Imboden, 2004, Stanser Musiktage
青緑から赤紫にわたる120°の色相間による連続多色の配色。赤紫系が基調色となり、まとまり感をつくり上げている。

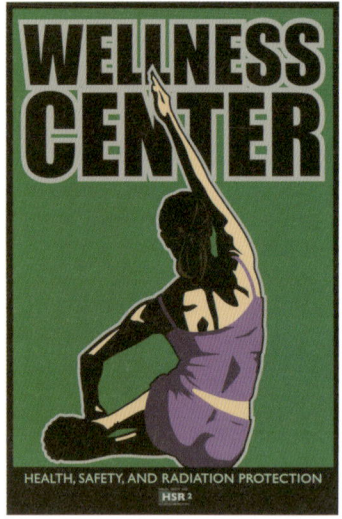

5-3 トライアード（Triad）とテトラード（Tetrad）

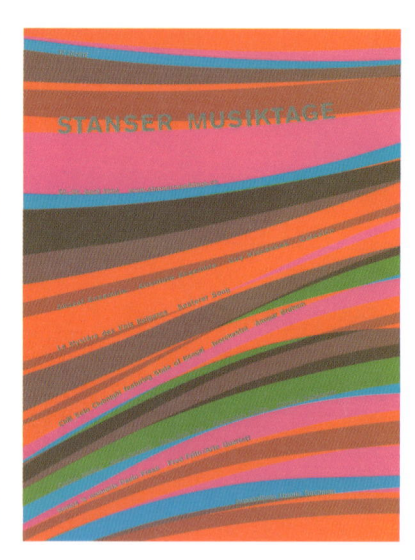

そのほか知っておくと便利な配色法をご紹介しましょう。代表的な配色システムにトライアードとテトラードやダイアードなどがありますが、一般的にはあまりなじみのない色彩専門用語でしょう。あまり神経質にならずに、配色法の意味だけつかんでおくとよいでしょう。

トライアード

トライアード（トライアド）とは、3つの組という意味から、カラーサークル上の正三角形に位置する3色相を基本とする配色をいいます。つまり円周上を3つに分けた120°ずつの色相の関係の配色です。

トライアードとはバランスの取れた対照色配色といわれています。ところが、純色ばかり配すると、格調の高さやシックなイメージよりも派手過ぎて華やかなイメージの配色になりがちなので注意が必要です。**面積比**や明度差をつけてメリハリ感を出し、濁色を上手に使い分けながら配色することが大切です。

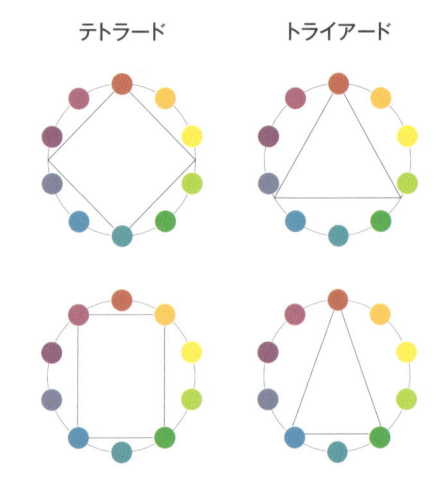

「缶コーヒー 100年BLACK」ポスター　戸田宏一郎　2006　アサヒ飲料
商品もモノトーンでまとめられ、コピーとともに思わず見入ってしまう。

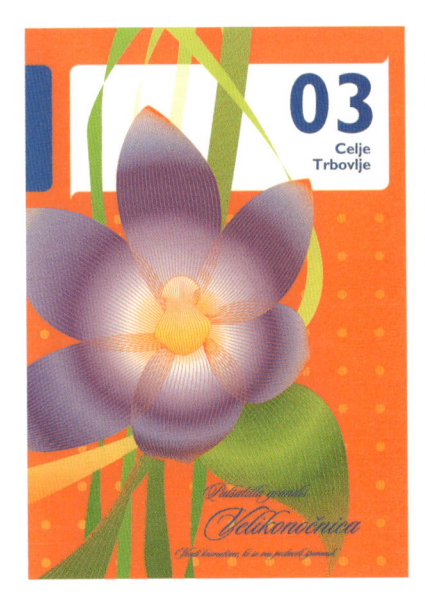

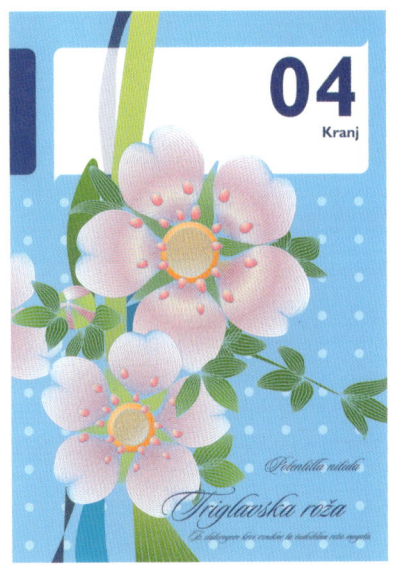

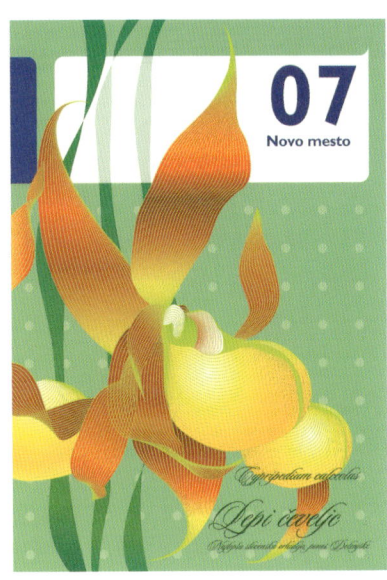

"Phonebook Directory Covers," Loni Jovanovic, Arih Advertising Agency, cl: Telekom Slovenije, d. d

4作品とも背景の基調色をもとにした、鮮やかな配色のシリーズ。裁ち切りで配された花弁の色と描かれたラインが色の同化によって、繊細で独特の色合いを醸し出している。

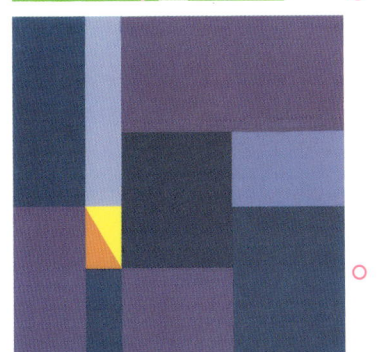

テトラード

テトラードはカラーサークル内の正方形に位置付けた4色相を基本とする配色法です。つまり、円周上の90°ずつ離れた4つの色相の関係です。トライアードと同様、カラフルなイメージとなりますが、すべての色相が入っている分、まとまり感をつけにくくなるのが難点といえば難点でしょう。またテトラードは2組の補色が入っているため、**2対補色**とも呼ばれる配色ともなります。いずれにしても最高に派手で、アヴァンギャルドな配色に違いありません。もちろん80ページの図のような、2組の類似調和の配色（2対補色）の方がまとまりやすく、統一感は高くなります。

この場合、すべての色をダークグレイッシュトーンでまとめるとか、1色のみ

81 ｜ 5. 併せて覚えておきたい配色のテクニック

「マスターカード・ワールドワイド 海外ガイドブックシリーズ」書籍・雑誌広告　マッキャンエリクソン　本谷一也　村田聡　中村猪佐武　佐藤リッチマン　福島和幸　2007〜2008　マスターカード・ワールドワイド

白地に多色配色の明るくポップなイメージ。白地が多いため、多色使いはどんな色を配しても調和しやすい。

　の純色を小面積のアクセントカラーにして、まとまり感を演出することが必要です。
　このトライアードやテトラードは、これまで紹介した**三大調和法**や**トーンの配色**をマスターした上で、これまでの配色システムとはっきり区別してとらえていかないと、全体を把握しにくくなるので注意しましょう。

「NESCAFÉ PLAY HOT！」ポスター　稲葉大明＋REGINA
2006　ネスレ日本

多色配色でありながら、大きな面積を占める黒と白ヌキのロゴが、不思議な統一感を生み出す色彩設計。

"Keystone College," Poster, Milton Glaser,
cl: Gino Mori

2対補色。黄と青紫、赤紫と黄緑の2組の補色のダイナミックなコンポジション。

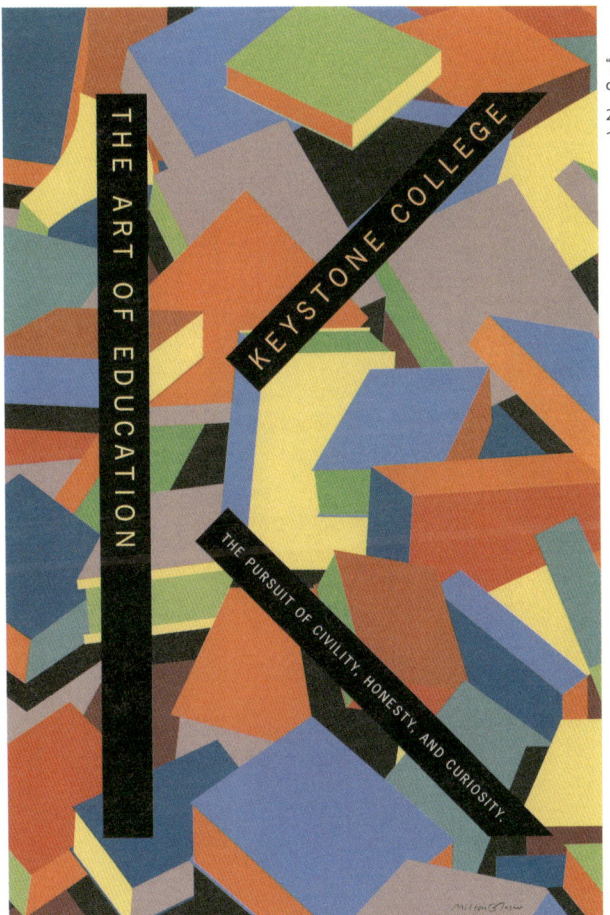

「ネスカフェ ホームカフェ」ポスター　ネスレ日本　2008　ネスレ日本

ヴィヴィッドトーンやブライトトーンの鮮やかな色を散りばめているにもかかわらず、背景の白が全体を見事に調和させる。

「SKINLESS」ポスター　青木克憲　1994　オカモト

不調和に見える多色配色も、繰り返すストライプのリズム感によって、統一感をつくり出す。

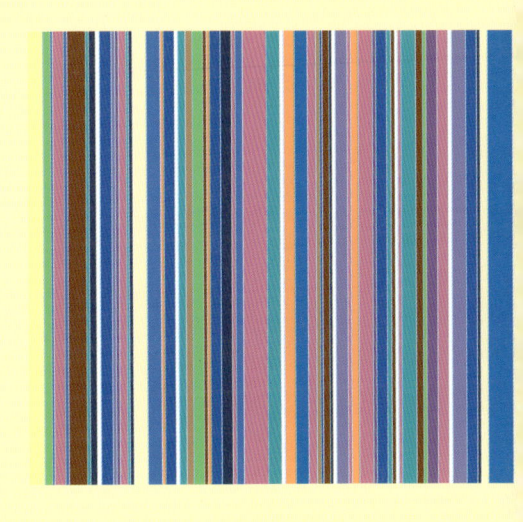

6 配色力とカラーセンス

6. 配色力とカラーセンス

6-1 調和理論と現実

調和理論に基づいたこれまでの配色法のさまざまなテクニックによって、配色調和の効果を実感されたことと思います。

自己流の配色法から、理論に合わせて少しだけ色を変えるだけで、たちまち美的な配色の快感が生じ、クール（カッコいい）に見えるようになったと思います。

これまでの理論やテクニックだけを熟知していても万能とはいえないのです。それは、本書で述べたこれまでの調和法が、一定の条件下における配色の基本の原理だからなのです。すなわち同じ面積同士の色面が一辺で接している場合に限り有効なのです。一般の色彩学の本や色彩検定対策の教科書などでは、おしなべて限られた条件のもとでの調和理論しか紹介されていません。

皆さんが実際に見たり、行ったりする配色は、そんなに単純ではないでしょう。互いの色面積が異なり、直線で接しているとは限っていません。色地の背景に異なる色面が無数の島のように点在していたり、ストライプや模様が混在している場合もあります。さらに互いの色面の明るさの差（明度差）や色数が増える場合もあります。そのようなときにどのように対処したらよいか、課題が山積です。

こうした配色を見たり、実践する際に起こるさまざまな課題をどのように解決し、よりよい配色に仕上げていくか、またいかにセンスアップをしていくか、これからテーマごとに話を進めていきます。

6-2 配色美学 ― その1・明度差について

本書でこれまで述べた配色の調和法に忠実に従って配色を行っても、実際にでき上がってみると、あまりぱっとしない、あるいは今ひとつセンスが感じられない場合が少なくありません。

その最も大きな要因は、**明度差**にあります。明度差は文字通り、互いに接する、あるいは対面する異なる色面の明度の差です。仮に同じ明度、等価の明度であったらどうなるでしょう。この2つの色彩面を白黒写真に焼きつけたら、境界線は感じられず、同じ灰色系となってしまいます。互いの色の違い、色差は色相の違いでしか見分けがつかないのです。等明度や、明度差が近い配色は互いの境界があいまいとなり、メリハリ感がなく、結局のところ美しい配色として認識できなくなります。

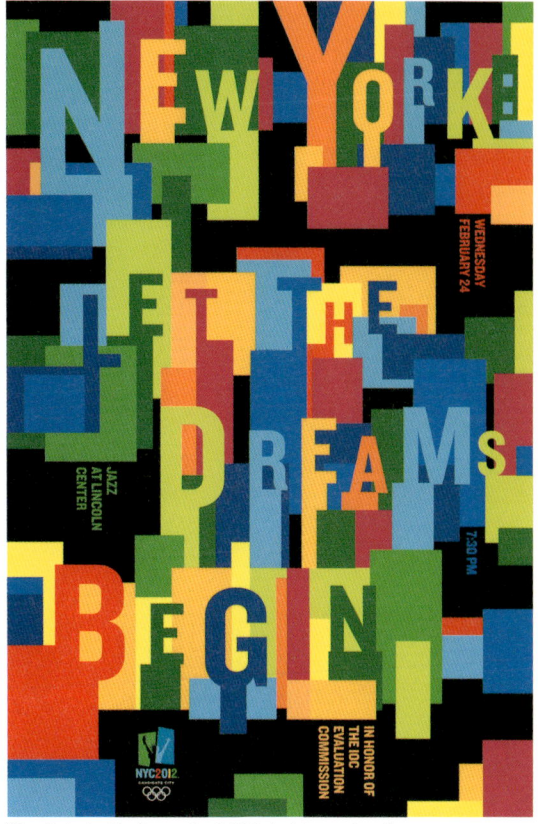

"New York : Let The Dreams Begin," Kristin Johnson, Jennifer Kinon, cl: NYC2012

2012年ニューヨークオリンピック招致のキャンペーンポスター。マンハッタンの摩天楼とジャズのイメージによるマルチカラー配色。多色ながら明度差があり、メリハリある配色と彩度対比の効果は大きい。

　例えば、マンセルのカラーサークル上で5R（赤）と5BG（青緑）は互いに180°の関係に位置し、補色関係にあり、**対比調和**として調和します。ところが2つの色の明度を見ると同じ4なのです。したがって、この2色が純色同士の場合、境界があいまいな上に色相はまるで反対の補色であるため、互いの境界にちらつき（**リープマン効果**）が起きてしまいます。特にこの組み合わせをチェッカーパターン（市松模様）にした場合は補色対比と重なり、目がチカチカしてきます。この色彩錯視を巧みに応用してアートに仕立てたのが、欧米で1960年代にはやった**オプチカルアート**（optical-art：通称、オプアートOP-ART）です。

　したがってまず覚えておくことは、配色の際には互いの色を引き立て合い、視覚に適度な**明視性**を与えるための明度差をつけメリハリ感を高めておくことが、配色センスを向上させる第一の条件といえます。

　ムーン・スペンサーの色彩調和理論の通りに配色をしても、何かしっくりしないという場合には、使用している色同士の明度差が近すぎないか、まず疑ってみましょう。互いに明度差をつけ、明・暗、明・暗のリズム感をつけるだけで、配色全体が見違えるようによくなる場合が少なくありません。配色

図6-1. 同一調和による配色

2色の同一調和　　→　無彩色を加えた3色の配色

明度差をつけ、グラデーションにしない

明度差をつけ、さらに面積比を強調

図6-2. 類似調和による配色

純色による2色の類似調和　→　濁色を加えた3色の配色

互いに明度差をつけてメリハリ感を

少量の緑をアクセントカラーにする

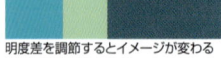

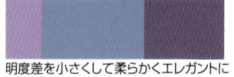

明度差を調節するとイメージが変わる

コントラストを強調すると現代的

明度差を小さくして柔らかくエレガントに

図6-3. 対比調和による配色

純色による2色の対比調和　→　濁色を加えた3色の配色

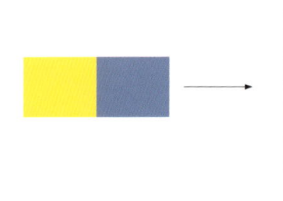

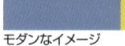

シックなイメージ

コントラストの高い配色

モダンなイメージ

躍動感のある配色

クラシックなイメージ

「レゴジャパン」ポスター　本多集　2003　レゴジャパン
レゴを高層ビルに見立てたブランド広告。青空と白くそびえる
レゴのイメージの対比が象徴的。

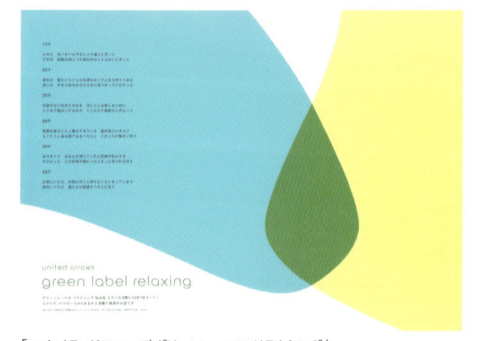

「ユナイテッドアローズ グリーンレーベルリラクシング」
ポスター　葛西 薫　2004　ユナイテッドアローズ
オーガニックフォルムと色の重なり効果を生かした癒しの
デザイン。

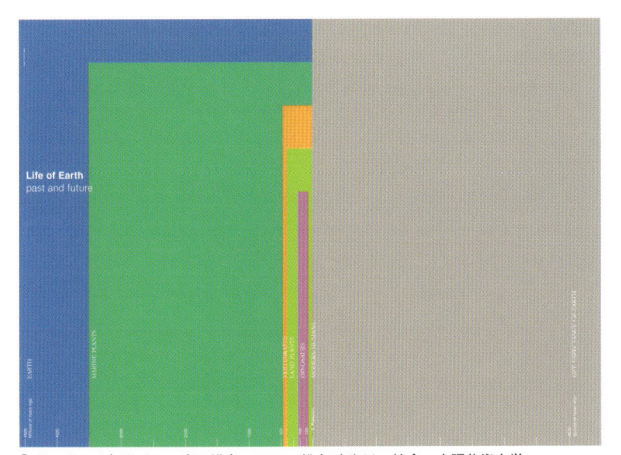

「Life of Earth」ポスター　高田雄吉　2004　総合デザイナー協会　大阪芸術大学
青と緑を基調色としたポスター。面積比を大きくすると調和しやすい。

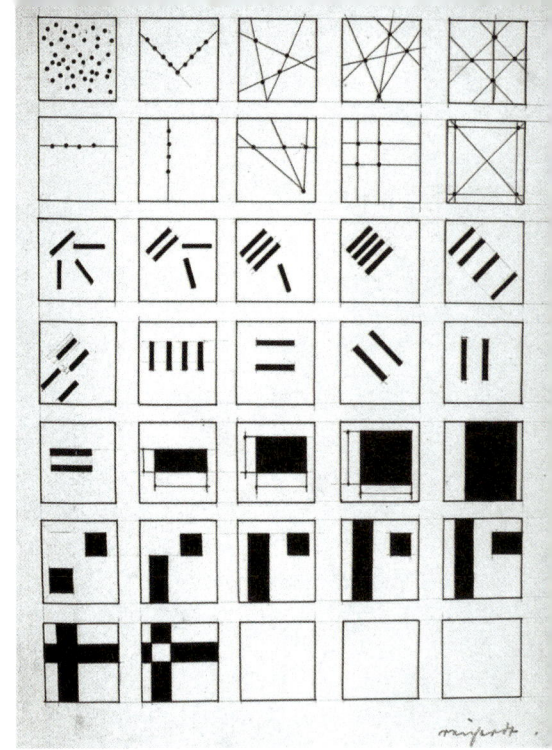

"Study of geometric forms in square frames, Bauhaus Vorkurs," Josef Albers, ©The Josef and Anni Albers Foundation/VG BILD-KUNST, Bonn & APG-Japan, 2009
ヨゼフ・アルバースのバウハウス予備（基礎）課程の習作。幾何学的な形体によるレイアウトとコンポジションの演習。アクセントとなる視覚的な中心の置き方、面積比などのトレーニング。

における明度差というキーワードは、それほど重要な意味をもつのです。
ハイキートーンのような高い明度色の間でも明度差をつけることによってメリハリが生じ、配色面が生き生きとし、センスの進化がみられます。

6-3 配色美学 ― その2・面積比

配色をよりよく見せるコツとして、明度差と同じくらい大切なキーワードに**面積比**があります。面積比とは、同じような大きさの色面を並べた配色より、それぞれの面積に抑揚をつけ、大きい面積と小さい面積をミックスさせながら配色するテクニックです。図6-1〜図6-5は面積比によって配色の印象がどのように変化するか比較した事例です。このように配色することによって、ヴィヴィッドな感覚が生まれ全体が引き締まって、配色の訴求性、つまり配色力が高まるのです。

色の面積に大小をつけるということは、場合によって色彩面全体のイメージを決定づけることにもなり、**基調色**あるいは**主調色**として色調を整える要因となり、まとまり感が強まるため、美しい配色として見えるようになるわけです。

5、6色あるいはさらに多くの色数の配色では、同じような面積よりも大小さまざまな形や大きさがあることによって、色彩と形体の相対的な関係にリズムやある種の均衡が生じ、美的な快感となって知覚されると考えられます。

図6-4. スプリットコンプリメンタリーによる配色

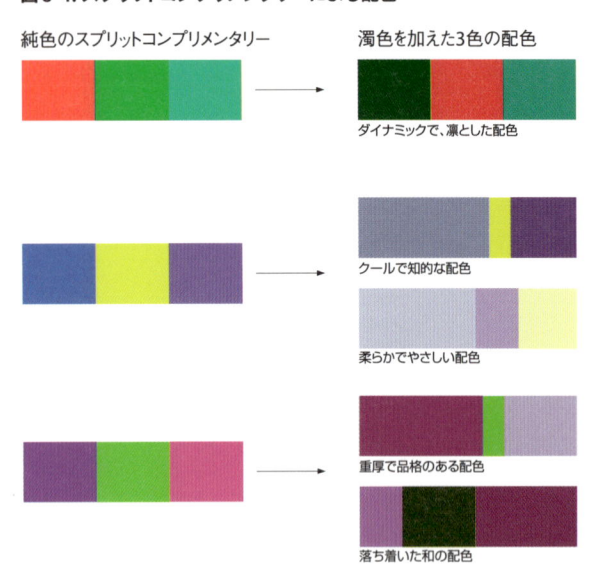

純色のスプリットコンプリメンタリー → 濁色を加えた3色の配色

ダイナミックで、凛とした配色

クールで知的な配色

柔らかでやさしい配色

重厚で品格のある配色

落ち着いた和の配色

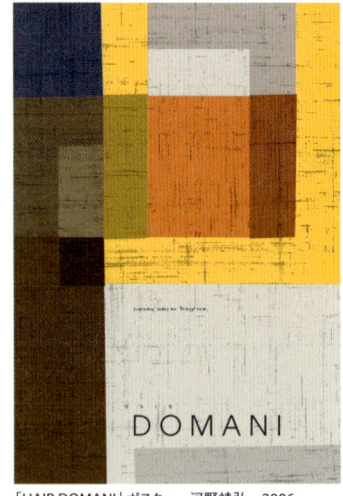

「HAIR DOMANI」ポスター　河野靖弘　2006
ヘア ドマーニ

暖色系でまとめられた連続多色の配色は心和む。

図6-5. 連続多色による配色

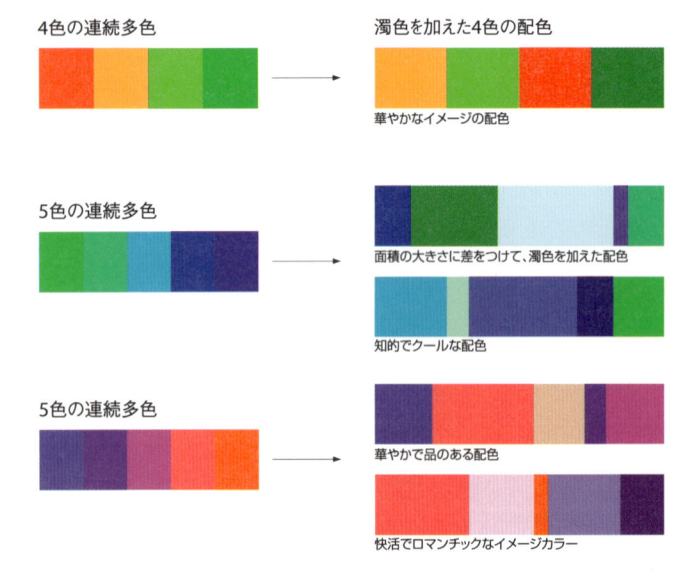

4色の連続多色 → 濁色を加えた4色の配色

華やかなイメージの配色

5色の連続多色

面積の大きさに差をつけて、濁色を加えた配色

知的でクールな配色

5色の連続多色

華やかで品のある配色

快活でロマンチックなイメージカラー

　また分割面が多い場合、同じ色を複数箇所配したり、同系色を増やすことによって面積比をつくり出すテクニックも覚えておきましょう。
　また例外として、全く同じ面積が縦・横に並んだ場合、例えばグリッド（格子状）やチェッカー（市松模様）の配色では、面積比よりも繰り返しパターンのリズムによって美しく見えるのです。

"Secrest Artists Series," Poster, Hayes Henderson, Joel Bowers, cl: Wake Forest University

暖かみのあるマルチカラー（多色配色）でまとめ上げた作品。背景の橙の使い方がよい。

アクセントカラー

面積比をつくり出す場合の一例として、**アクセントカラー**を使う方法も配色法ではよく用いるテクニックです。これは面積比を極端にした場合、わずかな面積は、全体を引き締めるための色彩効果として威力を発揮します。一般に、大きな明度差の色、彩度の高い色、また補色などが使われます。

アクセントとは、造形や配色の際に、わずかな変化や特定の場所を際立たせるための造形的な処理を指します。つまり全体の調子にわずかな破調をつけることによって、全体をより美しく引きつけるためのテクニックです。

絵画や写真表現では、ピンポイントとして鮮やかな色やハイライトを加えることによって、画面全体がより生き生きとリファインされます。これがアクセント（破調）効果なのです。アクセントカラーは、あくまでピンポイント的な処理で、用いる面積を大きくするとアクセントの役割は果たせなくなります。私の経験上、全体の5％以下に抑える方が得策でしょう。これ以上大きくなるとアクセント効果より、全体の調子を崩し、文字通り乱調となってしまうので注意が必要です。

6. 配色力とカラーセンス

"Demonstration of optical mixture with wrapping papers, Plate XII-I, Interaction of Color," Josef Albers, ©The Josef and Anni Albers Foundation/ VG BILD-KUNST, Bonn & APG-Japan, 2009

ヨゼフ・アルバースのラッピングペーパーによる視覚混合の実験。
同じ色相でも異なるパターンは、離れて見ると視覚混合が生じ、明度差の異なる色面に見える。新印象派の点描や印刷の網点スクリーンと同じ原理である。

ファッションでいえば、女性のスーツに合わせたブローチやベルトなどのアイテムは、アクセントカラーとしてのデザイン効果といってもよいでしょう。したがってそのアイテムが大きいと、面積比のバランスを失い、センスが悪くなってしまいます。一般にファッションのアクセサリーは小さく、やや控え目にした方がセンスよくなります。大きすぎるアイテムは配色が悪いばかりでなく、下品となり格調を落とします。先に全体の5％以下と述べたのは、こうした理由からなのです。

6-4 配色美学 ── その3・基調色

センスのよい配色をつくり上げるためのコツの3つ目は基調色です。基調色は主調色ともいい、配色面を印象付ける全体の色調を指します。例を挙げると配色面に多くの色相の色が入っているものの、全体として青色が圧倒的に多い場合、配色全体が醸し出す印象はブルー系として映ります。

例えば、配色計画をするとき、○○系とした配色をイメージするようにすると、まとまり感が生じ、センスよい配色に見えるようになるのです。もちろん配色の目的が、カラフルで派手なイメージを演出する場合には適応されません。派手なイメージ表現をしたいときは、対比調和を目指し、赤と青緑の補色を選んだ場合は、基調色をつくらず等量の面積比にします。

逆にシックにまとめたいならば、補色を入れながらどちらかの面積を大きくとり、基調色をつくり上げることです。青緑を全面覆うような基調色として配し、ハイライトに赤を入れると、補色対比により赤はより鮮やかで目にしみる赤となり、粋でシックな配色となります。ここでの赤は、やはり先に述べたアクセントカラーとしての効果でしょう。

このように基調色をつくり出すことが、配色を効果的に見せる、つまりセンスのよい配色術の極意ですからぜひ覚えておきましょう。まず配色実践した上で、その効果を実感しましょう。

またこの基調色に白や黒、灰色などの無彩色を加えると、さらに全体がしっくりとまとまります。無彩色は、他のどんな有彩色とも見事なほど相性がよく、調和するからです。白や黒をアクセントカラーとして全体のハイライトとするのも印象度が高まり、効果があります。

"Appliance," Poster, Alexandre Silveira, McCann, cl: Goodyear

ナットのついたコンクリートとさびた金属のテクスチュアを車とタイヤに見立て、意表をついたヴィジュアル。

6-5 色彩とテクスチュア

これまで述べてきた色彩のさまざまな性質や配色など、色の見え方、印象、その評価は、対象となる色彩の材料や表面の材質感（texture：**テクスチュア**）抜きに考え、とらえてきました。例えば、赤色のジャケットも赤いスイート

「ブライトリング・ジャパン企業広告」ポスター
古屋友章　2005　ブライトリング・ジャパン

ステンレススチールのクールで金属的な材質感を全面に押し出した広告。

ピーも赤く染まった夕日も、赤という同一の色の測定値を基準としていることに気付くでしょう。

ところが現実に私たちが色を見るとき、必ずその色の表面のテクスチュアもつくられている材料も同時に見ているのです。つまり、色のみを取りあげて評価することは、実際には皆無なのです。色彩について私たちが考えたり、また色によって感情が左右されたり、感激したりするときは色彩の形はもとより、その色彩のテクスチュアと材料を総合的にとらえ、判断しているのです。特にテクスチュアは、私たちの色に対する評価に大きな影響を与えます。これを表現する擬態語として、ピカピカ、ツルツル、ザラザラ、ゴツゴツ、フワフワといった言葉があるように、テクスチュアが微妙に色の評価に影響を与えるのです。ガラスのような透明感のある材質でも、ソーダガラス、クリスタルガラスから人工的なアクリルガラス、プラスチック等、材料によって

"Stanford University : Literature Lecture," Poster,
Jennifer Morla, cl:Stanford University,
Department of Comparative Literature

使い古した本の小口のテクスチュアがインパクトを生み出している。

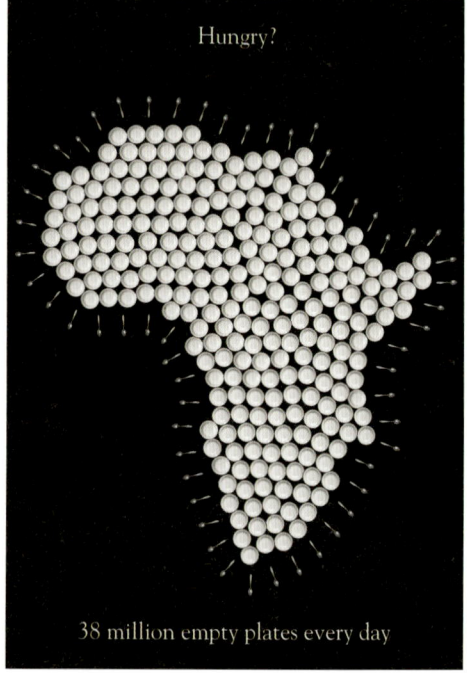

"Hungry? 38million empty plates every day," Poster, Reijo Strom, 2003, Japan Design Foundation

並べた皿でできたアフリカ大陸が、不思議なテクスチュアを生み出している。アフリカの食糧問題のメッセージとの巧みな組み合わせ。

「キユーピーハーフ」雑誌広告　服部一成　2005　キユーピー
淡い色調ばかりで統一感をはかったヴィジュアル。女性的な柔らかいイメージがよく表現されている。

図6-6. テクスチュアの分類

現実的 Real	触覚的なテクスチュア（Tactile Texture）	手で触れられる本来のテクスチュア 木、布、石など
	視覚的なテクスチュア（Visual Texture）	手で触れた感触を視覚的にとらえたテクスチュア 真綿のような雲、じゅうたんのような花畑
	ミクロのテクスチュア（Micro Texture）	微視的な世界のテクスチュア 顕微鏡下の鉱物の結晶、細胞膜など
	マクロのテクスチュア（Macro Texture）	巨視的なテクスチュア 飛行機から見た地形、宇宙船から見た地球
理念的、仮想的 Ideal, Virtual	人為的なテクスチュア（Artificial Texture）	人間が人工的に表現したテクスチュア表現 絵画のテクスチュア表現など
	二次的テクスチュア（Indirect Texture）	写真や印刷を通したテクスチュア表現 木目印刷など
	バーチャルテクスチュア（Virtual Texture）	デジタルデータでつくられた仮想のテクスチュア

H. MITSUI 2005

見え方、高級感、安っぽさなど、さまざまなイメージの要因をつくり出します。また材質が均質であっても表面が金属的なメタリックであったり、**ブライト**（艶色、光沢）、**マット**（艶消し）、あるいは**トランスペアレント**（透明）かによって、色調や印象までがさまざまに変化することは、皆さんの日常生活の経験からもおわかりでしょう。

このように色彩とテクスチュアや材料との関係は、思いのほか強い関わりをもっています。現代の商品開発では、その製品の外装がどのような色であるか、配色であるかは、もちろん大きなデザイン要素なのですが、それと同じくらいどんな材質でつくられ、どんなテクスチュアであるかということも重要な商品開発戦略のひとつなのです。

このようによい配色といった場合でも、単に色と色との組み合わせではなく、その色の占める面積や形状とその材質やテクスチュアも同時にとらえながら、

「触覚的なテクスチュア」
私たちの身の回りにあるさまざまな材質の触覚的なテクスチュアを撮影して並べてみると、あらたに不思議なイメージができ上がる。撮影：三井直樹。

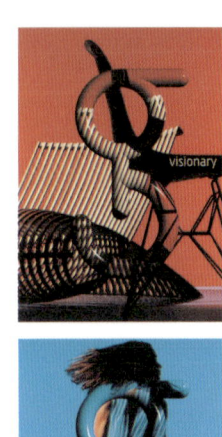

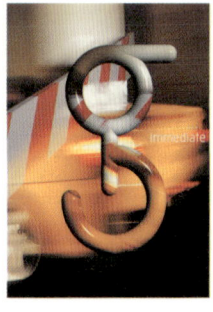

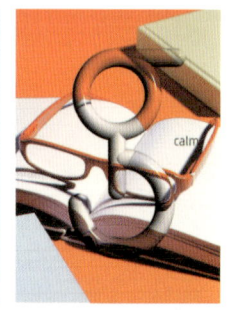

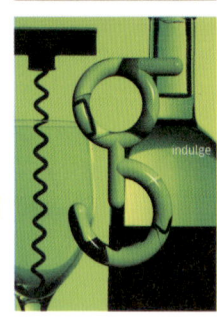

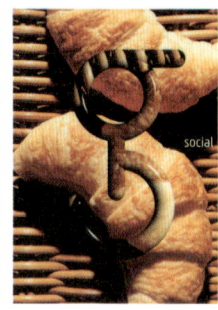

"Gasworks," Garry Emery, cl: Gasworks
さまざまなデジタルイメージを「g」の3D文字にマッピングしたシュールなヴィジュアル。デジタルならではの無機質なイメージ。

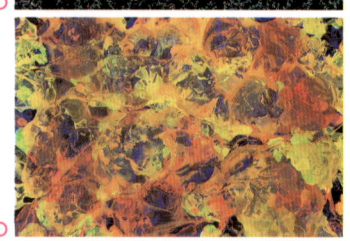

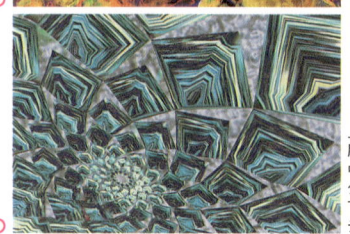

配色の美的評価を決めているのです。さらに色彩を評価基準としてテクスチュアをとらえた場合、実際には図6-6のように触覚的なテクスチュアだけではありません。カーテンや机、セーターの色のように、実際に手に触れることのできる対象の材質感を意味しますが、「マシュマロのような雲」といった表現のように、比喩や見立ての視覚的なテクスチュアから、コンピュータによるバーチャル（仮想）なテクスチュアまでさまざまあるため、色に対する評価もより複雑となってきます。

しかし配色のコツを学んでいる過程では、材料やテクスチュアのことまで考えながらトレーニングすることは現実的ではありません。色のみの要素を抽出して配色法を学んでいくことが大切なのです。

配色トレーニングでは、絵の具や色紙、さらにパソコンのモニター上でシミュレーションする方法が、最も効果的であることはいうまでもありません。

上：砂目のパターンをシルク印刷したテクスチュア表現。
中：蛍光ポスターカラーとブラックライトによるテクスチュア。
下：コンピュータによるデジタルテクスチュア。

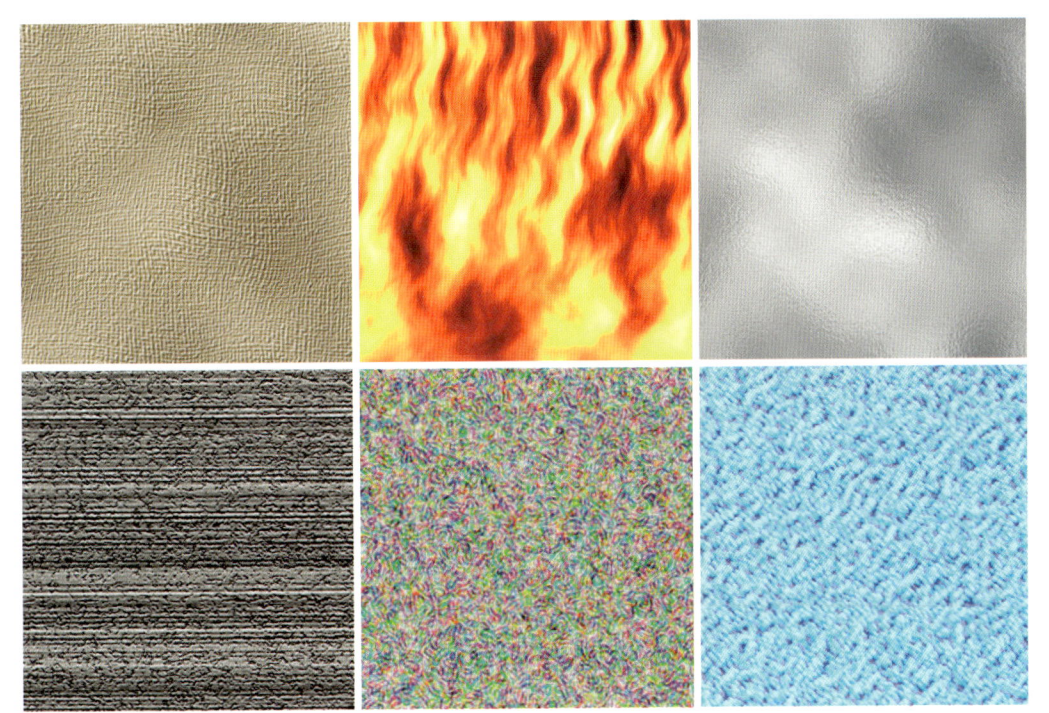

Photoshopによるテクスチュア。素材を使わず白の色面から、特殊効果機能を重ねていくと、無機質なテクスチュアから擬似的な自然現象まで、さまざまなバーチャルなイメージが再現できる。制作：三井直樹

「Species」ポスター　古平正義　2002　TNプローブ
展覧会ポスター。企画テーマに合わせたテクスチュアが有機的なイメージを漂わせる。

97　　6. 配色力とカラーセンス

パントン・ビューカラープランナー（PANTONE® VIEW Colour Planner）

パントン・ビューカラープランナーは、ファッションを中心にさまざまな分野に向けた年2回発行のトレンドカラーブックで、1年半先のトレンドカラーと配色パターンを美しいヴィジュアルとともに紹介している。
パントン・ファッション＋ホーム・カラーシステム1,925色の中からシーズンごとの流行色の提案に沿った色を取り上げ、それらをテーマやキーワードごとに分けて、コンセプトやイメージ、配色パターンとともに収録している。ファッション、コスメティクス、プロダクト、インダストリーのあらゆる分野に対応できる。巻末には、1/4サイズにカットされた布のスワッチと内容全体をまとめたポスターが収録されている。

イメージは SUMMER 2010（2010年春夏版）
テーマは「色のマジック」。

14-15ページ
テーマごとに美しいヴィジュアルと配色パターンが提案されている。キーワードは「分子的な」、「化学的な」。

36-37ページ
キーワードは「眠り薬」。

50-51ページ
キーワードは「炎の踊り」、「燃えろベイビー、熱く」。

提供：（株）ユナイテッド・カラー・システムズ

7 色の見え方とイリュージョン

7. 色の見え方とイリュージョン

「WELCOME TO JAPAN」ポスター　三木健　2006
国際グラフィック連盟

ストライプに重なる斜線により、交点がズレて見える。さらに、ストライプで覆われたタイポグラフィが、かくし絵のようにレイアウトされている。

7-1 色彩の心理

私たちの色に対する思いは個人によってさまざまですが、一般的に暖色系の赤はホットで、赤い血を連想することから、情熱や愛、太陽をイメージします。また寒色系の青は、空や海につながり、冷たい、クールなイメージから冷静、知性や水、海のシンボルとしてとらえられています。また冷たい水から冷酷、無慈悲などのイメージを思い浮かべる人もいるでしょう。この色彩が生み出すイメージの感情効果については第3章でふれた通りです。

ここでは色彩がつくり出す、物理的な性質と、人間が見た目で感じる知覚としての心理的な性質の差異を「**色彩の錯覚（optical illusion）**」と呼んでいます。つまり人間が見て認識する色と実際の色とのズレが色彩の錯覚なのです。造形上の**錯視**では、形の大きさ、長さ、方向、歪みから空間の錯視までさまざまであり、こうした形や色の錯視をまとめた研究領域を**造形心理学（ゲシュタルト心理学）**と呼んでいます。

ここでは色彩に関するさまざまな錯視について学んでいきましょう。錯視という人間の視覚生理上の現象は、人間としてあくまで正常な知覚・感覚であるため、配色の実践の場では、この原理を無視して色を扱うことは、よい配色の致命傷になりかねません。

7-2 配色の見えやすさと視認性

配色ではメリハリ感が大切であり、これが配色をセンスよく仕上げるコツのひとつであることは先に述べました。このことを色彩心理の側からとらえると、色と色の区別、識別が容易であり、それぞれの色の見えやすさということになります。

駅や空港の表示やサイン、交通標識では、まさしくこの見えやすさ、つまり視認性の高さが第一に求められます。文字の大きさや文字と背景の色は、読みやすさ（readabilityとlegibility：可読性）や視認性につながるサイン、標識に求められる重要な機能です。皆さんもよくご存じのように、危険区域を表示するサインは黄と黒の斜めストライプです。一方、安全や非常口誘導を象徴するサインは白とグリーンのストライプというように、形と配色の組み合わせによる最も高い**視認性**や注意を喚起しやすい**誘目性**を利用したサインでしょう。

色彩の誘目性の実験調査結果では背景色が黒の場合、最も高いのは黄で次に

P.105→

Buell（ビューエル）Firebolt XB12Rの後ろ姿。赤や黄の各種テールランプは視認性を考えた設計となっている。画像提供：HDJ

■ 色の見え方

色の見え方は、色同士の関係や面積比、位置関係などによって、色を単独で見る場合と比較して、見かけの大きさ（膨張、収縮）や見かけの距離（進出、後退）が大きく異なることがある。また、色が与える心理効果を体系的にあらかじめ認識しておくことによって、配色やデザイン、レイアウトなど、実践的なアートやデザインの現場で効果的に活用できる。

図7-1. 色の寒暖

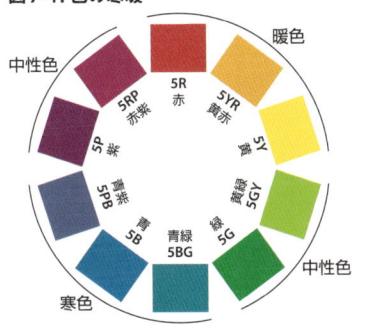

赤、黄赤系は暖かみを感じさせる暖色、青や青紫系が冷たさを感じる寒色である。黄緑や紫は寒暖のイメージを与えにくい。

図7-2. トーンの寒暖

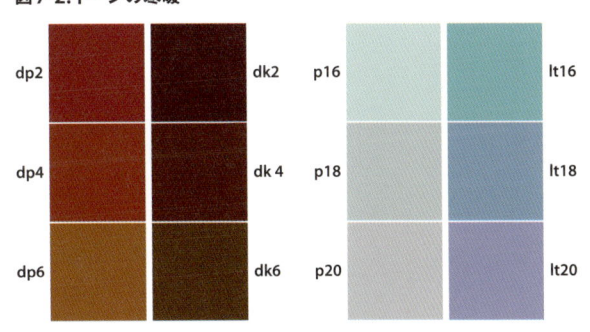

PCCSのトーンでは、ダーク、ディープなどの暗清色調が暖かみを、ペール、ライトなどの明清色調が冷たさを感じさせる。

図7-3. 膨張色、収縮色

実際より大きく見える色を膨張色、小さく見える色を収縮色という。無彩色では黒は小さく、白は大きく見える。この現象をイラディエーション（光渗）という。

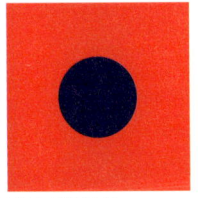

暖色はより大きく、寒色はより小さく見える。

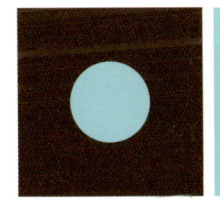

明るい寒色系の色は暗い暖色系の色より大きく見えるように、明度も見え方の大きさに影響する。

図7-4. 進出色、後退色

手前にあるように見える色を進出色、遠ざかって見える色を後退色という。上図のように暖色は進出色、寒色は後退色であるが、面積比によっても遠近感の印象は異なる。

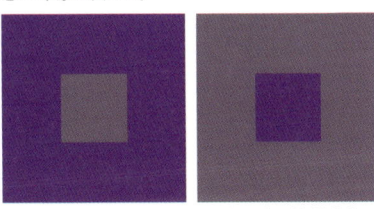

彩度については、高彩度色が進出色、低彩度色が後退色である。高彩度の紫が手前に見える。

左では太い黒、右では細い黒の帯が図として知覚できる。これを図と地（ネガ・ポジ）の現象的性質という。各色の条件、面積比で「進出」「後退」の関係が変わる。

■ 色の見え方（同時対比）

色と色が接したときに、色相、明度、彩度の違いや位置関係、面積比などから生じる対比現象を同時対比という。この同時対比によって、色の見かけが本来の色とは異なってくるため、配色やコーディネートを考えるときには注意したい。

図7-5. 明度対比

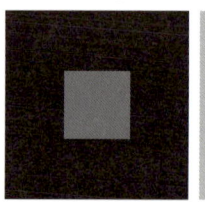

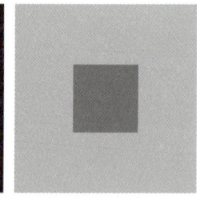

左右の同じ明るさの灰色の正方形は、黒地では明るく、薄い灰色の地では暗く感じられる。背景色の反対方向に明度が変化し、高明度色はより明るく、低明度色はより暗く見える。有彩色でも同様。

図7-6. 彩度対比

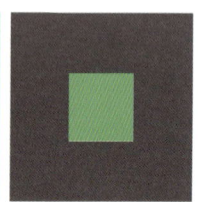

左右の同じ鮮やかさの緑の正方形は、黒地ではより鮮やかに、高彩度の地では彩度が低下して見える。背景色の反対方向に彩度が変化する。

図7-7. 色相対比

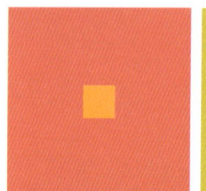

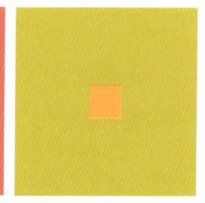

左の赤地の中の黄赤は黄みがかって見え、右の黄赤は赤みを帯びて見える。これは背景色の心理補色の方向へ変化して知覚されるからである。小さな正方形と地色の明度が近く、面積比が大きいほど、色相対比は増大する。

図7-8. 補色による彩度対比

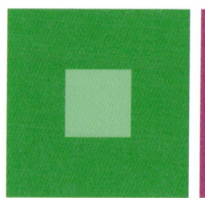

右は補色の関係にあるため、中央の明るい緑の正方形は、より鮮やかに見える。

図7-9. 色陰現象

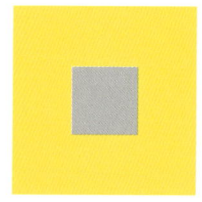

地の色の心理補色が中の正方形の色に重なって見える現象。左の灰色は青紫が重なるように、右の灰色は黄が重なるように見える。

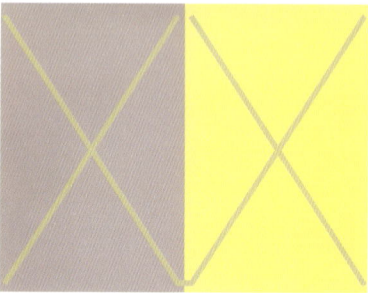

"Elizabeth Moffitt, 'reversed grounds,' Plate VI-3, Interaction of Color," Josef Albers, ©The Josef and Anni Albers Foundation/VG BILD-KUNST, Bonn & APG-Japan, 2009

ヨゼフ・アルバースの授業における習作。彩度対比による図と地の反転。

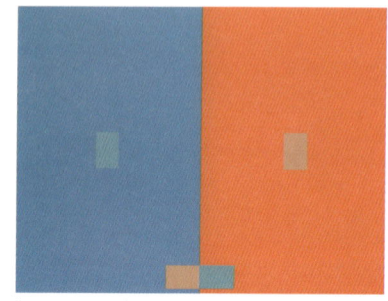

"Sewell Sillman, 'two colors look alike,' Plate VII-2, Interaction of Color," Josef Albers, ©The Josef and Anni Albers Foundation/VG BILD-KUNST, Bonn & APG-Japan, 2009

ヨゼフ・アルバースの授業における習作。色相対比により、異なる色を同じ色に近づけて見せた例。

"SIEGER COUTURE," Michael Sieger, cl: Sieger Design

同時対比の効果で鮮やかな配色が際立つ。さらにネクタイと背景の同じストライプによる錯視効果が、ネクタイを際立たせている。

■ 同化現象（フォン＝ベゾルト効果）

同化現象は、ある色が接する色と同色化する現象で、同時対比とは逆の効果が表れる。同化現象は色相、明度、彩度において生じ、面積比が大きい場合や線が細いほど、その効果は大きい。また、見る距離とも関係し、ある一定以上離れたところから見ると、背景と図が混ざり合って、同化現象が現れる。

「服部一成展『視覚伝達』／ケーキ」
ポスター　服部一成　2007
GALLERY 5610

それぞれのラインの視認性と、並置混合の遊び心を生かしたポップな感覚は斬新である。

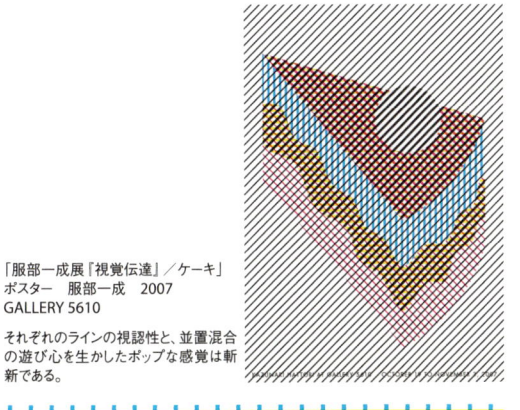

KAZUNARI HATTORI AT GALLERY 5610　　OCTOBER 19 TO NOVEMBER 3, 2007

図7-10. 明度の同化

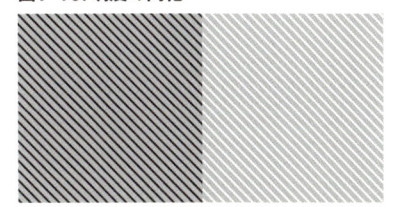

黒と白のストライプによって、同じ明るさの灰色の明度が異なって見える。黒のストライプは暗く、白のストライプは明るい。

図7-11. 色相の同化

黄赤の地に赤と黄のストライプ。黄赤の地を比較すると、左はより赤みを帯び、右は黄みがかって見える。色相が近いほど「色相の同化」が生じやすい。

図7-12. 彩度の同化

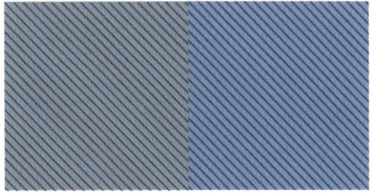

中彩度の青の地に灰色と高彩度の青のストライプ。青の地の色を比較すると、左は彩度が低下し、右は鮮やかに見える。

図7-13. 明度の同化と明度対比の比較

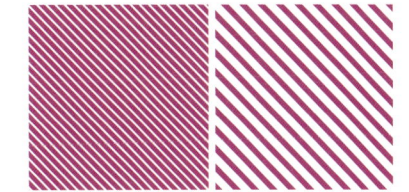

左は明度の同化、右は白のストライプを太くして明度対比になっている。

7. 色の見え方とイリュージョン

■ **色の見え方（視認性と誘目性）**

色の目立ち具合を表す指標として、「視認性」と「誘目性」がある。視認性は色を認識できる距離、「視認距離」で比較することが多い。視認距離が長いほど、目立つ度合いが大きいということである。視認性は明度差、彩度差、色相差が影響する。誘目性は物理的な距離で判別するだけでなく、心理的に与える印象の強さや注意を引きつける度合いを含んでいる。

図7-14. 明度対比による視認性

明度差の小さい黄より明度差が大きい青の方が、白の正方形がはっきり見える。

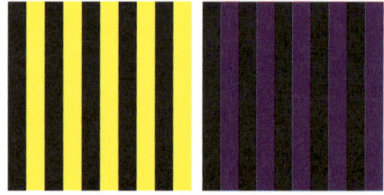

明度差の大きい黒と黄の組み合わせの方が注意を引きやすい。

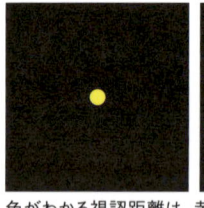

色がわかる視認距離は、黄や黄赤、赤が最も大きく、青や紫が最も小さい。道路標識など注意を促す表示に適している。

有彩色の組み合わせでは、黄と紫が視認距離が長く識別しやすい。一方、青と青紫は識別しにくい組み合わせである。

交通標識や公共サイン、機器類のスイッチなどでは、視認性と誘目性の高い配色が施されている。

"IQ," Poster, Uwe Loesch, 1986
牛の見え(牛柄に溶け込んだ牛の姿)。図形の中に別の図形を隠したわかりにくい「埋没図形」の好例。

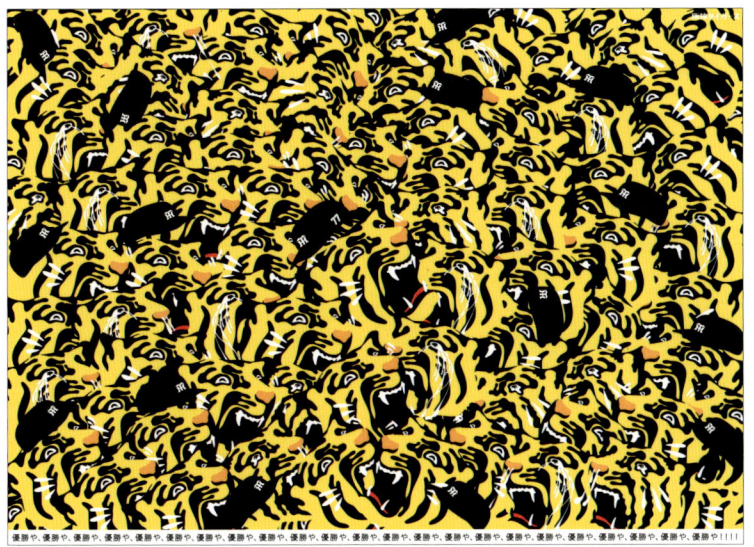

"Bordeaux. Fine wines. Be seduced," James Dawson-Hollis, Guido Mocafico, Mad Dogs & Englishmen, New York, cl: Bordeaux

ボルドーワイン協会の広告。ワイングラスの輪郭を女性のボディラインに見立てた洒落たイメージ。黒の背景にワインの色とグラスの白の輪郭線が「多義図形」の効果を生んでいる。

「タイガース」ポスター　青木康純　2004　阪神タイガース
キャラクターを無数に重ね合わせたダイナミックなヴィジュアル。「埋没図形」のようにも見えるが、キャラクターのヴィジュアルのレイアウトが抽象的なイメージ効果を出している。

黄赤、赤、緑と続き、純色では青紫が最も低い。また背景が白の場合、赤が最も高く、黄、黄赤、青、緑と続くという研究結果が報告されています。

視認性は一般に無彩色より、高有彩色の方が高く、また**低明度**より**高明度**の文字やライン、シンプルな形と**明度差**の高い背景との組み合わせが有効であり、さらに彩度の高い赤系の色相の方がより誘目性が高いといわれています。ところが、安全を意味する緑系は、周囲の環境が火災などのように赤色の場合、赤色の補色であることから、国際的な標準色である**標色**となっています。

こうした機能性に重点を置いた配色の見えやすさは、私たちの生活環境におけるデザインやアートなどのクリエイティブワークにおいて、十分応用すべき配色のコツとして覚えておくべきでしょう。

■ さまざまな視覚現象

図 7-15. 縁辺対比

2色が接する境界で対比現象が生じ、波打つように見える。右側のより暗い灰色に接する灰色の境界は明るく見え、左側のより明るい灰色に接する灰色の境界はより暗く見える。

図 7-16. マッハバンド (Mach Band)

白から黒へのグラデーションでは、両側に黒と白の帯を知覚できる。白と黒に変化する領域で、より明度の強調が生じるためである。

図 7-17. ヘルマングリッド (ハーマングリッド効果)

明度対比の一種で、ハーマングリッドともいう。グリッドの交差する部分に灰色のスポット（ヘルマンドット）がちらつく。

図 7-18. ネオンカラー効果

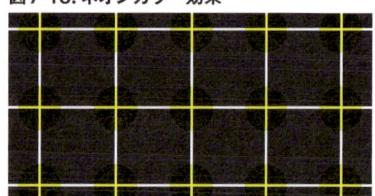

交差点にある黄色が黒色の領域に拡散されて、ネオン光が広がるような効果。有彩色の誘導効果によって、存在しない輪郭が感じられる。

図 7-19. リープマン効果（色のちらつき）

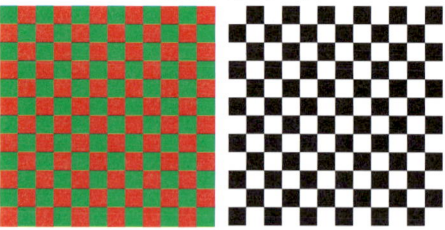

左の明度差の少ない有彩色同士が接すると、境界線が曖昧になり、図と地の関係が不安定になり、ちらつきが生じる。白黒の市松模様の境界は見えやすい。

図 7-20. 透明視

物理的に透明な媒体でなくても、重なる色を混色させることによって、透けているように知覚できる。これを知覚的透明ともいう。

図 7-21. 色の面積効果

面積が大きくなると、明るく高彩度に見える。暗い色は、より暗く感じる。面積の大小で明度や彩度の見え方が変化する。

"Additive (left) and subtractive color, Plate X-I, Interaction of Color," Josef Albers, ©The Josef and Anni Albers Foundation/VG BILD-KUNST, Bonn & APG-Japan, 2009

ヨゼフ・アルバースによる加法混色（左）と減法混色（右）の事例。RGB、CMYカラーの混色と同じである。8章を参照のこと。

"National Water Day 2004," Poster, João Machado, 2004, cl: Smas Almada

波状のストライプが魚のヴィジュアルを立体的に見せていると同時に、テクスチュア効果にもなっている。

"Nidwaldner Museum," Poster, Melchior Imboden, 2004, Nidwaldner Museum

横方向の黒白、縦方向の赤白のストライプが、進出・後退と主観的輪郭の効果を生み出す錯視的なヴィジュアル。

■ さまざまな視覚現象

図7-22. 主観的輪郭（カニッツア図形）

物理的に存在していなくても、三角形の輪郭が知覚できる。主観的輪郭（錯視的輪郭）図形は「カニッツア図形」ともいう。

図7-23. エーレンシュテイン現象

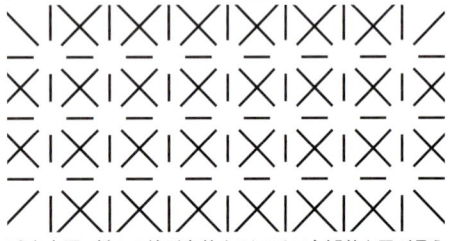

垂直水平、斜めの線が交差するところに主観的な円が見える。各円は手前にあって、より白く知覚できる。

図7-24. モアレ

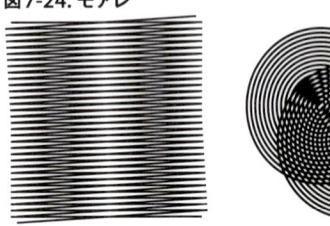

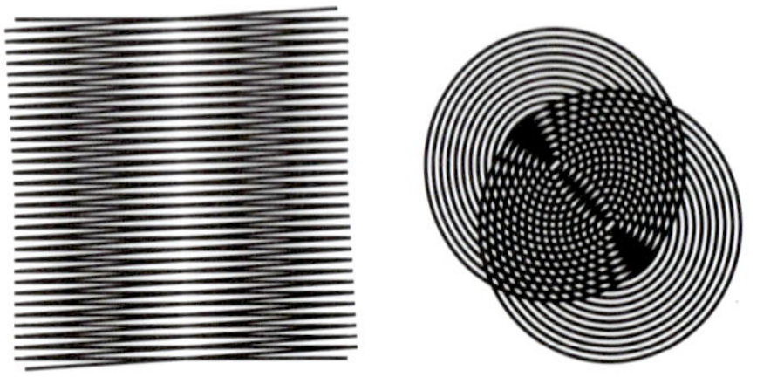

モアレ（moiré）は干渉縞を指し、規則正しいパターンを重ねたとき、波形の干渉により二次的に発生する模様をいう。

図7-25. 斜線による奥行き感

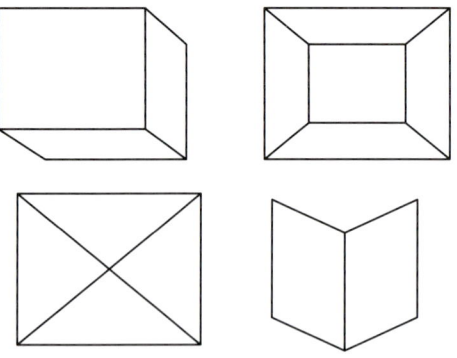

見方によって、前方に出っぱったり（進出）、後退して見える錯視が生じる。

図7-26. 斜線と面表現による奥行き感

斜線に面表示が加わると奥行き感が強調される。

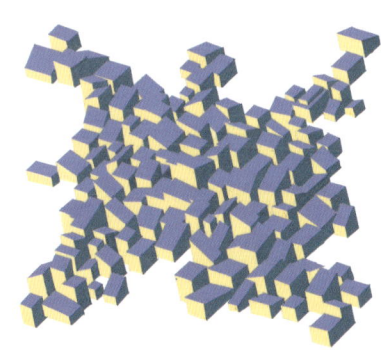

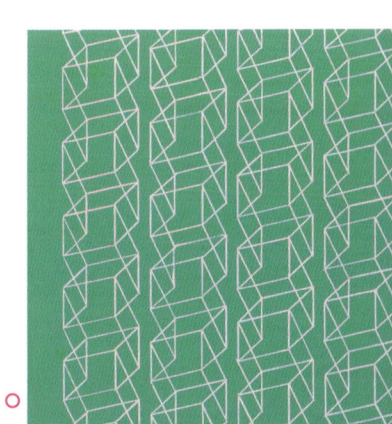

■ 図の「見え」の演習作品

109　7. 色の見え方とイリュージョン

バウハウス・カラーゴマ（Bauhaus Optischer Farbmischer）

ドイツの造形学校「バウハウス」で開発された色コマである。バウハウスで色彩学を担当していたルートヴィッヒ・ヒルシュフェルト・マック（Ludwig Hirschfeld-Mack）によるデザインで、1924年に制作。1977年にスイスの玩具メーカー、ネフ社（Naef Spiele AG Swiss）が復刻した。コマの軸に7枚のカードをはめて回し、それぞれの混色効果を楽しみながら学習できるように工夫されている。下の7枚のカードはゲーテの色彩論やレンブラントの光と影の配分や三原色などの理論に基づいており、色彩実験の教具としても意義深い。現在、日本でも（株）アトリエ ニキティキから販売されている。

提供：（株）アトリエ ニキティキ、ネフ社（Naef Spiele AG Swiss）

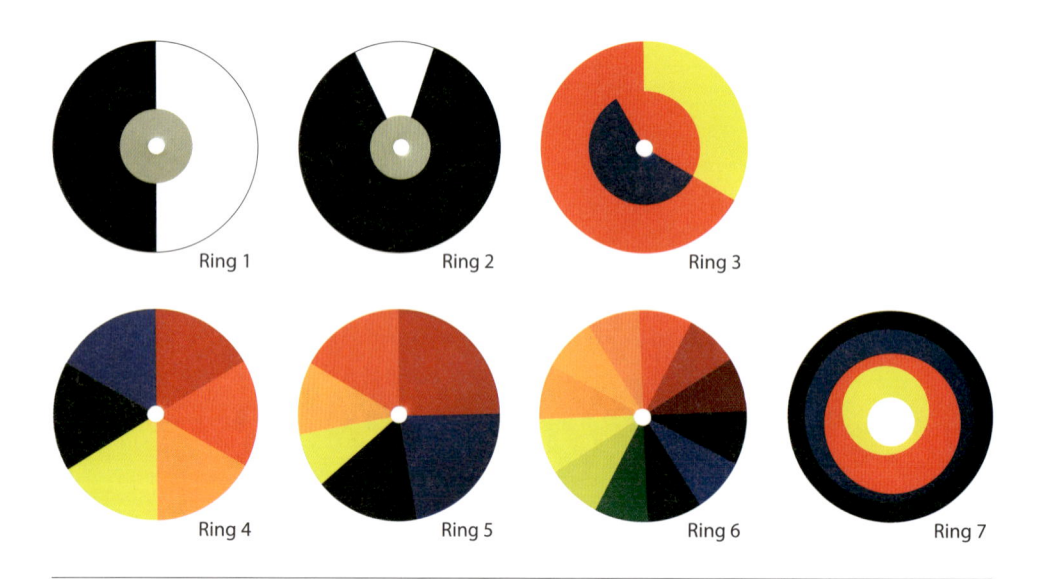

Ring 1　Ring 2　Ring 3
Ring 4　Ring 5　Ring 6　Ring 7

Ring 1. 色の明度の観察
白と黒 比率1：1 → 白の拡散効果によるかなり明るい灰色

Ring 2. レンブラントの光と影の配分
白と黒 比率1/8：7/8 → 中間の灰色

Ring 3. 三原色（赤・青・黄）の混色 黄と赤、赤と青
黄と赤 比率1：2 → 橙、赤と青 比率3：4 → 紫

Ring 4. ゲーテの理論に基づいた6色の構成
黄・赤・青・橙・紫・緑 → 灰色の生成

Ring 5. ショーペンハウアーの理論に基づいた色の構成
黄と紫 比率3：9 → 灰色の生成、橙と青 比率4：8、赤と緑 比率6：6

Ring 6. ベゾルトの色環
黄・橙・朱・赤・紫・赤紫・青紫・群青・青・青緑・黄緑 → 灰色の生成

Ring 7. 明度の順になっている5色の不均衡な輪の混色
白・黄・赤・青・黒 → 虹における色の段階変化と同じ

（解説書より）

8 デジタルカラーの基本

8. デジタルカラーの基本

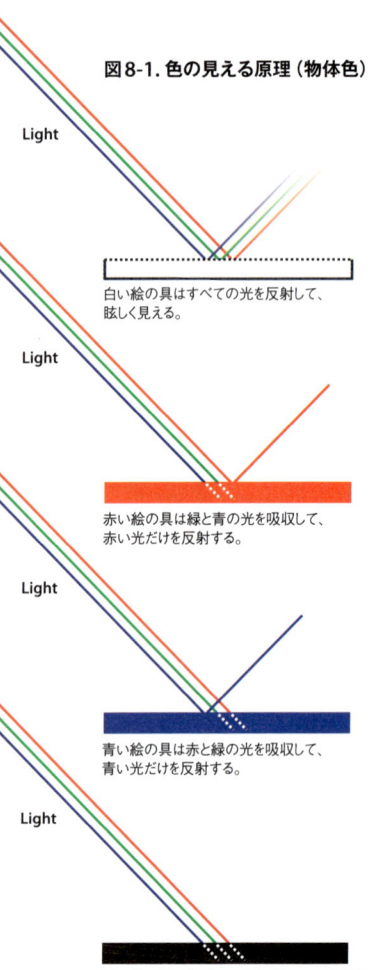

図8-1. 色の見える原理（物体色）

白い絵の具はすべての光を反射して、眩しく見える。

赤い絵の具は緑と青の光を吸収して、赤い光だけを反射する。

青い絵の具は赤と緑の光を吸収して、青い光だけを反射する。

黒の絵の具はすべての光を吸収して、黒く見える。

人間が「もの」の色を見るとは、「もの」が光を受けて光を吸収・反射し、反射された光線が眼の網膜に刺激を与えることによって、色を感じることである。赤い色が見えるのは、赤以外の波長の光を吸収し、赤の波長の光だけを反射しているからである。つまり、色とは、光、物体（もの）、視覚の3つの要素から成り立っているのであり、光があってはじめて眼を通して色が認識できるのである。

8-1 絵の具とコンピュータ

これまで本書で述べた配色法は、すべて絵の具や色紙を用いたトレーニングを前提としていました。なぜならば私たちは幼いときからクレヨンや絵の具を使い絵を描いたり、色を塗り重ねる混色によって新しい色をつくり出したり、配色を楽しみながら、色彩感覚を育んできたからです。

本書の配色の方法やコツも、皆さんのこうした配色経験を踏まえながら、話を展開してきました。

もしあなたが、これまでの配色法について納得がいかなければ、繰り返し読み解いた上で配色例の図や作品を見比べながらトレーニングを続けて下さい。

ところで21世紀の現在、色を扱う領域は、以前のように絵画やポスターや広告といった印刷分野だけではなくなりました。

キラキラ光るメタリックな色、ガラス、アクリルから乳白色やカラフルな透明、半透明の色はもとより、液晶テレビやレーザー光や新素材の色に加え、毎日向かうモニター画面やケータイ画面の色等、多種多様な色が参入し、私たちの視覚世界を格段に広げてきました。

こうした新しい色や配色は、ほとんど光の色、つまり**色光**によってつくられています。またそのような色や配色は、これまで学んできた絵の具の色とは全く異なり、色の属性や生成・組成から混色の仕組みも違います。

色光は絵の具や染料、つまり物体色とは性質も異なり、混色のつくり方や表現効果も、私たちのこれまでの常識を超えているのです。

さらにこうした色光は、現在ではデジタル化した色彩に進化し、色光を扱うためにはデジタルの配色法を学ぶ必要があります。

8-2 色光と絵の具の色

IT化の進んだ現在、私たちが日常出合う色彩でパソコンやテレビ、ケータイなどデジタル化された色光の占める割合は、きわめて大きくなっています。

さらに、これまでの多くのデザイン領域でも、企画・制作段階からDTP（Desk Top Publishing）によって制作されることが当たり前となりました。

ここでは従来のように色彩は色を塗ったり、カラーチップで色指定することもなく、コンピュータのモニター画面を見ながら配色を決めたり、色指定し、プリンターのカラー出力でプレゼンテーションするように様変わりしてしまいました。

図8-2. 色の原理

- 色の原理
  - 知覚色
    心理的な印象に基づく主観的な認識色
    - 光源色
      - 自然光 …… 太陽光（日光）
      - 人工光
        - 白熱発光 …… 白熱電球、ハロゲン電球
        - 放電発光 …… 蛍光灯、水銀灯、ナトリウムランプ
        - 発光ダイオード
        - レーザー光
    - 物体色（非発光色）
      - 表面色 …… 反射
      - 透過色 …… 透過（液晶モニター、TV、ステンドグラス、舞台のスポットライトなど）
  - 心理物理色
    色感覚による色 …… 色感覚による色は、心理物理実験データにもとづいて得られた定量的な色の表示
  - 色の物理現象
    - 干渉 …… CD-ROM、シャボン玉に見える虹色
    - 回折 …… 影のぼけ、光環
    - 散乱 …… 青い空、夕焼け
    - 屈折 …… 虹、ダイヤモンドの輝き
    - 偏光 …… 液晶ディスプレイの偏光フィルターなど

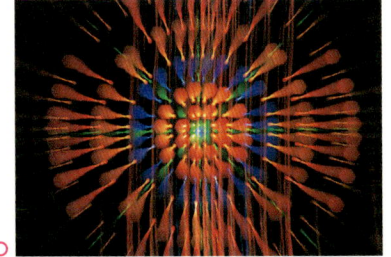

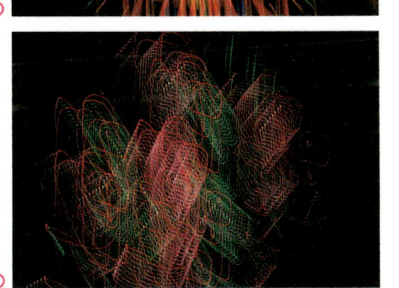

「色光がつくり出す光のイメージ構成」
上：カラーゼラチンフィルターによる色光と写真のズーム表現。
下：さまざまな色光ビームの自由運動を重ねた色彩構成。

したがって色彩のデジタル化に伴う新たな配色法が、大きな課題となってきました。8章では、コンピュータによるデジタルカラーや配色法について述べていきます。

●

まず、物体色と色光の基本的な性質について考えてみましょう。
私たちが色彩に親しみ、色彩感覚を培ってきたのは、幼い頃から慣れ親しんできた、クレヨンや絵の具、色紙や布地でした。こうした色材やものの色は、**物体色**と呼ばれています。
例えば黄色いレモンの色は、可視光線の光がレモンに反射して目に入ってきた色が物理的な仕組みによって黄色となって見えるのです（図8-1）。
絵の具では顔料そのものの色が、そのまま認知された色となります。こうした絵の具という物体色は混ぜ合わせると、色は鮮やかさを失い、暗くなるという特長をもっています。この性質を減法混色といいます。これは染料や色のフィルターを重ねたときも同じ現象が起きます。これに対し色光は、色を重ねると明るくなり、すべての色光が混色されると白色光となってしまいます。こうした色光の特徴は、劇場やライブコンサートの舞台照明、花火など、日常の身近なところで見ることができます。

図8-3. 絵の具と色光の混色

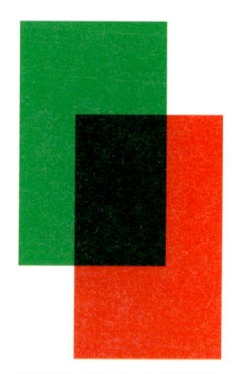

減法混色。緑に赤い絵の具を加えて混ぜると、濁った暗い色になる。

加法混色。緑と赤い光を重ねると明るい黄色の色光になる。

8-3 デジタルカラーと加法混色、減法混色

色光が絵の具の色と根本的に異なるのは、色光と絵の具の顔料という媒体の違いです。空中を透過した色が色の光を人間に認知されるため、彩度という絵の具の鮮やかさの属性に、さらに発光している色光のまぶしさが感じられるのです。これが**輝度**であり、光源の強さを表す**光度**とともに、テレビやモニター画面の明るさの調整のひとつになっています。

先に絵の具の色など物体色は**減法混色**であるといいましたが、色光はこれとは反対に**加法混色**という特徴をもっています。図8-6を見て下さい。

色光の三原色はR（レッド）、G（グリーン）、B（ブルー）です。図8-3のように色光の混色では、赤と緑を混ぜ合わせると、黄色の光となってしまいます。これは絵の具の混色を経験してきた私たちの感覚では考えられないことです。前にも述べたとおり、私たちは物体色であろうと、**光源色**であろうと表現された色を見て、どういう色かを判断します。その色の生成のプロセスには関係なく、絵の具の赤もモニターの赤い光も同じ赤として知覚します。

しかし、デジタルカラーを理解する上で、色光は、混色やその方法が絵の具とは全く異なることを認識しなければなりません。図8-4、図8-6のように、**絵の具の三原色**C、M、Yを2色ずつ混色した**二次色**はR、G、Bであり、光の三原色となっています。また、色光の三原色R、G、Bの二次色はC、M、Yになります。つまり、絵の具の三原色C、M、Yと色光の三原色R、G、Bはそれぞれ補色の関係にあるのです。

オフセット印刷では、原理的にC（シアン）、M（マゼンタ）、Y（イエロー）のそれぞれのインクの濃度の割合で、網点状に置き換えたインク面を重ね合わせ、すべての色をつくり出すのです。インクが重なる部分は減法混色となりますが、網点と網点がズレて重ならない部分は、目の網膜で並置混合され中間混色となります。ただし、黒はC、M、Yを重ねても再現しにくいため実際のオフセット印刷ではこれにK（黒：スミ）を加え、通常この4色刷りとしています。

また色光では、すべての色彩表現は、例えばテレビやコンピュータのモニター画面でも同じ原理ですが、画面（CRTや液晶）の蛍光体や液晶面でR、G、Bの発光強度をコントロールしながら小さな光の点を表示し、中間混色によって視覚的にはすべての色を再現させているのです。

8-4 デジタルカラーの色再現とHSBカラーモード

図8-2のように私たちが色を感じる対象は、もの自体が直接光を受けて吸収、反射した物体色と、太陽や電球、蛍光灯などの人工光からの光源による光源

カラー印刷の網点の拡大イメージ
印刷物をルーペで見ると、CMYKのインクの網点が確認できる。網点の重なり具合で濃淡が表現されている。

色があります。テレビやコンピュータのモニター画面では、テレビの蛍光面や液晶面に透過したRGBの透過光のそれぞれ割合によって、あらゆる色彩が再現できるようになっています。

つまり、色光のR（レッド）、G（グリーン）、B（ブルー）は、全く発光しない状態を0、最も発光したときを255とし、計256段階の強さでコントロールしています。RGBそれぞれの階調の組み合わせでは、256×256×256=16,777,216色を再現できることになります。一般に、この約1677万色で表示する性能をフルカラー表示といいます。

Photoshop（フォトショップ）、Illustrator（イラストレータ）などのグラフィックアプリケーション上では、マンセル記号による色指定はできません。通常はCMYKとRGBで数値指定しますが、マンセルシステムのように直感的に色指定できないため、デジタルカラーを扱う一番のハードルになっています。そこで、アナログカラーとデジタルカラーを橋渡しするカラーモードとして、PhotoshopやIllustratorで使用可能な**HSBカラーモード**を紹介しましょう。HSBカラーモードは**マンセルシステム**のHV/Cとは異なり、**色相**（Hue）、**彩度**（Saturation）、**明度**（Brightness）の三属性から色指定します。HSBカラーモードは図8-8のように、H（色相）はR（レッド）から右回りのカラーサークルで、CMYとRGBの各色相を等間隔に置いています。60°はY（イエロー）、120°はG（グリーン）、180°はC（シアン）というように、360°でR（レッド）に戻ります。またこれを色立体にした図8-9のように、彩度（S）、明度（B）は0%から100%で表します。HSBカラーは光源色に対応した色表現であり、明度は光の強さを表すので、明度（B）100%で最も鮮やかな色になる点がマンセルシステムとは大きな違いです。色相もマンセルシステムとは完全に一致しない点もありますが、HSBカラーモードはマンセルシステムの感覚で色をとらえるデジタルカラーの色表現として位置づけられます。

■ 絵の具の三原色（CMY）と減法混色

色を表現するシステムは絵の具と色光の三原色に基づいている。絵の具の三原色は、シアン（Cyan: C）、マゼンタ（Magenta: M）、イエロー（Yellow: Y）で構成される。三原色であるCMYを混ぜると明度が下がり、黒に近づくため、減法混色といわれている。CMYすべてが100%となったとき黒になるが、実際には、CMYで完全な黒は再現できないので、黒のインク（K）を使う。また、点線で結んだ補色同士を重ねても、下図のようにCMYすべてが100%となる。同様に、二次色であるRGBを重ねても黒になることがわかる。下図では、Illustratorのカラーパネルで絵の具の三原色CMYと二次色RGBを表示している。

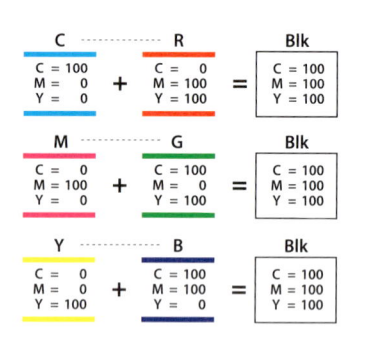

図8-4. 減法混色

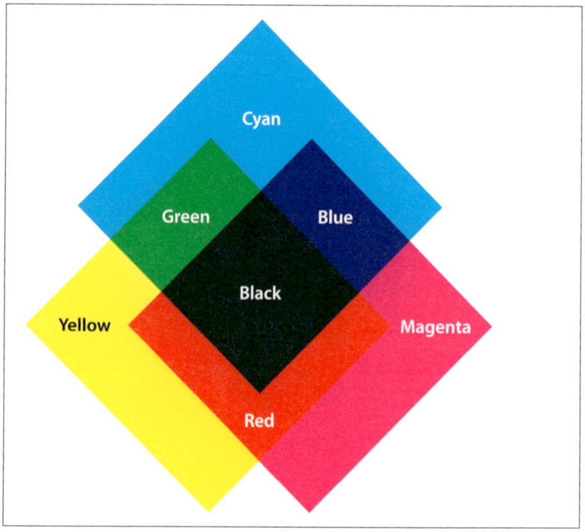

図8-5. Illustratorのカラーパネル（CMYKスライダー）

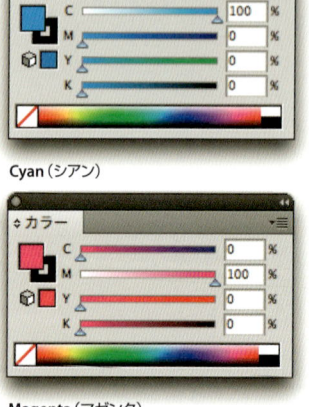

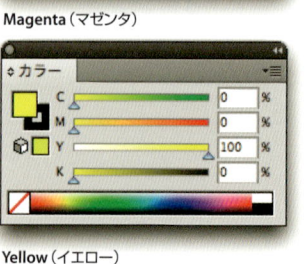

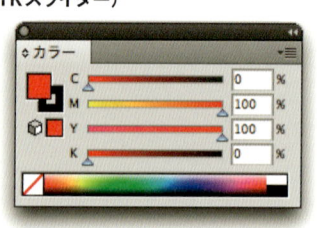

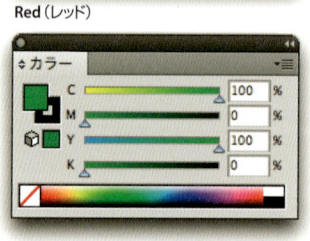

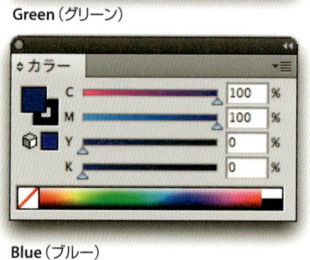

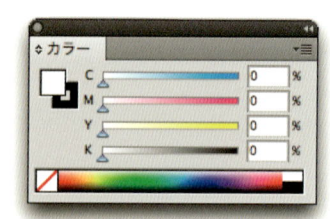

Cyan（シアン）　Red（レッド）　White（ホワイト）

Magenta（マゼンタ）　Green（グリーン）　Black（ブラック）

Yellow（イエロー）　Blue（ブルー）

■ 色光の三原色（RGB）と加法混色

色光の三原色は、レッド（Red: R）、グリーン（Green: G）、ブルー（Blue: B）で構成される。RGBの光を重ねると、明度が上がり白に近づくため、加法混色という。デジタルカラーでは、3つの色光を最も強い状態、つまりRGBすべてが255となり、白となる。点線で結んだ補色同士の色光を重ねても、下図のように、RGBすべてが255となる。同様に、二次色であるCMYの色光を重ねても白となることがわかる。下図では、Photoshopのカラーパネルで色光の三原色RGBと二次色CMYを表示している。

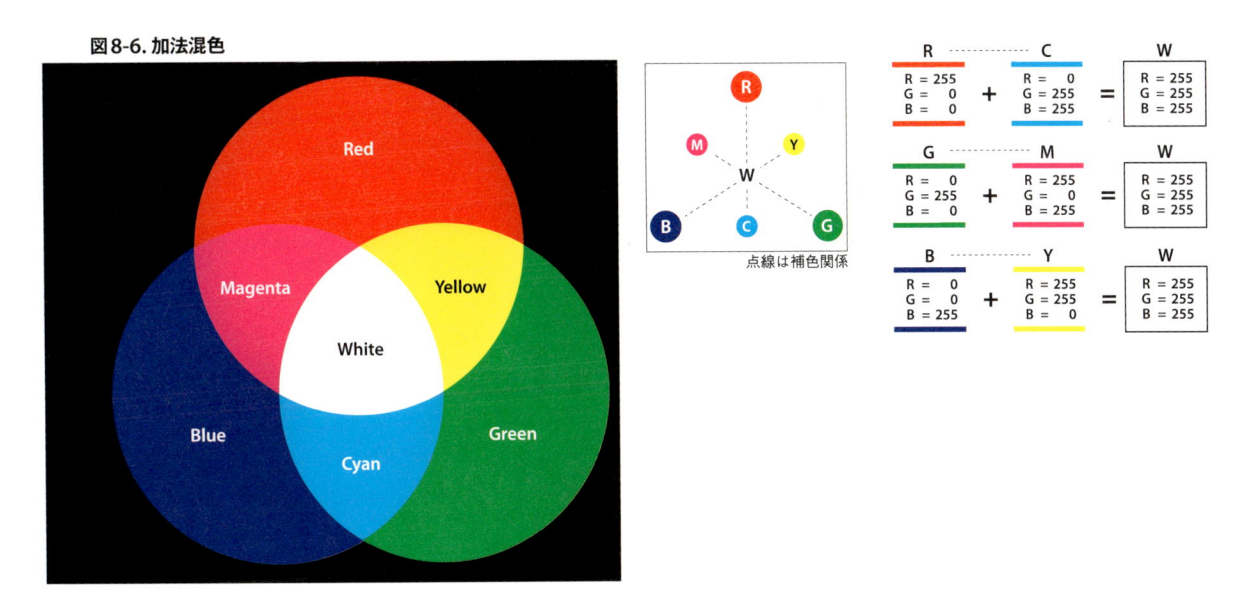

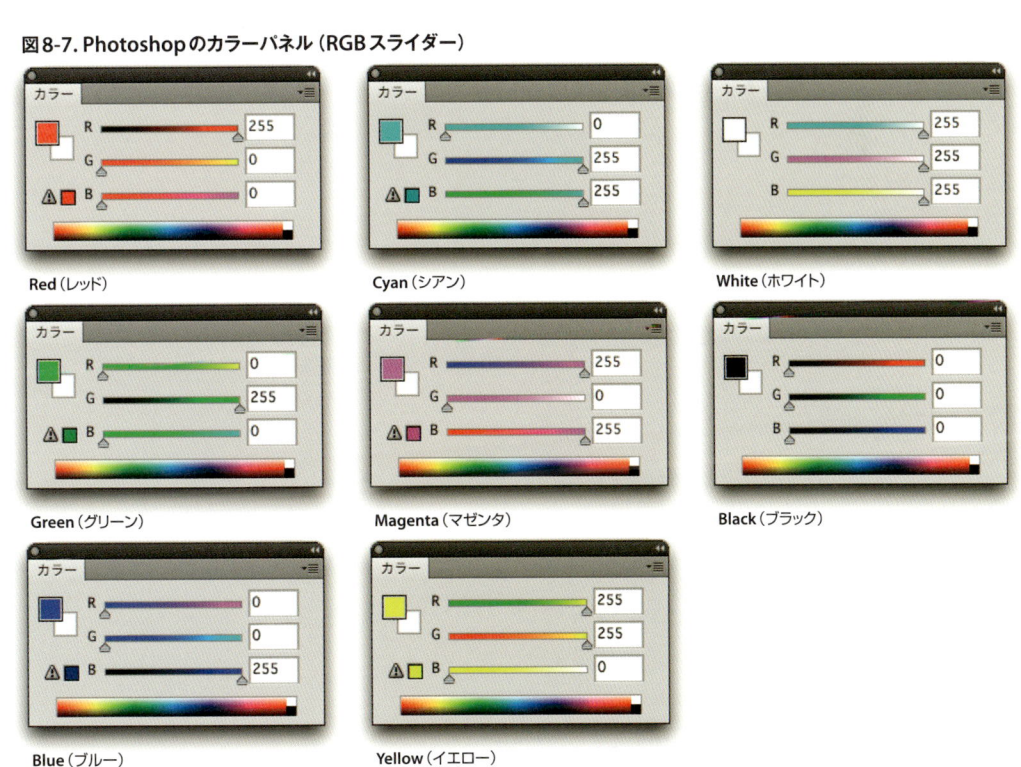

図8-6. 加法混色

点線は補色関係

R		C		W
R = 255 G = 0 B = 0	+	R = 0 G = 255 B = 255	=	R = 255 G = 255 B = 255

G		M		W
R = 0 G = 255 B = 0	+	R = 255 G = 0 B = 255	=	R = 255 G = 255 B = 255

B		Y		W
R = 0 G = 0 B = 255	+	R = 255 G = 255 B = 0	=	R = 255 G = 255 B = 255

図8-7. Photoshopのカラーパネル（RGBスライダー）

Red（レッド）　　Cyan（シアン）　　White（ホワイト）

Green（グリーン）　　Magenta（マゼンタ）　　Black（ブラック）

Blue（ブルー）　　Yellow（イエロー）

■ HSBカラーモード

Photoshop、Illustratorなどで使用できるHSBカラーモードでは、色相（H：Hue）、彩度（S：Saturation）と明度（B：Brightness）の三属性を使って色が選べる。色相は0°のR（レッド）から始まり、1周して0°に戻る。つまり0°＝360°となる。明度、彩度は0～100％の間で調節する。CMYK、RGBでは、数値を変えると色相、彩度、明度のすべてが変化してしまうが、HSBでは明度、彩度のみを変えることができる。マンセルシステムと同じ感覚で色をつくることが可能だが、光源色に対応した色表現なので、CMYKでは再現できない色があることに注意しよう。また、彩度（S）と明度（B）100％のときは、色相のなかで最も鮮やかで明るい純色になる。

図8-8. HSBカラーのH（色相）の角度

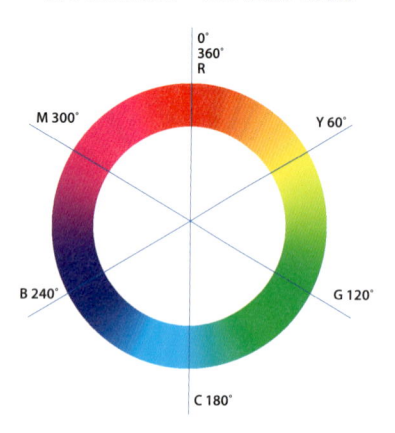

図8-9. HSB色立体

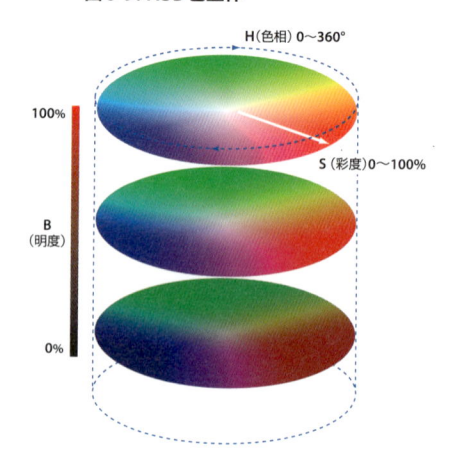

下記のようにHの角度とHSB値、RGB値は対応する。

H	HSB	RGB	
0°	(0/100/100)	Red	(255/0/0)
60°	(60/100/100)	Yellow	(255/255/0)
120°	(120/100/100)	Green	(0/255/0)
180°	(180/100/100)	Cyan	(0/255/255)
240°	(240/100/100)	Blue	(0/0/255)
300°	(300/100/100)	Magenta	(255/0/255)

H 色相
カラーサークルで、R（レッド）を0°（360°）とする。グレースケールは色相をもたない。

S 彩度
0～100％で表す。0％で無彩色（グレースケール）。

B 明度
0～100％で表す。0％で黒、100％で最も明るい。

図8-10. RGBとHSBモードのカラーパネル

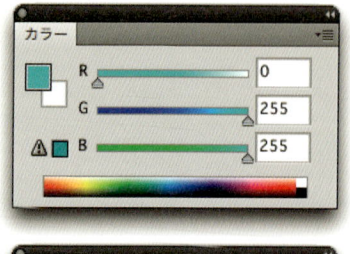

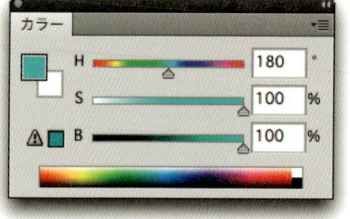

RGB（0/255/255）をHSBカラーモードで表示した状態

図8-11. カラーピッカーによる表示

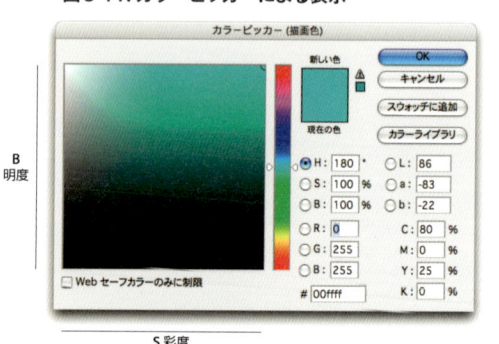

カラーピッカーでRGB（0/255/255）を表示した状態。

カラーピッカー上でHSBがアクティブな状態を示している。横軸が彩度（S）、縦軸が明度（B）となる。右上角が彩度（S）、明度（B）100％となる。縦長のスペクトルは色相（H）で、一番上の位置が0°のR（レッド）となる。図は180°のC（シアン）である。

■ HSBカラーモードとCMYカラー

下の図はCMYカラーで各濃度を20%ずつ6段階で掛け合わせた216色の色相を並べている。これは、右にあるCMYカラーキューブを水平にスライスしている。上段左は、CとMだけの掛け合わせでY 0%である。下に向かってYが20%ずつ増えていく。各スライスの右下にある色面を見ながら、HSBカラーモードのHの角度を見てみよう。前ページのカラースペクトルの角度と比較すると、CMYでつくられる色と色相の位置の関係が理解できる。まずは、三原色のCMY、二次色のRGBの各色相の角度から確認するとよい。9章で解説するCMYカラーキューブ（色立体）を学んだ後に、再度本図を見返すと、デジタルカラーの理解が深まる。

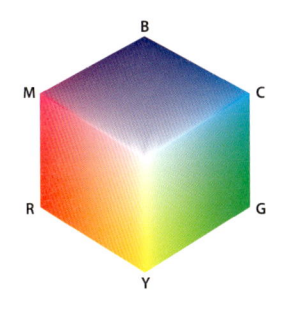

図8-12. HSBカラーモードによるCMYカラーのH（色相）の角度

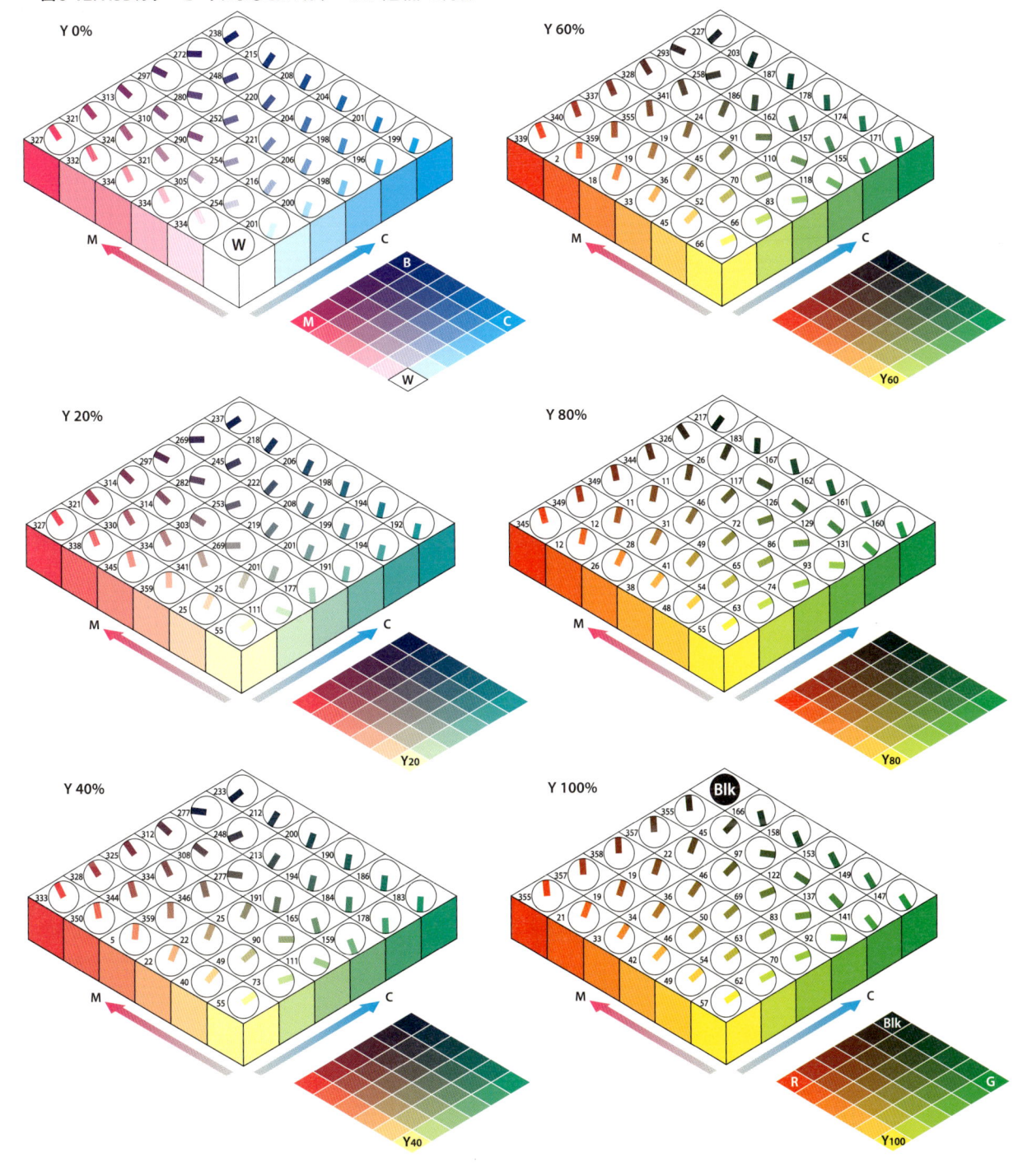

カラーマネージメント (Color Management)

デジタルデザイン制作は、コンピュータのデスクトップ上ですべての編集を行うことができるため、作業効率が高い。しかし、ディスプレイ上のRGBカラーと印刷されたCMYKカラーが完全に一致しないことやスキャナ、デジタルカメラなどの周辺機器による出力の色の違いなど、デジタルツールよる色の扱いは難解である。これを解決して色の不一致を取り除くのがカラーマネージメントである。カラーマネージメントには、ハイエンドな機器やソフトウエアもあるが、ここでは一般のユーザーでも簡単に使用できるツールを紹介する。単にカラーマネージメントの実践は、デバイスによる色を一致させるという目的だけではなく、デジタルカラーへの理解を深めることにもなる。

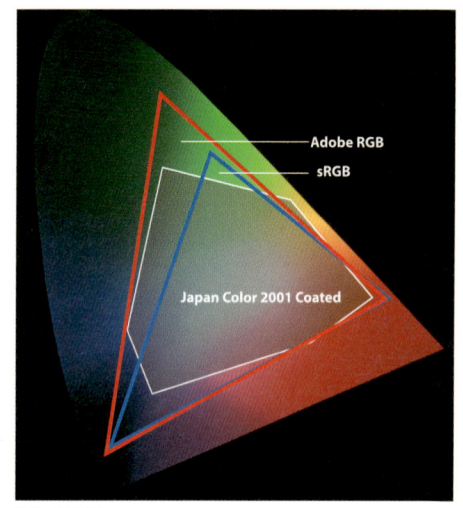

グラフィックアプリケーションでは、色を一致させるための機能としてカラー設定での作業用スペースがある。左図は印刷 (CMYK) で一般的な Japan Color 2001 Coated、Windows で使用されている sRGB、Adobe 推奨の Adobe RGB のカラースペース (色域) を CIExy 色度図上に示している。Adobe RGB は Japan Color 2001 Coated のカラースペースをほぼカバーしているが、sRGB では再現できない色があることがわかる。このように表現できるデジタルカラーの範囲はさまざまで、この違いによって、同じ画像データでも色の出力が変わってしまうのである。

エックスライト社の ColorMunki Design (カラーモンキーデザイン) は、ディスプレイ、プロジェクター、プリンターのキャリブレーション、環境光やスポットカラーの測定などの機能を備えている。
ColorMunki Design のソフトウエア上では、PANTONE カラーライブラリや、1600 色のマンセルカラーライブラリの色と測色した色との比較・検証が容易で、アナログカラーからデジタルカラーへ感覚的に移行して学ぶことが可能である。
配色パターンのバリエーションの表示や Photoshop や InDesign などのカラーパレットとの同期、画像データのキーカラーの自動作成など、デジタルデザインの効率向上とともにデジタルカラーのトレーニングにも活用でき、魅力的なツールである。

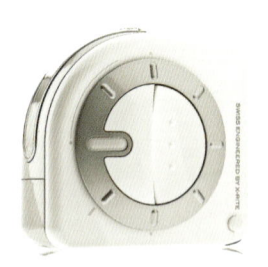

提供：旭光通商

ColorMunki Design (カラーモンキーデザイン)
提供：エックスライト㈱

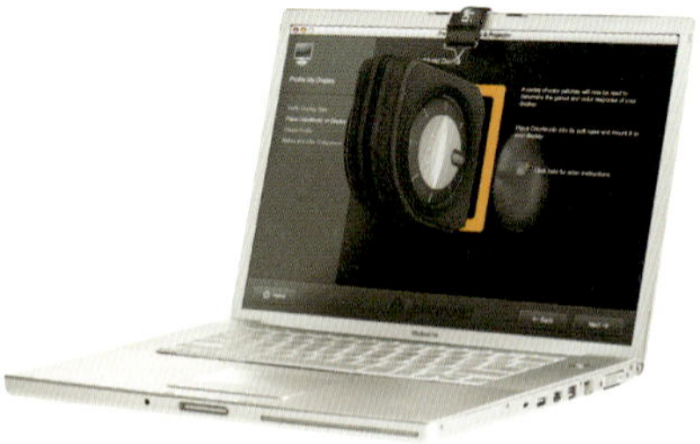

ディスプレイのキャリブレーション

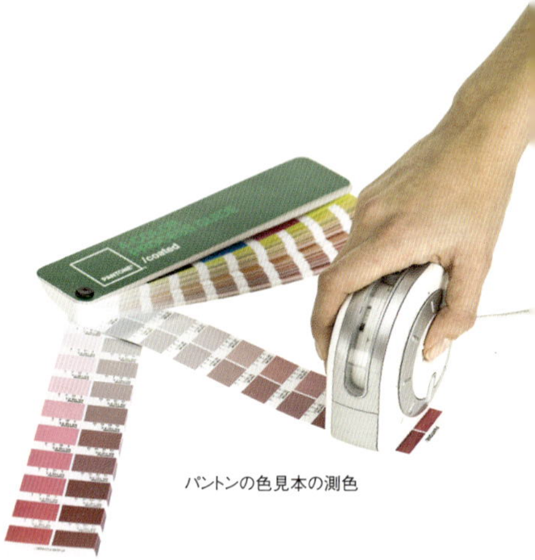

パントンの色見本の測色

ColorMunki Design (カラーモンキーデザイン) のウィンドウ

9 デジタルカラーの配色法

9. デジタルカラーの配色法

「ヒケティエルのカラーキューブ」(Color Mixing by Numbers, 1970 上:ヒケティエルカラーシステム中ページ、下:表紙)
オリジナルのドイツ語版は1963年。アルフレッド・ヒケティエル (Alfred Hickethier) はCMYによる印刷、RGBによる写真の出力を想定したカラーキューブのシステムを提案し、1952年に「Hickethier Color System (Farbenordnung Hickethier)」としてまとめている。カラーキューブの角に三原色Yellow (900)、Magenta red (090)、Cyan blue (009) と、二次色Red (990)、Violet blue (099)、Green (909) を定め、3桁の数値でコントロールできるシンプルなカラーシステムを構築した。これはまさに、現在HTMLコードで表記されるWebカラーの16進数表記の考え方と同じである (P.133〜P.134参照)。本書で提案するCMYカラーキューブ、RGBカラーキューブの原点にもなっている。

9-1 CMYカラーを数値でとらえる

これまで述べた配色法の基本は、絵の具で塗った色票や色見本帳などの色のサンプルや実物に照らし合わせ、目で確かめながら、**ムーン・スペンサー**の色彩調和法や色研のトーンに従ってきました。

その後は自分の感性に従って、色を塗り変えたり、色の材料を変更しながら調整をし、色彩計画を実施してきました。

この配色方法が、私たちが幼い頃から色の配合を学び、美しい配色を目指した色彩感覚を養うトレーニング法でした。

ところが実際のデザインの現場では、印刷媒体(メディア)であるカタログやポスター、新聞広告などをつくるために色を扱ったり、日常ではファッションやインテリアなどの配色を通して、私たちは色彩を感じ、色を選択しているのです。

こうした実際のモノを通したいわゆるアナログカラーは、先に述べたように**減法混色**という特性をもち、これらすべての色を再現するためにはC(シアン)、M(マゼンタ)、Y(イエロー)にK(黒:スミ)を加えた4つの原色(プロセスインキ)が必要であり、それらの色の再現には、それぞれの割合の数値によって可能となるという印刷技法論があります。

この理論はオフセットのカラー印刷によって、日頃、眼にしている印刷物で確認することができます。例えば、鮮やかな赤はM(マゼンタ)100%とY(イエロー)の100%でつくられ、青緑はC(シアン)100%とY(イエロー)が30%〜50%でつくられるといった具合で、すべての色の再現が可能となります。これにK(黒)を加えると、微妙な濁色もほぼ再現され、現在は、私たちをとり巻く日常の視界がカラー印刷によって違和感なく、とらえることができるようになりました。

資料編P.156〜P.159にはCMYKそれぞれの割合(0%〜100%)の組み合わせによる**プロセスカラーチャート**の一覧があります。印刷では、CMYKの掛け合わせでつくる色をプロセスカラーといい、金や銀、蛍光色などプロセスカラーでは再現できない色は、インクメーカーで調合された**特色**(スポットカラー)を使用します。プロセスカラーチャートや特色の色見本はPANTONE(パントン)やDIC、TOYO(東洋インキ製造)などからも市販されています(資料編P.166〜P.167参照)。

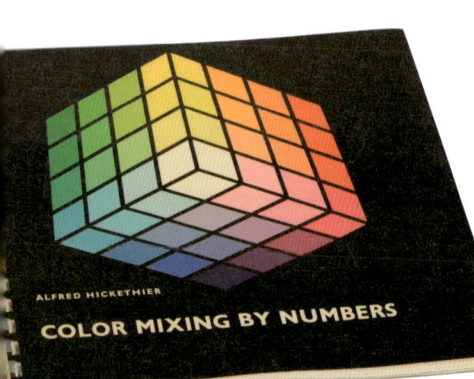

■ CMYの混色で二次色RGBをつくる

下の図では、左2列に2色のグラデーションを示し、右側は2色を掛け合わせた状態を示している。右側はCとM、MとY、YとCの色を20%きざみで掛け合わせたカラーマトリックスとなっている。まず三原色C、M、Yの2色ずつの組み合わせでできる二次色R、G、Bを確認しよう（P.116参照）。例えば、B（ブルー）はC（100%）とM（100%）でできることがわかる。CMYの数値は100/100/0（C/M/Y）である。Illustratorでは、各色のグラデーションの帯を重ねた後に、グループ化して「効果＞パスファインダ＞濃い混色」で混色効果が得られる。通常のパスとして扱いたい場合は、「オブジェクト＞アピアランスを分割」を選び、さらに「オブジェクト＞グループ解除」を行う。

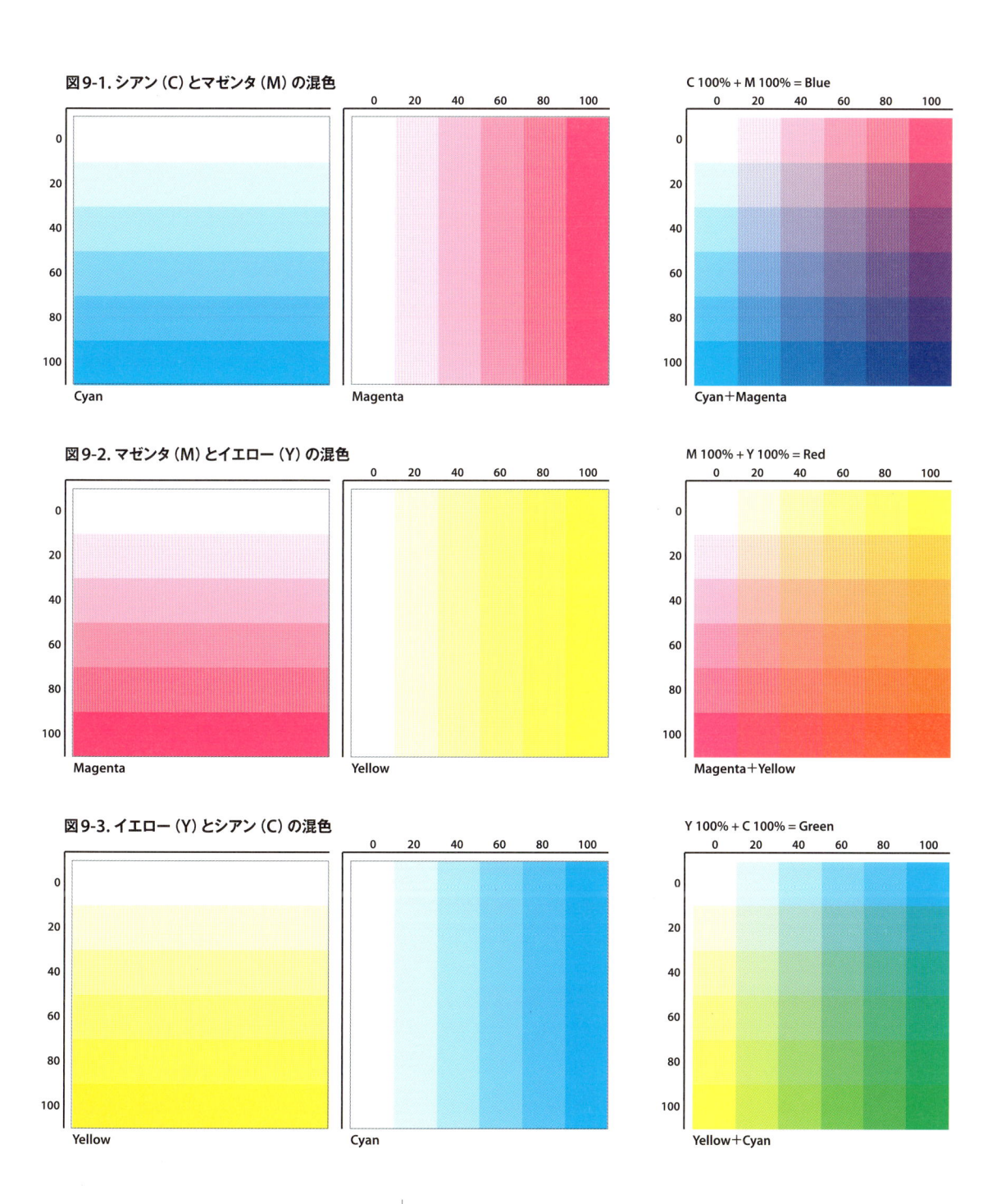

図9-1. シアン（C）とマゼンタ（M）の混色

図9-2. マゼンタ（M）とイエロー（Y）の混色

図9-3. イエロー（Y）とシアン（C）の混色

図9-4. CMY12色相一覧

一次色（三原色）

Cyan 100/0/0

三次色

Blue-purple 100/50/0

二次色

Blue 100/100/0

Red-purple 50/100/0

Magenta 0/100/0

Red-orange 0/100/50

Red 0/100/100

Yellow-orange 0/50/100

Yellow 0/0/100

Yellow-green 50/0/100

Green 100/0/100

Blue-green 100/0/50

Cyan 100/0/0

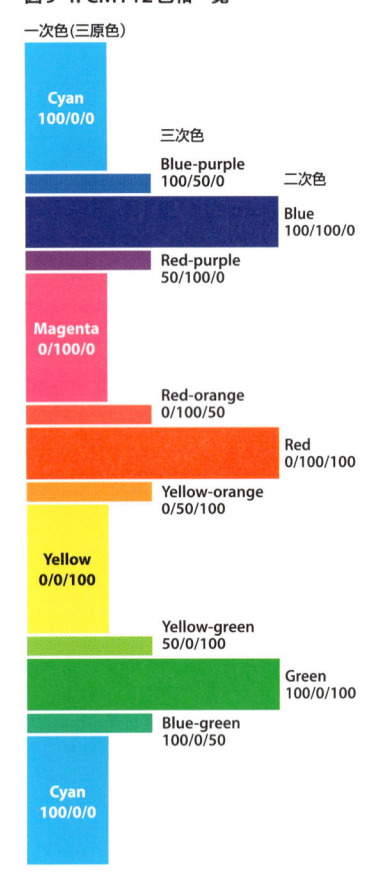

図9-6でCMYの12色相のカラーキューブを示したが、本図は縦に並べた一覧である。三原色のCMYの間に、二次色のRGBがあり、各三原色と各二次色の間に三次色がある。色の英文名はこの一覧で見るとわかりやすい。

9-2 CMYカラーキューブの12色相

資料編のプロセスカラーチャートP.156～P.159を見ると、色の表示が数値だけで、デジタルカラーは複雑そうで一見わかりにくそうな印象です。実際に、デジタルカラー理論を理解せずに、IllustratorやPhotoshopを使っても、カラーパネル上で色を感覚的に選ぶことになってしまいます。それだけでは、いつまでもデジタルカラーを使いこなすことができないばかりか、マンセルシステムやPCCSで学んだ色彩知識を発揮できません。

ここでは、CMYカラーの原理を理解し、マンセルシステムやPCCSの色彩感覚をデジタルカラーへスムースに移行できるような橋渡しとなる部分を解説していきます。

まず、図9-1から9-3までを見て下さい。**絵の具の三原色**であるCMYの各2色のグラデーションを縦・横方向に並べています。それぞれの色を重ね合わせた状態が右端の列です。

図9-1のC（シアン）、M（マゼンタ）の掛け合わせを見ると、一番右下の色はC100%とM100%となり、B（ブルー）になります。同じように、図9-2はM100%とY100%でR（レッド）、図9-3はY100%とC100%でG（グリーン）です。全体の色を数値で見ると、インクの濃度（%）が大きいほど濃い色になり、小さくなるほど色が淡く明るくなっていくのがわかります。

これで、絵の具の三原色であるCMYによって、**二次色のRGB**ができることがおわかりでしょう。ここで、各色の数値を整理してみましょう。本書では、数値をCMYの順に並べ、スラッシュ（/）で結びます。例えば、R（レッド）は、C0%、M100%、Y100%なので、0/100/100と表記します。

C（シアン）	100/0/0
M（マゼンタ）	0/100/0
Y（イエロー）	0/0/100
B（ブルー）	100/100/0
R（レッド）	0/100/100
G（グリーン）	100/0/100

次に、図9-5、図9-6を見て下さい。ここでは、CMYの2色ずつの掛け合わせを立体的に配置して**CMYカラーキューブ**（色立体）として考えてみましょう。

図9-6のキューブ（立方体）の上面手前角にW（ホワイト）を置き、右上に向かってC（シアン）、左上に向かってM（マゼンタ）を20%ずつ加えてい

■ CMYによるカラーキューブ（色立体）

図9-1、図9-2、図9-3でCMYの2色ずつの混色をチャートにして確認したが、これをカラーキューブ（色立体）にして考えてみよう。立方体の上面手前のWhite（C0/M0/Y0）を基準とし、左にMagenta 0/100/0、右にCyan 100/0/0を配置する。BlueはMagentaとCyanを掛け合わせた100/100/0となり、奥に配置されることになる。そして、上面手前のWhiteから下に向かってYellowを加えていく。0%から100%まで6段階（20%ずつ）でCMYの値が変化し、すべてで216色となる。上面、左右の面は図9-1、図9-2、図9-3に対応することになる。

図9-5. 色立体におけるCMYの濃度の変化

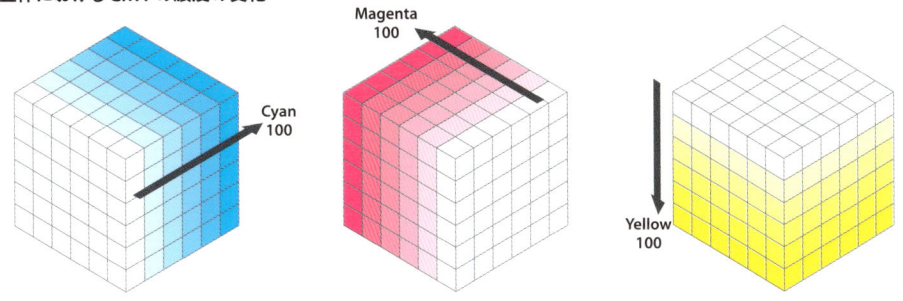

CMYの色立体のなかで、各CMYの濃度変化とその方向が確認できる。

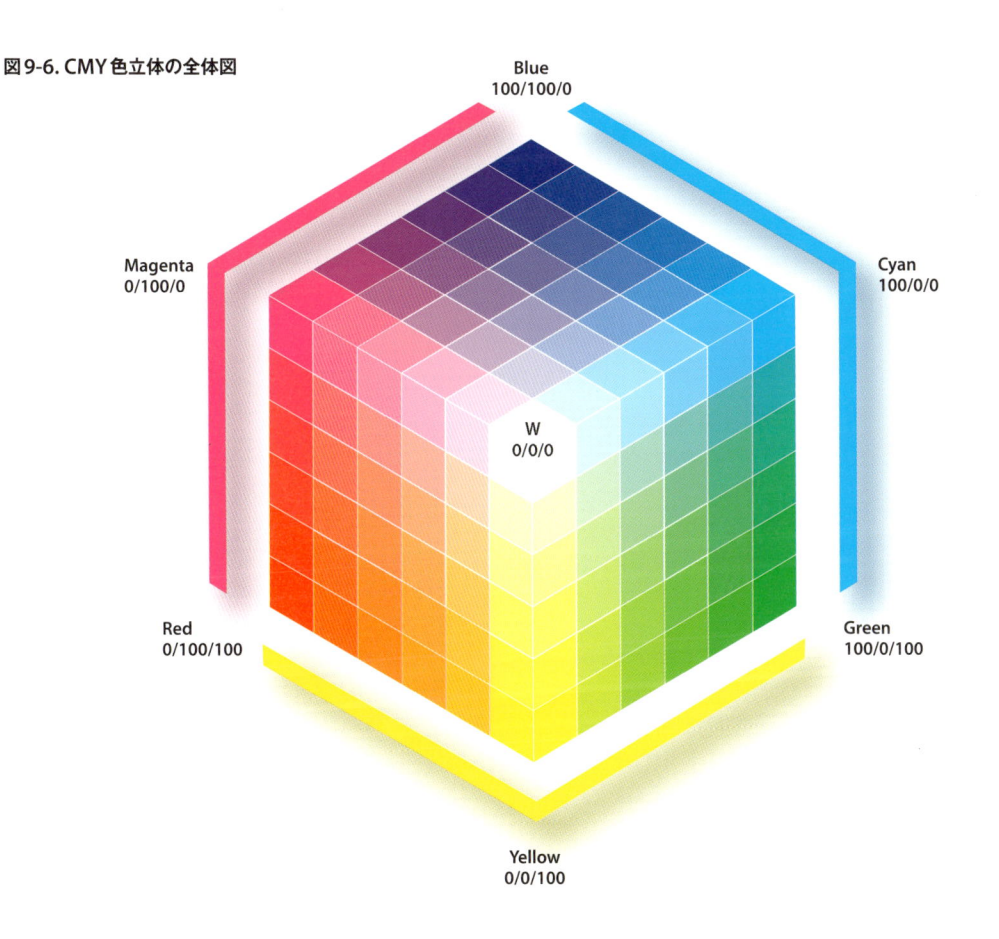

図9-6. CMY色立体の全体図

Blue 100/100/0
Magenta 0/100/0
Cyan 100/0/0
W 0/0/0
Red 0/100/100
Green 100/0/100
Yellow 0/0/100

CMYを掛け合わせたカラーキューブ。三原色のCMYとその二次色RGBが各頂点に配される。

9. デジタルカラーの配色法

図9-7. 三次色を加えたCMYカラーキューブ

図9-6でCMYの色立体を見たが、本図では三原色のCMYと二次色のRGBの各中間に三次色をマルで示した。各色の数値は、CMYの順に並べ、例えば、レッドは0/100/100となる。三次色のCMYの各値は0、50、100のいずれかであることがわかる。

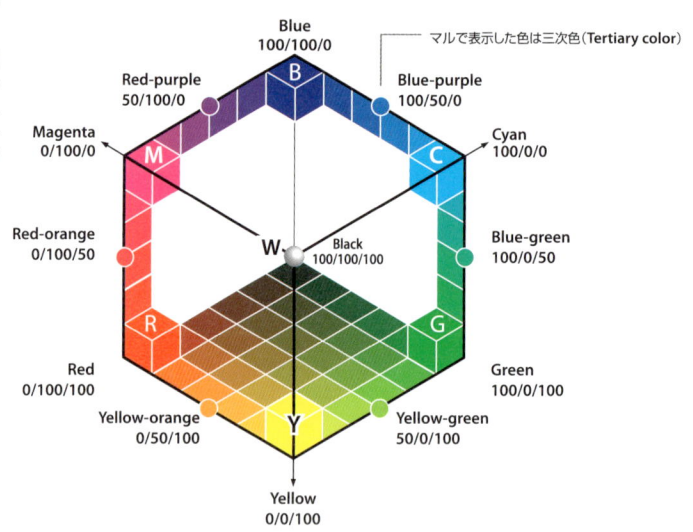

きます。これによって、上面奥の色はCMYが100/100/0となりB（ブルー）となります。これは図9-1と同じで、見る方向が異なるだけです。

図9-6の2段目の色は、最上段のC、MのカラーチャートにY（イエロー）を20％ずつ加えていきます。一番下の段の角の色は、最上段の角の色W、C、B、MにY100％が加わり、Y、G、Blk（黒）、Rになります。図9-6ではBlk（黒）は見えません。一段分6×6=36色で6段あるので、カラーキューブ全体で36色×6段=216色です。

こうして、カラーキューブの角にある色CMYRGBの6色を眺めると、カラーサークルの色の順にならんでいることに気がつきます。

ここで、さらに三原色CMYと二次色RGBの間の**三次色**を考えてみましょう。図9-7のように、CMYRGBの6色の中間が三次色です。これで、三次色の6色を加えると、計12色となりました。この12色を**CMYカラーシステム**の基本色相として、デジタルカラーを理解していくといいでしょう。

図9-4は、CMYカラーシステムの12色を縦に並べた一覧表です。縦長の四角は三原色CMY、横長の四角は二次色RGB、三原色と二次色の間にあるのが三次色です。

あらためて、CMYカラーシステムの12色相を円環状に配置すると図9-8になります。図9-9のCMYカラーキューブでは、Blk（黒）を手前にしてR（レッド）を12時の位置になるように眺めるとカラーサークルと同じです。

これからは、デジタルカラーで配色を検討する場合には、三原色CMYと二次色RGBを基本の6色、その間の三次色を加えた計12色のカラーサークルを基準にして、CMY値で色をコントロールしましょう。

また、CMYカラーキューブを実際につくってみると、より理解が深まります。図9-10は私が授業の指導用に作成したCMYカラーキューブの展開図です。右側の無段階のグラデーションの展開図も作成してみると、美しいカラーキ

図9-8. CMYカラーによる12色相カラーサークル

R
0/100/100

0/100/50
Red-orange

0/50/100
Yellow-orange

M
0/100/0

Y
0/0/100

50/100/0
Red-purple

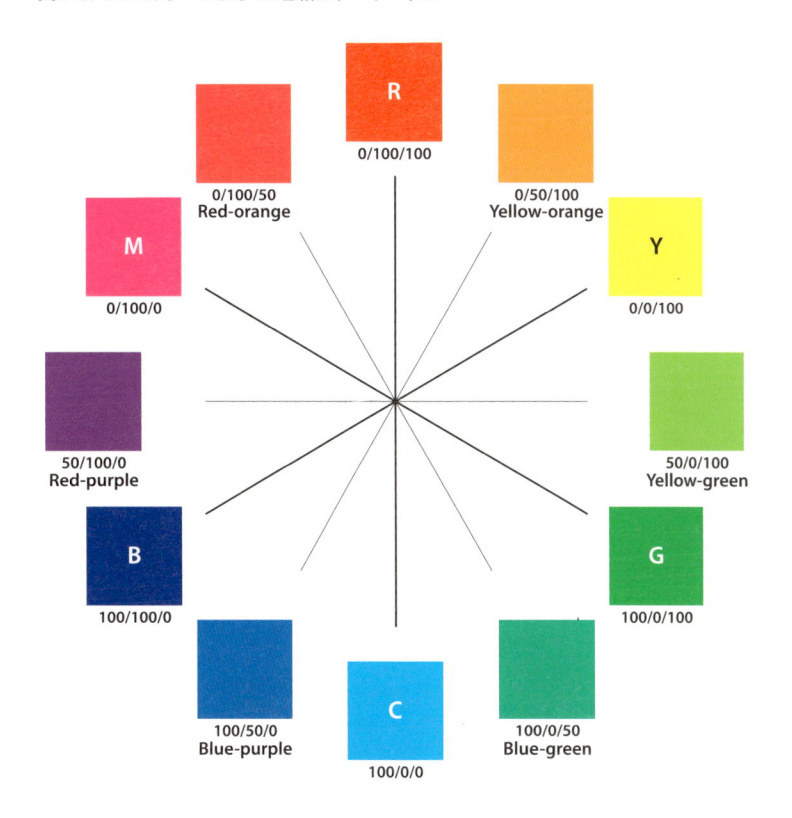

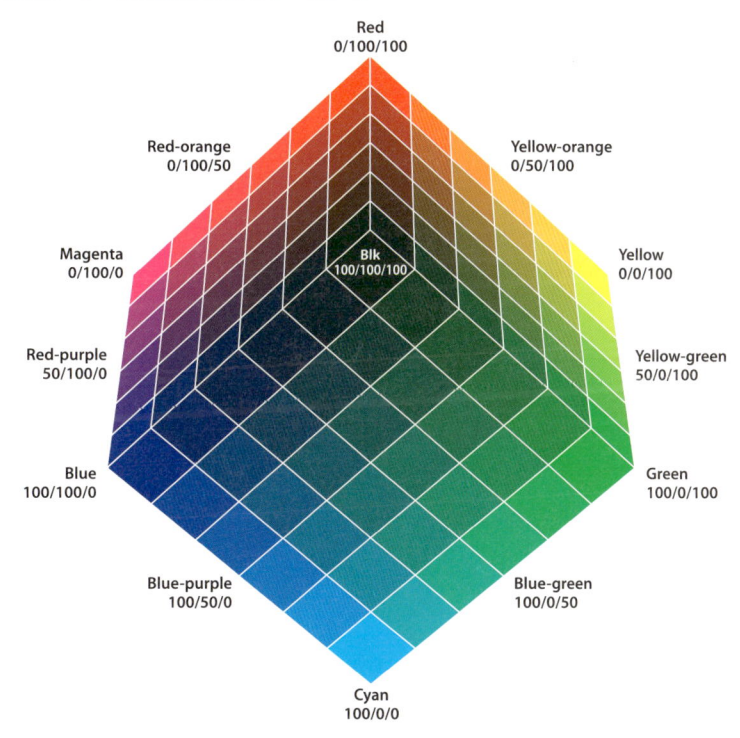

50/0/100
Yellow-green

B
100/100/0

G
100/0/100

100/50/0
Blue-purple

100/0/50
Blue-green

C
100/0/0

図9-9. カラーサークルと同じCMYカラーキューブ

Red
0/100/100

Red-orange
0/100/50

Yellow-orange
0/50/100

Magenta
0/100/0

Blk
100/100/100

Yellow
0/0/100

Red-purple
50/100/0

Yellow-green
50/0/100

Blue
100/100/0

Green
100/0/100

Blue-purple
100/50/0

Blue-green
100/0/50

Cyan
100/0/0

127 | 9. デジタルカラーの配色法

図9-10. CMYカラーキューブの展開図
図は指導用に作成したCMYカラーキューブの展開図。20%きざみの216色と無段階の2つ。実際に組み立てて、理論と照らし合わせながら見ると理解しやすい。

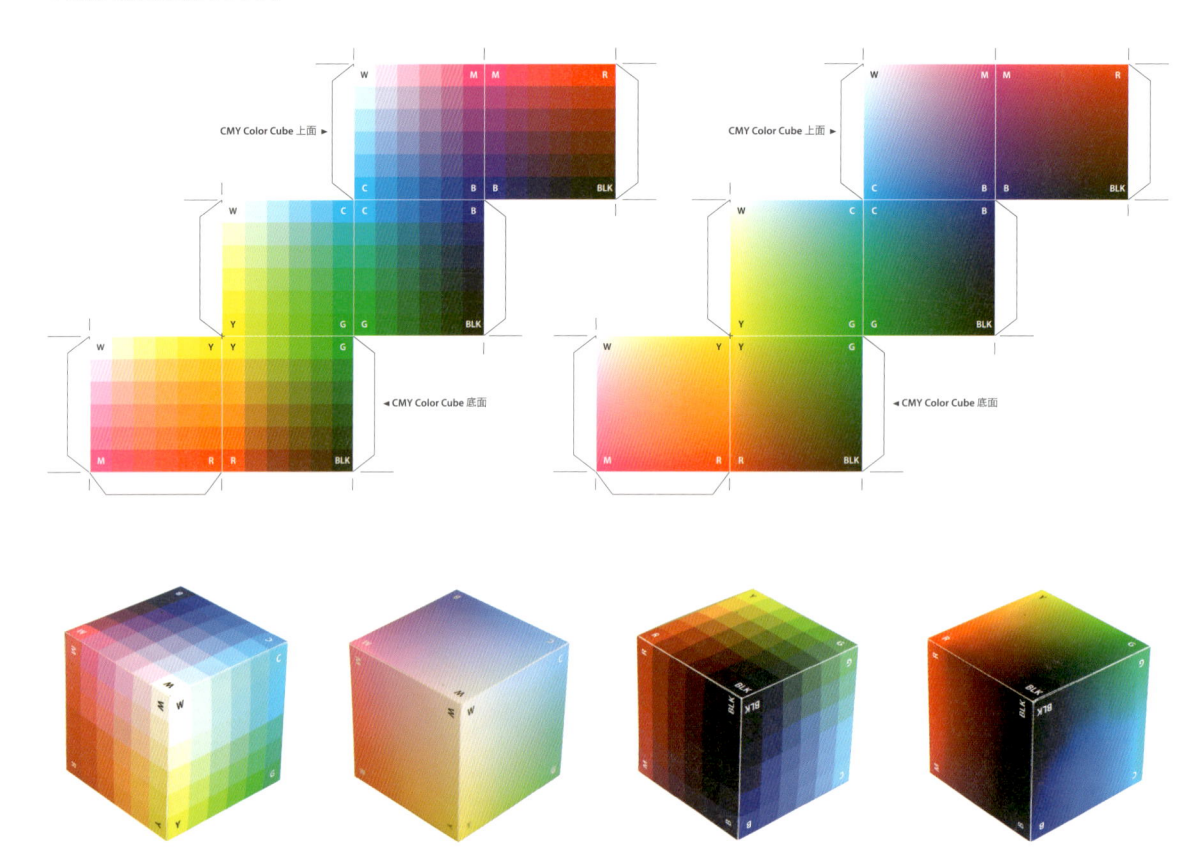

展開図から組み立てたCMYカラーキューブ

ューブになります。上4点は、ケント紙に印刷した展開図を実際に組み立てたものです。私の授業では、学生は自分で組み立てたカラーキューブを片手にデジタルカラーの演習に取り組んでいます。

9-3 CMYKで配色を考える

デザインや印刷関連の専門家やデザイナーは、印刷の色指定をする際に現実的な問題として、かつての絵の具や布地など自分でつくり出した色見本や印刷色見本帳のチップを貼りつけていました。現在では最も正確で色再現が確実な方法として、CMYKのそれぞれの割合で指定する方法が一般的となりました。

こうした三原色＋K（黒）の割合や濃度で、全ての色が表示できるのですが、ところがこの数値の組み合わせで色をイメージし、配色するためには、初めはカラーチャートから色を選びながらもう一方の色を決め、調和させなければならず、慣れるまでには相当のトレーニングが必要となります。

これをグラフィックソフトのカラーパネル上で操作をすればずっと容易に、

■ CMYカラーキューブで色相の変化を見る

CMYカラーキューブを使って、色相の変化を確認しよう。左列のカラーキューブのように、6面のうち2面ずつ取り出し、右列に2面のチャートを表示している。明るい灰色と暗い灰色の矢印が面の移動を示しており、カラーキューブ内の矢印に対応する。色相の変化は、カラーキューブの辺上に矢印で表し、右のカラーチャート上では白の点線で示している。例えば、上段では、M（マゼンタ）からスタートし、R、Yを経てG（グリーン）にたどりつく。カラーサークル上で180°変化したことになる。各CMYの数値と色相の変化を確認しながら、CMYカラーキューブを見てほしい。

図9-11. M（マゼンタ）からG（グリーン）までの色相の移動

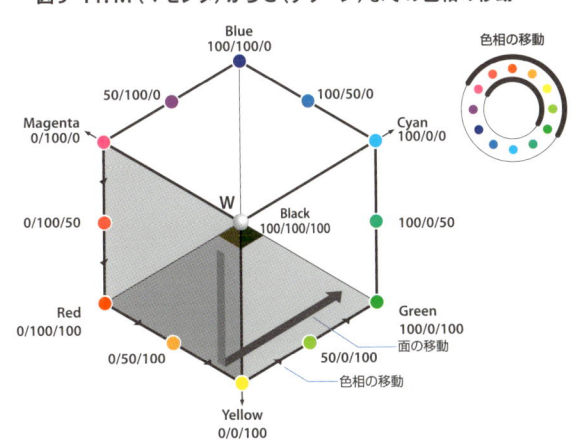

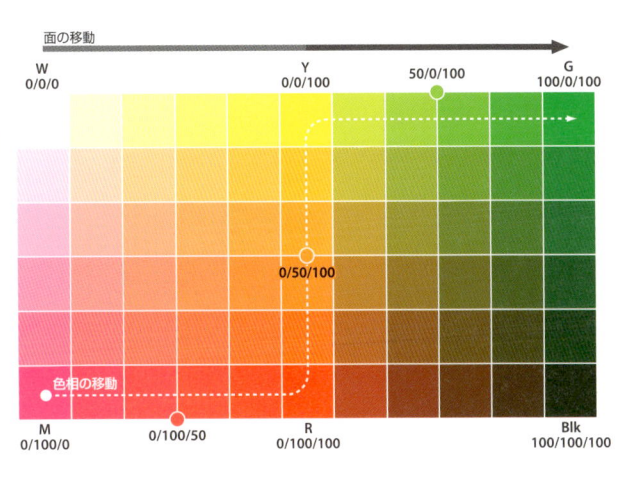

図9-12. Y（イエロー）からB（ブルー）までの色相の移動

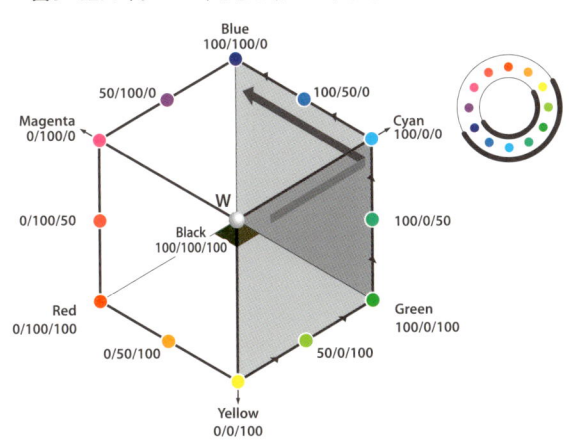

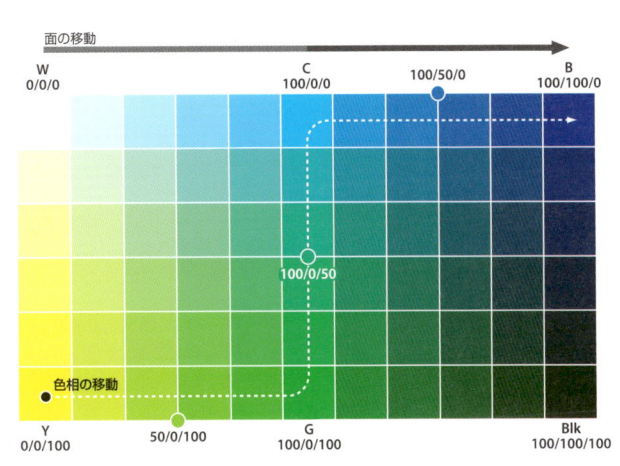

図9-13. C（シアン）からR（レッド）までの色相の移動

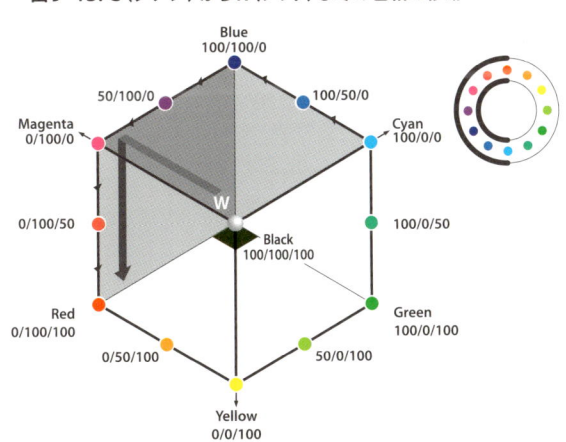

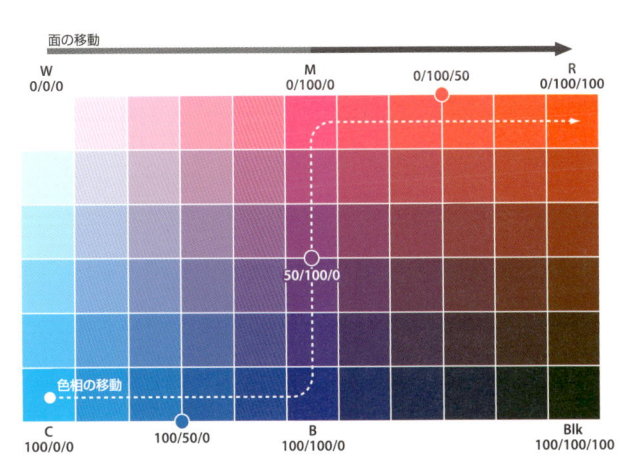

■ CMYカラーサークル12色相のCMY値と明度変化

図9-14では、CMYカラーサークルの12色相の各CMYの数値をグラフにして表示している。基本の6色相のCMY値の変化が視覚的にわかる。さらにその下には三次色の数値も追加しているので、色相とCMY値の変化の相関関係を感覚的にとらえるとよいだろう。次に、各色相をグレースケールに変換し、明度がわかるようにK（スミ）の値を表示している。これを図9-15で、グラフ化した。最もYの明度が高く、次いでCとなっている。一方、B、Rの明度が低いことが理解できるだろう。全体的には、三原色のCMYを掛け合わせた二次色RGBの明度は、いずれもCMYよりも低いことがグラフから読み取れる。

図9-14. CMY値の変化

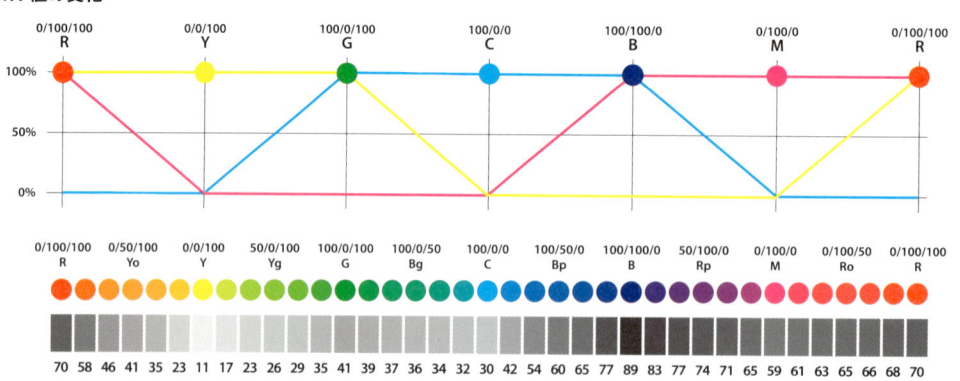

図9-15. 明度の比較

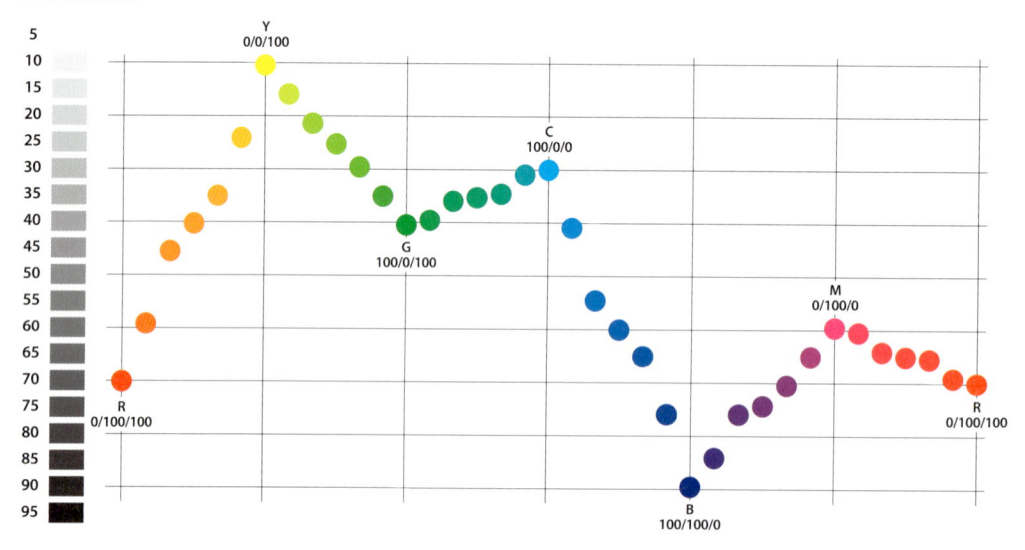

対比する色との相性もモニター上で確認でき、よい配色づくりに役立ちます。ところが、色彩調和の原理やその他の調和理論を理解せずに、漠然とスライダーを移動しながら色決めしていると、よい配色をつくり出すことは難しいでしょう。つまり、CMYKやRGBの数値操作による配色法であっても、その基本は色材によるアナログ配色からの色彩調和法の考え方にあります。

常にアナログで培ったみなさんの色彩感覚を、デジタルやCMYという色の三原色に置き換えて考える頭の切り替えが求められるのです。

■ CMYカラーキューブによるCMYカラーチャート

図9-5、図9-6で学んだCMYカラーキューブの作成に従って、CとMを掛け合わせたチャートにYを加えていく方法で示した216色のカラーチャート。

図9-16. CMをベースにYを20%ずつ加えた216色のカラーチャート

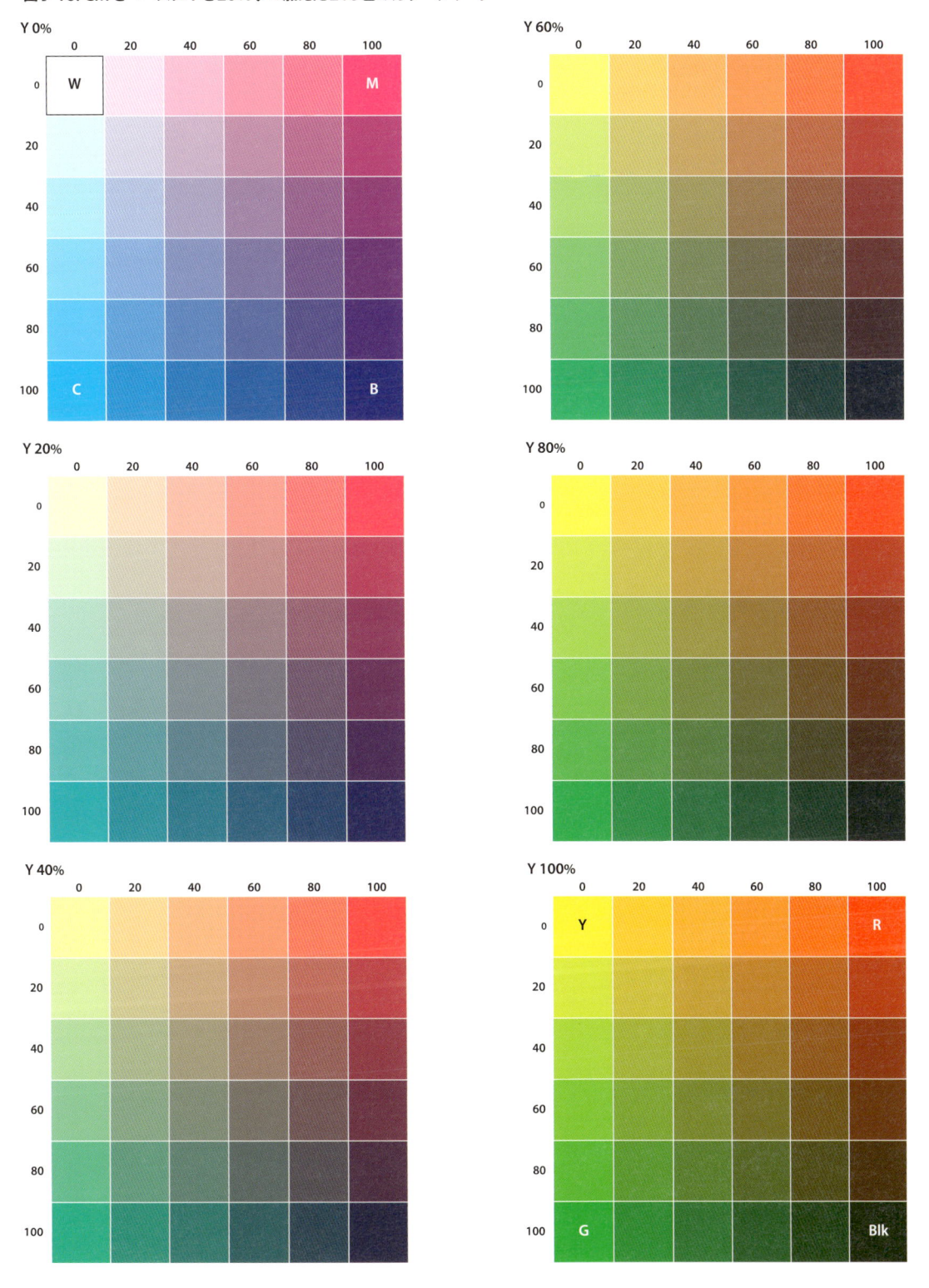

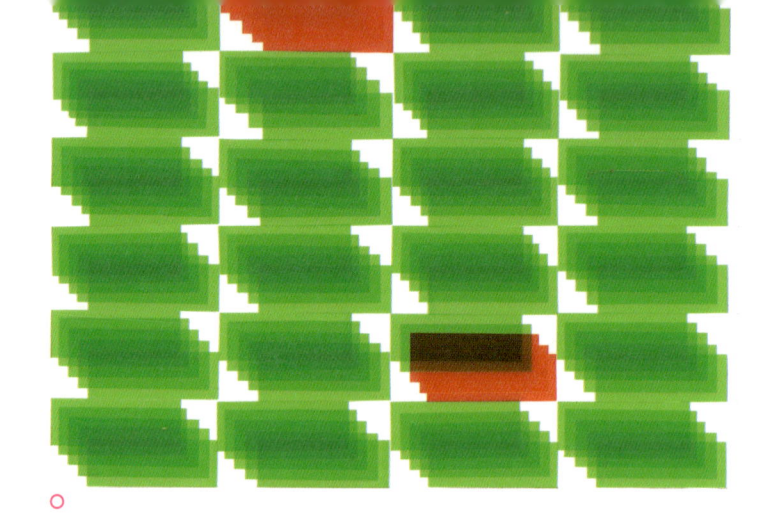

「GALLERY SUGIE」ポスター　澤田泰廣　2006
杉江画廊
面積比に差をつけた赤から黄緑までの連続多色の配色。
グラデーションの色面に少量の鮮やかな色を配すること
で、発光しているようにも見える。

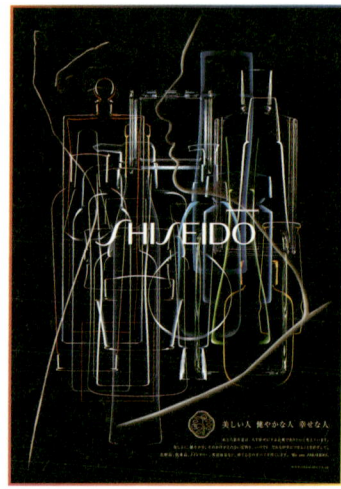

「We are SHISEIDO」新聞広告　山田尊康　2003
資生堂
黒を基調にわずかな有彩色のハイライトを重ねたシックな
配色が企業イメージを彷彿とさせる。

しかし面倒なことばかりではありません。例えば、図9-6のように上のWから左上へ向かってM（マゼンタ）が加わりM100となります。この列の色は白からマゼンタに移動する**同一調和**（P.44参照）となるので、**明度差をつけて**、一つ置きぐらいの2色は調和します。またMから下方へ移動すると、Y（イエロー）が加わり、ついには赤（M100、Y100）となります。この列はマゼンタから赤の色相へ変わる**類似調和**となります。こうしてでき上がったチャートの斜めの方向は、常に類似調和となっているので、このチャートを用いると少なくとも同一調和、類似調和は、たやすく配色することができます。Kなどを加えたチャートは、さらに高度な類似調和のチャートとなります。資料編P.156、158、159にあるようなCMYとKのチャートを上手く使いこなすと、従来のアナログの調和法をベースにCMYKの配色法が意外なほど簡単にできるので、是非実行してみてください。

そのうちにC80%とY50%のとき、こういう色になるだろうとイメージできるようになります。そして、これに合わせる配色の色のCMY値がすばやく割り出せるのです。こうなったらCMYKの配色法は手ばなせなくなります。

9-4 RGBカラーの原理とWebカラー

すでに8章で、**色光の三原色RGB**について学びました。テレビやコンピュータ上で色を再現する方法は、RGBの3色光の割合、すなわち発光の強さでさまざまな色を表現しています。繰り返しになりますが、色光の強さを0から255までの256階調（段階）で調整するので、256×256×256＝16,777,216色の出力が可能になります。特にデジタルカラーでRGBカラーを考える場合、約1677万色の**フルカラー表示**を24bit表示ともいいます。これは、各RGBが2^8（つまり8bit）の256階調で表現され、3色合わせて24bitということなのです。

P.117の図8-7のように、赤（R）は255/0/0（R/G/B）、グリーン（G）は0/255/0、ブルー（B）は0/0/255のようになります。例えば、イエロー（Y）はレッド（R）とグリーン（G）を合わせた色なので、255/255/0（R/G/B）

図9-17. RGBとWebカラーの表記

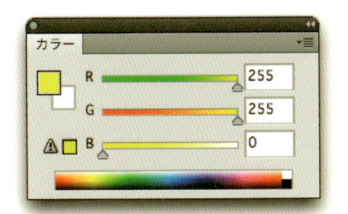

RGBスライダー

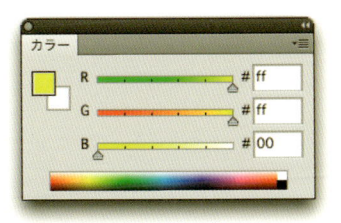

Webカラースライダー

RGBで255/255/0のY(イエロー)を、Webカラースライダーで表示した状態。

で表します。

RGBは、光の三原色といわれ、RGBの発光をすべて重ね合わせた時、つまり255/255/255（R/G/B）で白色光となります。また、RGBの色光いずれもが全く発光されないときは、0/0/0（R/G/B）となり、Black（黒）です。RGBは、色光を重ねることによって明るくなるので、**加法混色**といいます。

そこで、RGBカラーを理解する手段として、**RGBカラーキューブ**を使ってみましょう。結論からいいますとRGBカラーキューブは、新しい理論を学ぶのではなく、実はCMYカラーキューブと同じなのです。ただ、色光の原理に従ってカラーキューブをつくっていくだけです。

まず、RGBカラーキューブをつくるために、**Webセーフカラー**について説明しましょう。Webサイト（ホームページ）のRGBカラーは、**HTMLコード**で書かれています。難しそうに聞こえますが、10進数をHTMLでは各RGB値を00〜FFという16進数に置き換えられているだけなのです。

16進数による表記は、0、1、2、3、4、5、6、7、8、9、A、B、C、D、Eの英数字を使用し、頭に#を付けた6桁です。つまり、#000000から#FFFFFFとなり、場合の数は16の6乗で、16×16×16×16×16×16＝16,777,216色です。Photoshopなどでの10進数のRGB値の表記と同様に、256×256×256＝16,777,216色と同じになります。

図9-17の上は、カラーパレットのRGBスライダー、下はWebカラースライダーの表示です。同じY（イエロー）がRGBでは255/255/0（R/G/B）と表されますが、Webセーフカラーでは、RGBそれぞれが、FF、FF、00となっています。HTMLコードでは、#○○○○○○の値は、左2桁がR、中2桁がG、右2桁がBを表し、#FFFF00と書きます。

特にWebカラーの中でも、Mac OSとWindowsで共通する216色のWebセーフカラーが基本となっています。上記の16進数で表記される各RGB値00〜FFまでのうち、「00」、「33」、「66」、「99」、「CC」、「FF」の6段階だけ使用し、6×6×6＝216色がWebセーフカラーとなっています。

下は、**RGB値（10進数）**と**HTMLコード（16進数）**の対照表です。

10進数 (RGB値は0〜255で表記)	0	51	102	153	204	255
16進数 (Webセーフカラーは00〜FFの6段階)	00	33	66	99	CC	FF

図9-18は、Photoshop上のカラーパネルで、各色をWebカラースライダーで表示した状態です。P.117の図8-7と比較して見て下さい。

図9-18. Photoshopのカラーパネル（Webカラースライダー）

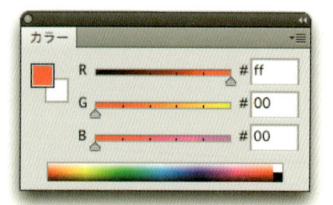

Red（レッド）#FF0000（255/0/0）

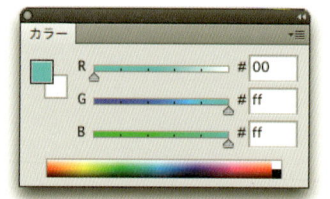

Cyan（シアン）#00FFFF（0/255/255）

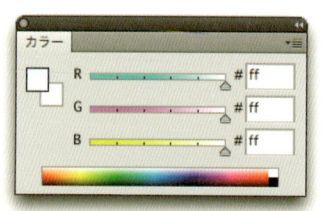

White（ホワイト）#FFFFFF（255/255/255）

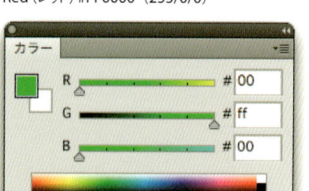

Green（グリーン）#00FF00（0/255/0）

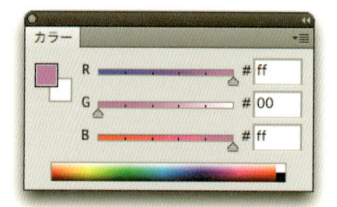

Magenta（マゼンタ）#FF00FF（255/0/255）

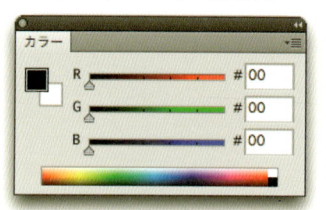

Black（ブラック）#000000（0/0/0）

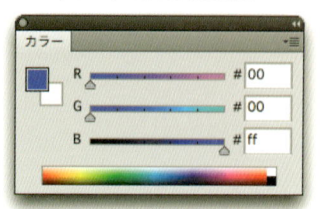

Blue（ブルー）#0000FF（0/0/255）

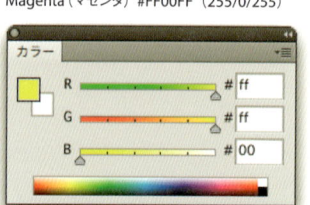

Yellow（イエロー）#FFFF00（255/255/0）

9-5 WebカラーによるRGBカラーキューブ（色立体）

RGBカラーキューブは、Webセーフカラーで使われている「00」、「33」、「66」、「99」、「CC」、「FF」の6段階だけ使用し、6×6×6＝216色で構成されます。図9-19のように、キューブ（立方体）の底面奥を#000000（0/0/0）のBlkとして、左下に向かってR、右下に向かってGを6段階で増やしていきます。底面手前角はRとGの掛け合わせで#FFFF00（255/255/0）のYとなります。底面の数値は図9-20を参照して下さい。これで、RGBカラーキューブの底面ができ上がりました。

今度は、図9-21のように、底面のRとGの掛け合わせのチャートを上段に向かってBを増やしていきます。最上段の手前角は#FFFFFF（255/255/255）のWになります。BはCに、RはMに、BlkはBになります。

このRGBで配色を考える場合、最も大切なことは、あくまで私たちが従来、育んできたアナログの色彩感覚で色をとらえるということです。モニター上に見える色は、そのまま絵の具でつくられた色と同じであると考え、配色計画を立てることです。画面上に映っているイエローはレッドとグリーンの色光が合わさった色であることを考える必要もないのです。つまり、黄色の絵の具もモニター上のイエローも同一色として認識しないと、日頃私たちが配色をコーディネートするときの障害になってしまいます。

色光でさまざまな色がつくられるプロセスは、知らなくてもよいブラックボ

■ RGBカラーキューブの原理

HTMLコードの216色で構成されている色立体を考えると、色立方体は図9-19のようになる。立方体の底面奥のBlack（#000000）を基準とすると、Redは#FF0000、Greenは#00FF00、Blueは#0000FF、Whiteは上面手前角の#FFFFFFとなる。ここで色立方体の底面のHTMLコードを入力してみると、図9-20のようになる。さらに、Blueのコードを順次、33、66、99、CC、FFに上げて並べてみると、図9-21のようになる。

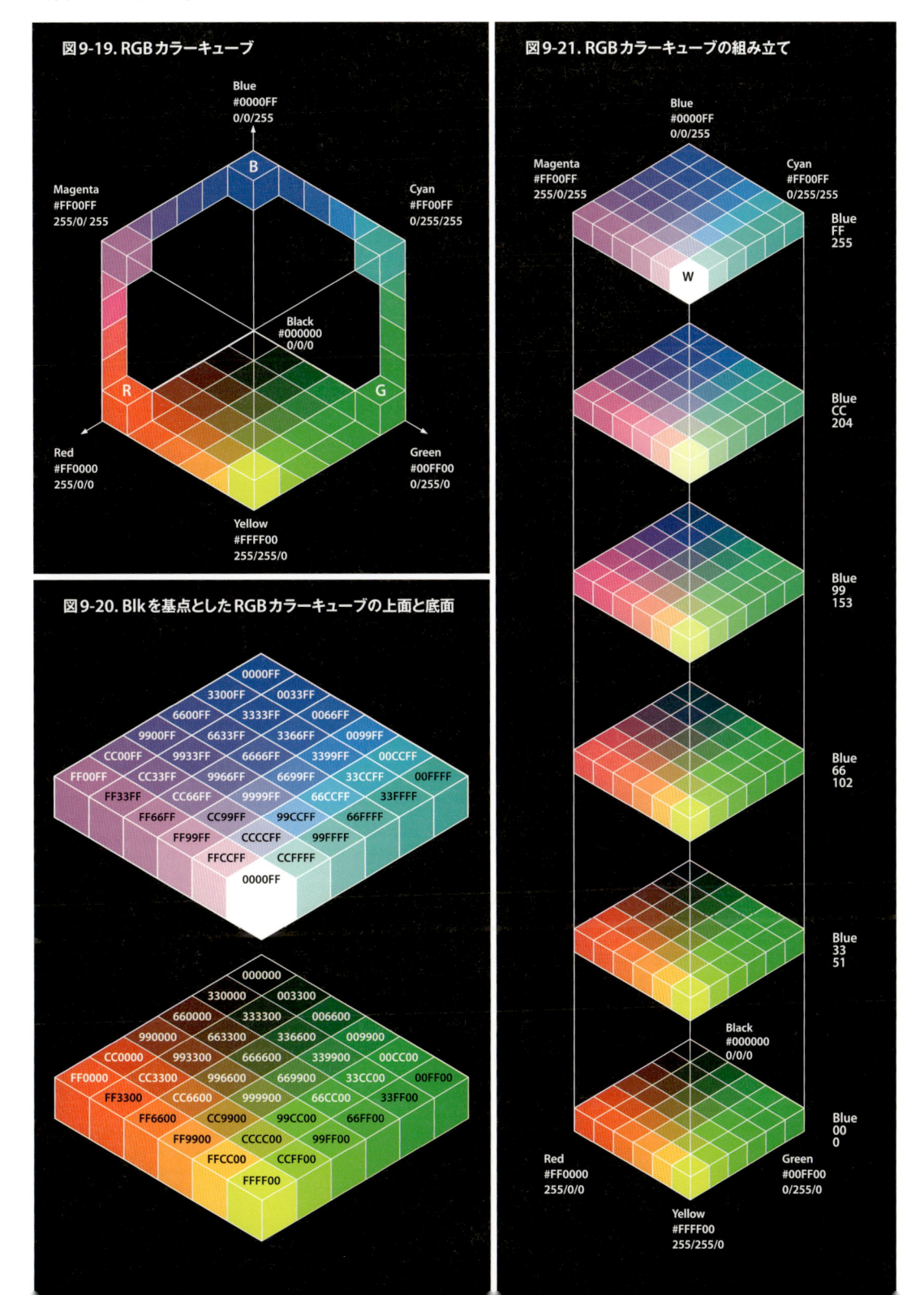

図9-19. RGBカラーキューブ

図9-20. Blkを基点としたRGBカラーキューブの上面と底面

図9-21. RGBカラーキューブの組み立て

図9-22. WebセーフカラーによるRGBカラーキューブ

Blue
#0000FF
0/0/255

Magenta
#FF00FF
255/0/255

Cyan
#00FFFF
0/255/255

Red
#FF0000
255/0/0

Green
#00FF00
0/255/0

Yellow
#FFFF00
255/255/0

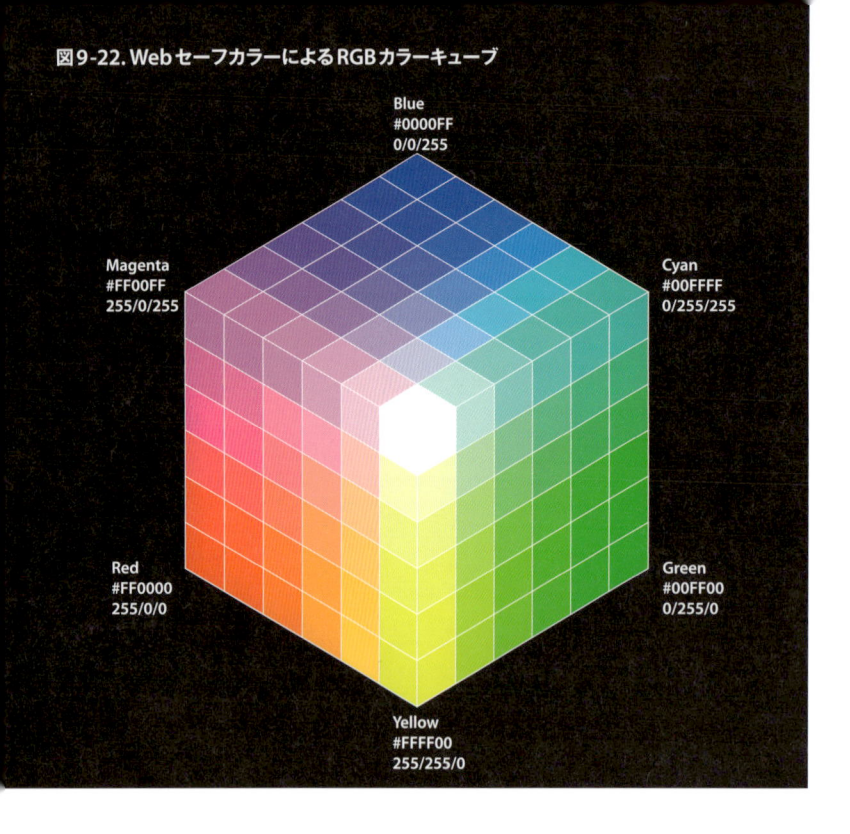

ックスの中の話なのです。だからこそ、コンピュータのデスクトップ上で、IllustratorやPhotoshopのカラーパレットのように、便利なツールや機能が開発されたともいえるでしょう。

カラーパレット上で色を選択したり、カラースライダーを調節して色をつくることは、絵の具で色を混ぜる感覚と同じようにできるのです。デスクトップ上で色をつくる作業は、パレットから感覚的に色を選択したり、数値で色をつくり出せるので、絵の具の混色や色を塗る作業が省かれ、効率的に色をつくり出す最大のメリットでもあるのです。また、モニターを見ながら色を簡単に比較したり、修正することも瞬時にできるので、より多くの配色を検討できることが、デジタルカラーの利点です。

しかし、コンピュータで配色すれば、美しいイメージになるわけでもありません。配色は、あくまでも私たち自身の色彩感覚がつくり出すのです。最後は、アナログな配色力の色彩センスにかかっています。

特に、印刷物を想定したデザインで、配色を決めるときには、アナログ感覚で色をとらえるために、モニター上の色で判断せず、プリンターで出力しながら検討することが大切です。モニター上の色光と印刷された色は、完全に一致することはありません。印刷された色を確認しながら、色を修正して配色を考えましょう。

最後になりましたが、色彩センスを高め、高度な配色力を養うためには、本書で述べてきた配色理論で、あなた自身のアナログ感覚を洗練させ、トレーニングしていくことが最も大切です。

■ **RGBの総和で明度の高低をとらえる**

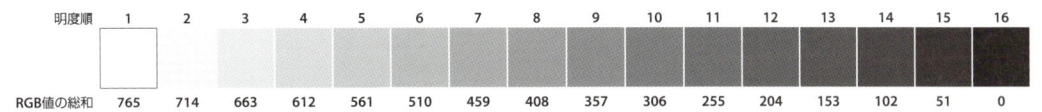

Webカラーキューブを構成する216色のRGB値の総和の一覧である。RGB値の和は、16段階に分かれ、明度の高低を示すことになる。右側はグレースケールに変換した状態で、視覚的に明度がわかるようにした。

明度順	1	2	3	4	5	6	7	8	9	10	11	12	13	14	15	16
RGB値の総和	765	714	663	612	561	510	459	408	357	306	255	204	153	102	51	0

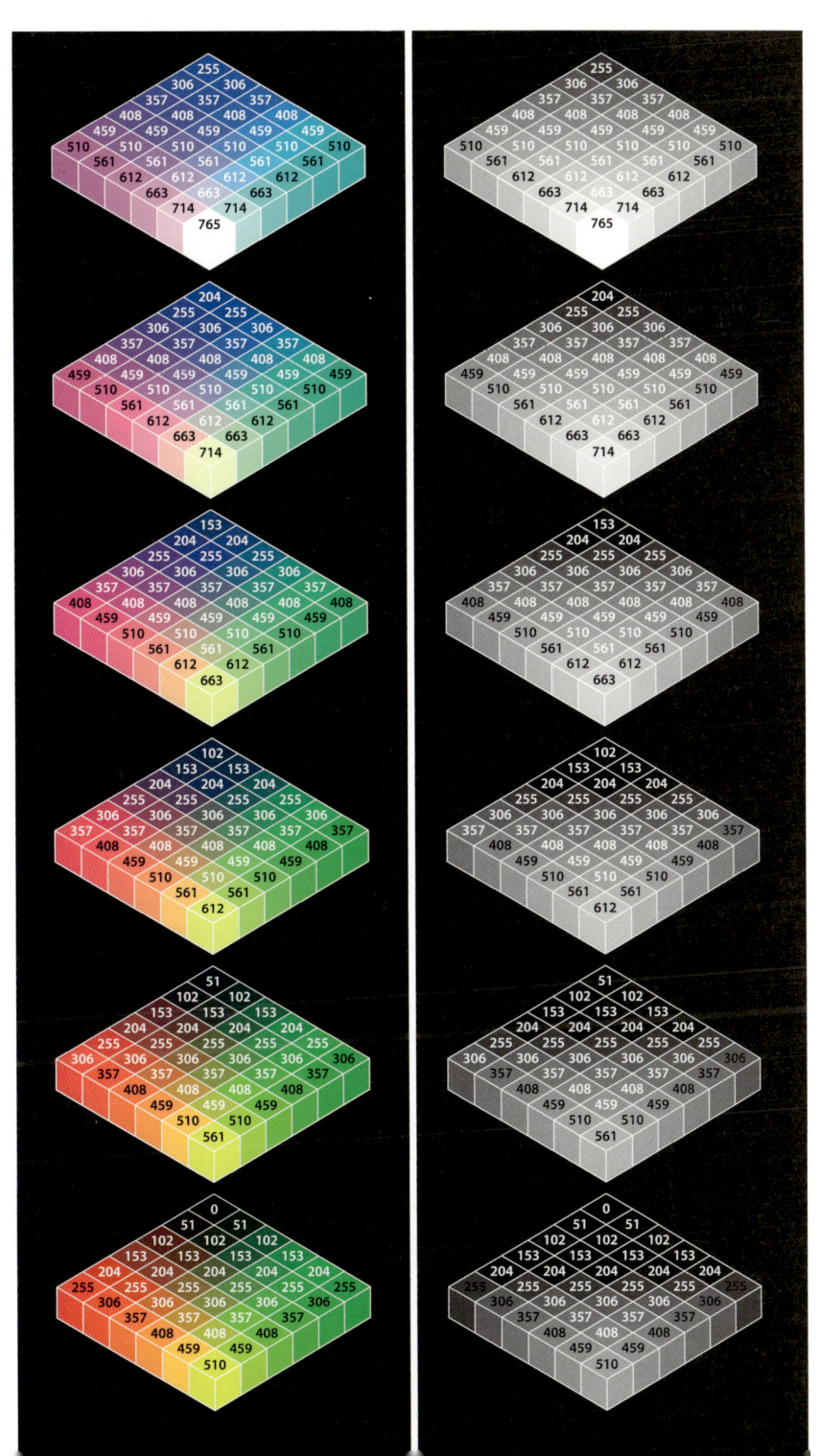

■ RGBカラーキューブ216色の明度順一覧

RGBカラーキューブ216色を明度16段階別にした一覧である。Photoshop上での画像処理やWebデザイン、CGアニメーションなどRGBで配色計画するときに参考にしたい。P.137を参照しながら見てほしい。

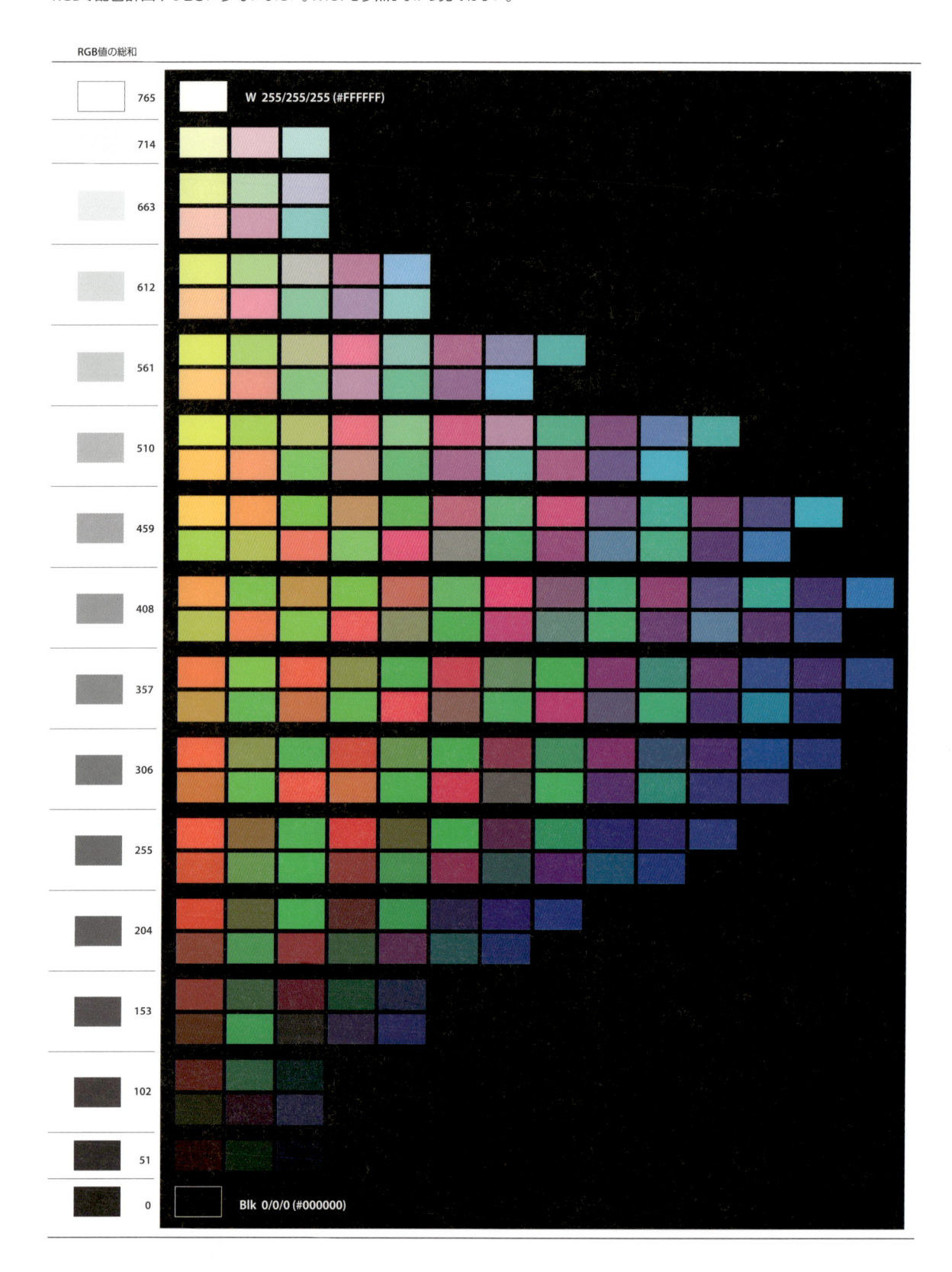

RGB値の総和

- 765 　W 255/255/255 (#FFFFFF)
- 714
- 663
- 612
- 561
- 510
- 459
- 408
- 357
- 306
- 255
- 204
- 153
- 102
- 51
- 0 　Blk 0/0/0 (#000000)

■ 8方向から見るWebカラーキューブ（色立体）

Webカラーキューブ（色立体）の8方向から見えるそれぞれの透視図を示した。

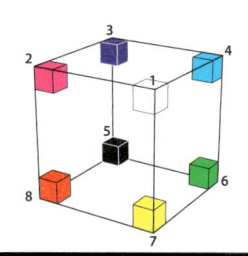

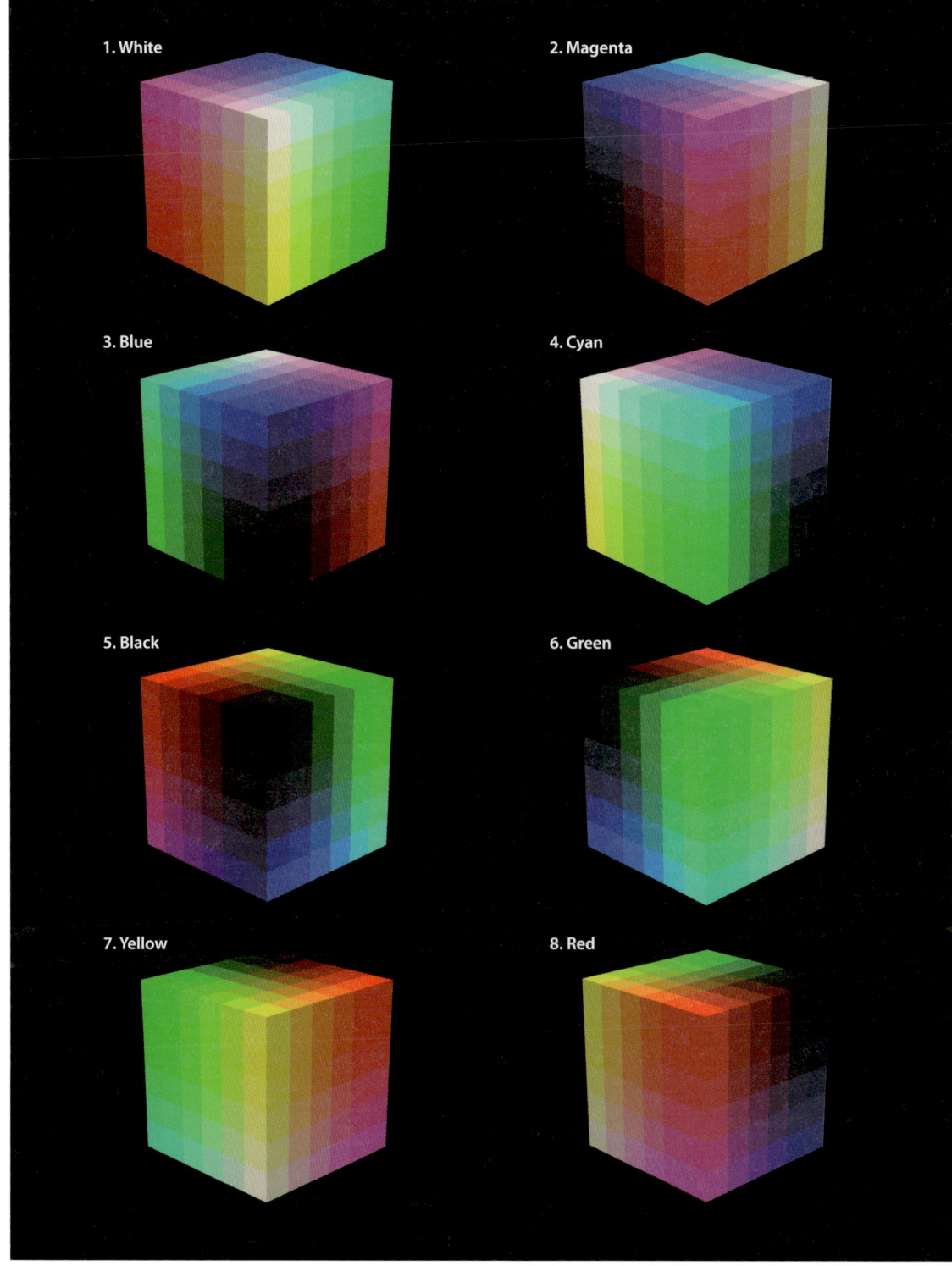

1. White

2. Magenta

3. Blue

4. Cyan

5. Black

6. Green

7. Yellow

8. Red

■ CMYKカラーによる同一調和

すでに第3章で色彩調和理論について解説したが、ここでは12色のCMYカラーをもとにして配色法を説明する。CMY値で色がイメージできるように、配色パターンを感覚的に覚えることが大切である。同一調和では明度の高低が基本となるが、CMYカラーでは、高明度は各CMYK値を均等に減らし、低明度はK値を高くする。例えば、0/100/0/0のマゼンタの低明度色はK50%を加え、0/100/0/50にする。100/0/100/0のグリーンの高明度色は各CMYK値を半分にして、50/0/50/0にする。絵の具で高明度色をつくるときは白を加えるが、CMYカラーでは白を足すのではなくインクを減らすという考え方である。

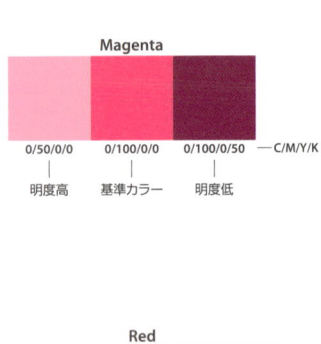

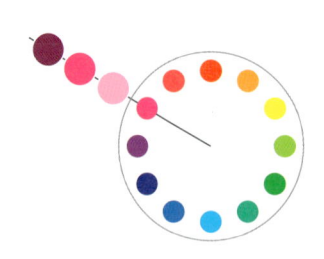

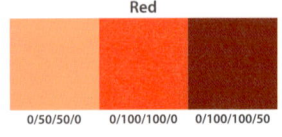

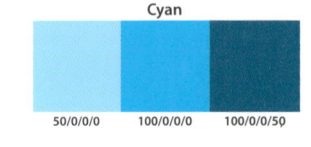

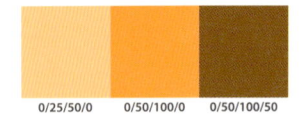

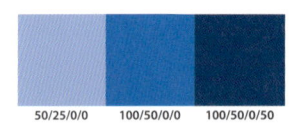

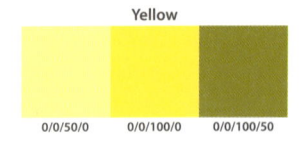

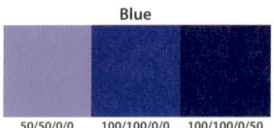

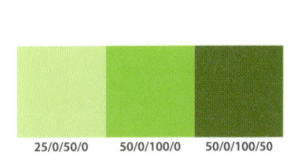

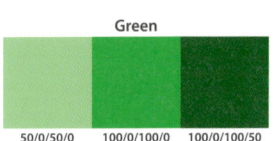

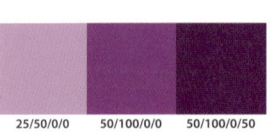

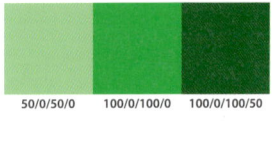

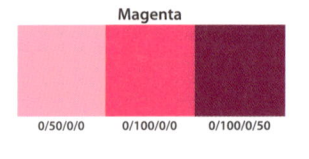

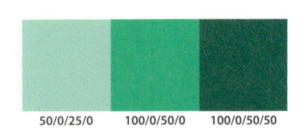

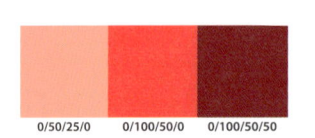

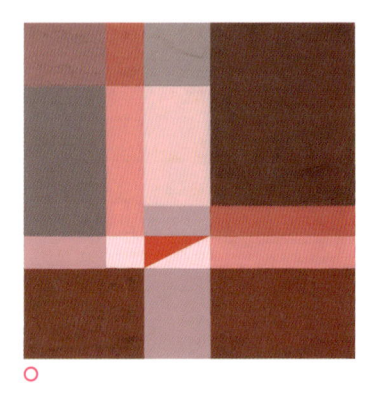

140　9. デジタルカラーの配色法

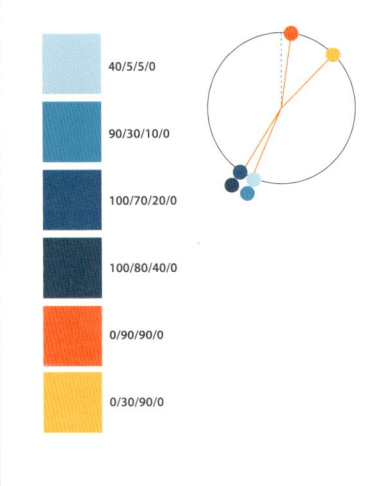

"Absolut Alps," Poster, Per Arnoldi, 1991, Absolut Vodka
空色と青のベーシックな類似調和に白いブランド名と反対色の黄色の月がアクセントカラーとなっている。

40/5/5/0
90/30/10/0
100/70/20/0
100/80/40/0
0/90/90/0
0/30/90/0

"No one grows Ketchup Like Heinz." 2007
exsective creative direction: Brian Fraser, Simon Learman,
creative direction: Gary Marjoram, Tim Swan,
photograph: Kevin Summers, agent: McCann Erickson

トマトのスライスをケチャップ瓶に見立てた作品。
赤のみで配色されたインパクトのあるヴィジュアル。

「カーペットデザイン」Monica Bella-Broner

四角形と三角形による構成が、落ち着いた配色とともに美しいリズムを奏でる。ドイツ、フォアベルグ社がバウハウスシリーズを復刻したカーペット。モニカ・ベラ・ブロナー（1911〜1993）は1929年、バウハウスの織物工房でグンタ・シュテルツルのもとで学ぶ（P.22参照）。後にアメリカでテキスタイルデザイナーとして活動し、ハリウッドやパリで映画制作に携わった。提供：(株)アーテリア

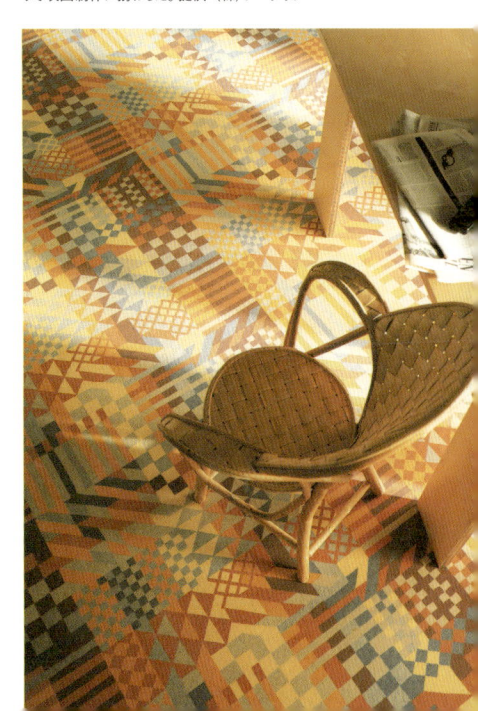

9. デジタルカラーの配色法

■ CMYKカラーによる類似調和

類似調和は互いの色相間が約40°離れている。これをまずCMYに置き換えることから互いの色相の角度を予見する。例えば、Y100%と、これに近似の40°離れた黄赤はM50%とY100%となる。また緑はC100%、Y100%なので、これと類似の色相は青緑でC100%とY50%となり、Yを50%減らすことが、約40°の色相差をつくることになる。初めは先に述べたように純色の色相に還元して、CMYのカラーチャートを見比べながら角度による色相差を見極めるようにするとよい。この互いの色調をベースにK（黒）の量を加えても、無彩色ゆえに調和をくずすことはない。

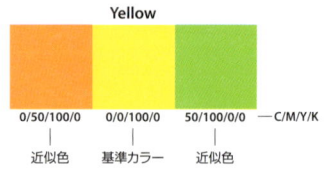

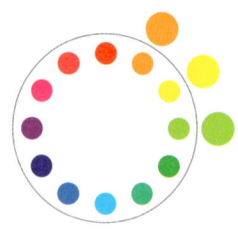

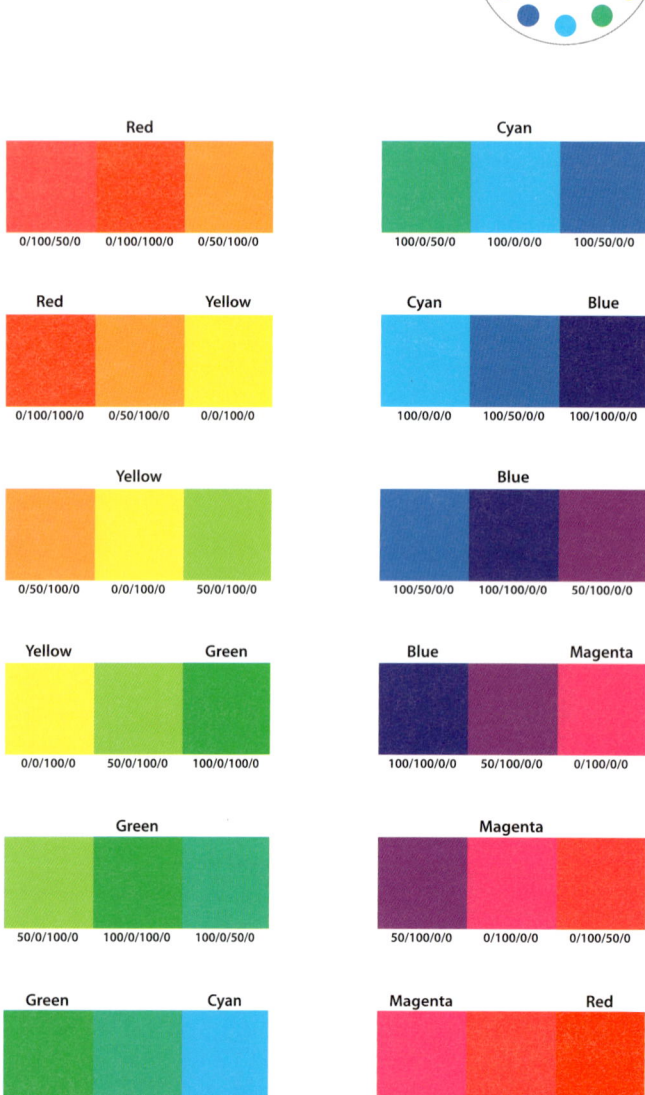

「いきものたち」栞　大野 舞　2008　書泉

書店の栞デザイン。右はスプリットコンプリメンタリー、左は類似調和。白を上手に使った配色で、手描きのイラストがやさしいイメージを醸し出す。

"MasterCard," agency:
McCann Erickson London

赤と赤、黄の類似調和。類似調和の見事な配色で明度差のとり方が巧みである。

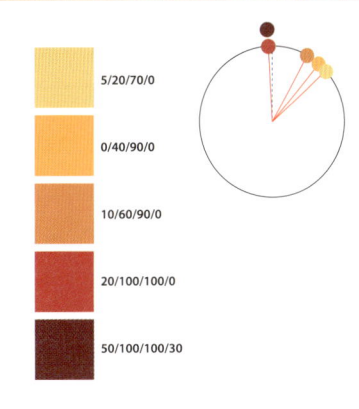

5/20/70/0	
0/40/90/0	
10/60/90/0	
20/100/100/0	
50/100/100/30	

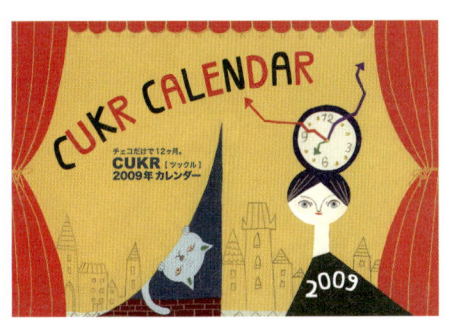

「CUKR(ツックル) 卓上カレンダー」大野 舞　星山小絵
2008　チェコ総合情報誌CUKR

濁色の入った色使いの近似色と青の配色でスプリットコンプリメンタリー。ヨーロッパの温かみのあるイメージを感じさせるヴィジュアル。

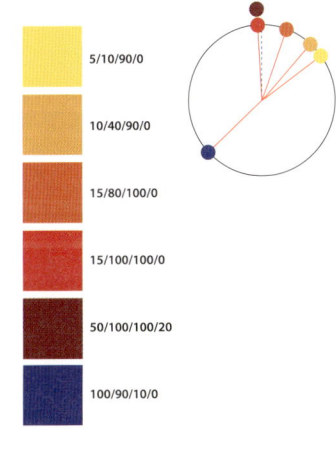

5/10/90/0	
10/40/90/0	
15/80/100/0	
15/100/100/0	
50/100/100/20	
100/90/10/0	

"Open House," Poster, Per Arnoldi, 1987

スプリットコンプリメンタリーにアクセントとして少し赤を加えた配色。青が基調となって、見事に調和している。

143　　9. デジタルカラーの配色法

「資生堂 ヌーダ」ポスター　伊藤 満　1984　資生堂
黒の背景に小麦色の肌と同色のブランド名は、印象度が高い。1980年代のすぐれた広告表現である。

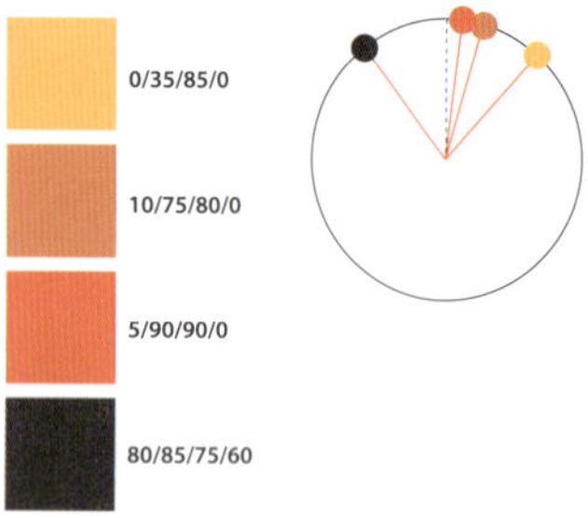

	0/35/85/0
	10/75/80/0
	5/90/90/0
	80/85/75/60

"Thomas Edison 150th Anniversary, 1 of 5 Poster Series," client: Edison National Historic Site, design: The Design Consortium: Ned Drew, Richard Bargmann & Brenda McManus, publishing date: 1996

類似調和にまとめた写真表現と黒の帯が生きたシックで粋な表現。

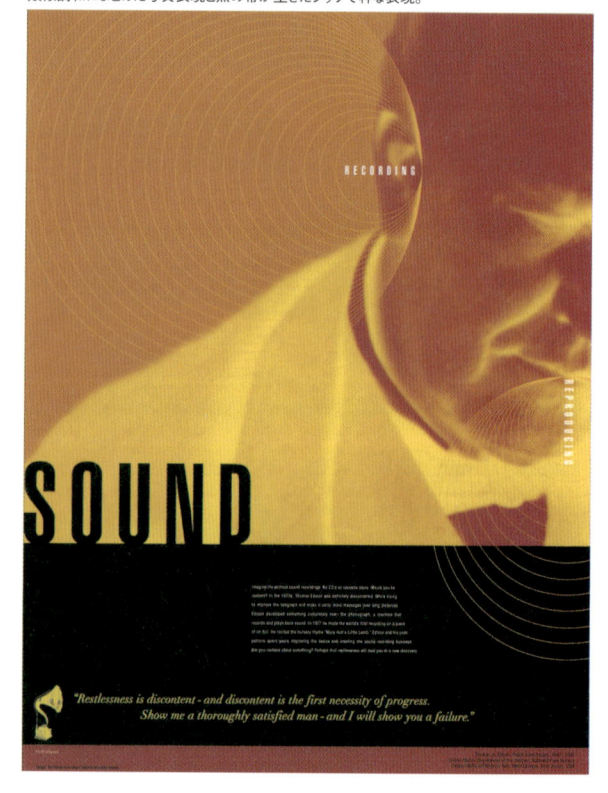

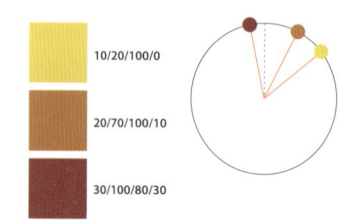

	10/20/100/0
	20/70/100/10
	30/100/80/30

9. デジタルカラーの配色法

フラクタルアート "Fractal Cilia No. 21" N. Mitsui
フラクタル理論のアルゴリズムによって無限に繰り返されるパターン。自然の造形の摂理が含まれるのか、なぜか懐かしいイメージが生まれる。

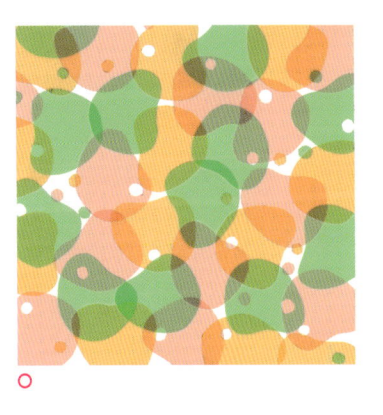

145 ｜ 9. デジタルカラーの配色法

■ CMYKカラーによる対比調和

カラーサークルの互いに180°にある2色が補色となる。この2色の関係が対比調和となるので、それぞれの色相がCMYKでどの割合になっているか、あらかじめカラーチャートで調べておくことが大切である。例えば、橙はM50%とY100%であるが、この反対色、つまり180°の補色はC100%、M50%となるので、意外とわかりやすいだろう。CMYそれぞれの関係は、類似、対比ともに50%間隔で推移するので数値化しやすい。

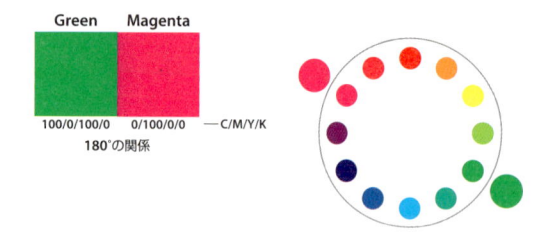

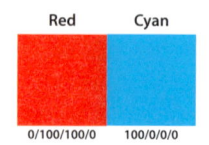

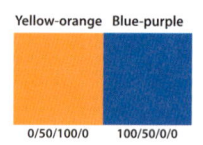

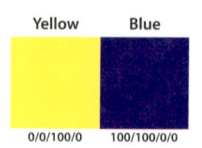

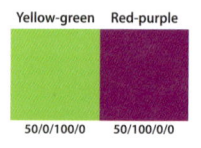

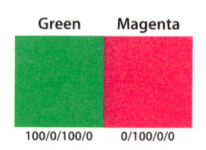

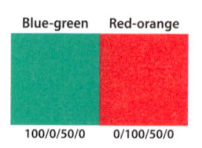

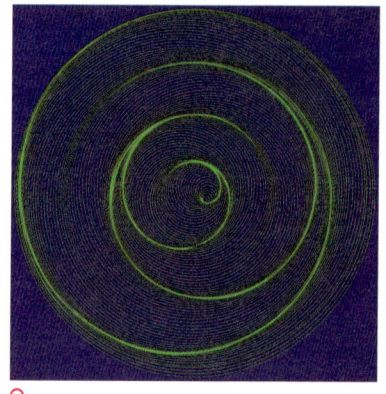

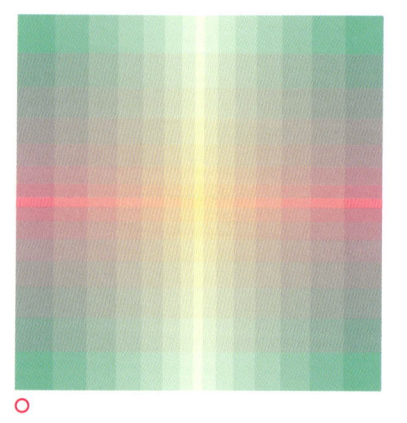

"Family Farm Festival 2007," Poster, Woody Pirtle, Carla Rozman, 2007, Epworth Center

最も強い緑とピンクのコントラスト色を配しながら、派手過ぎず、格調さえ感じさせる見事な配色。

60/80/100/50
40/15/15/0

"Portland International Film Festival," Poster, Sandstrom Design, cl: Northwest Film Center, Portland Art Museum

対比調和。濁色同士のコントラスト色にすると、純色の組み合わせとは違ったシックなイメージとなる。まさしく配色の妙。

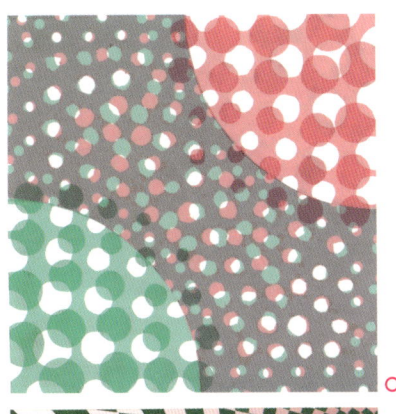

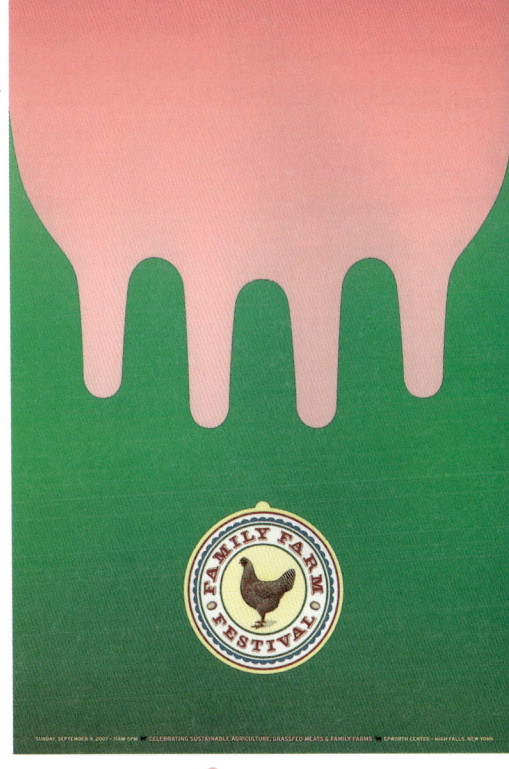

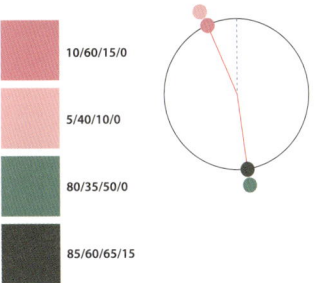

10/60/15/0
5/40/10/0
80/35/50/0
85/60/65/15

「Global Warming」ポスター、Tシャツ　高田雄吉　2008　アースデイおおさか　ECOUSTORE

温暖化による海面上昇の地球環境問題をわかりやすく表現。明るい青とアクセントの黄赤の魚が補色で対比調和をしている。

9. デジタルカラーの配色法

■ CMYKカラーによるスプリットコンプリメンタリー

スプリットコンプリメンタリーは近似色＋補色という関係をまず思い起こそう。近似色の関係をCMYで置き換えた上で、対抗する補色をそれぞれCMYでつきとめることが大事である。ここでよい配色にするためには、それぞれの割合を均等に減らした（つまり白を加えたことになる）色を加えたり、K（黒）を加えたり、濁色（K+CMYの減らした割合）を加え、鮮やかな色は1色のみに押えることが大切である。

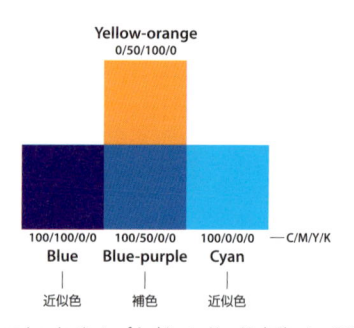

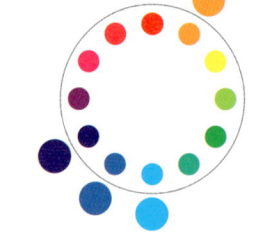

Yellow-orange
0/50/100/0

Blue 100/100/0/0　Blue-purple 100/50/0/0　Cyan 100/0/0/0　──C/M/Y/K
近似色　補色　近似色

"American Institute of Architects, New York Chapter, 2003," Poster, Michael Gericke/ Pentagram, 2003, ©Pentagram Design, Inc.

黄赤と海の青の補色による配色。船の赤いラインはアクセントカラーとしての効果が粋である。

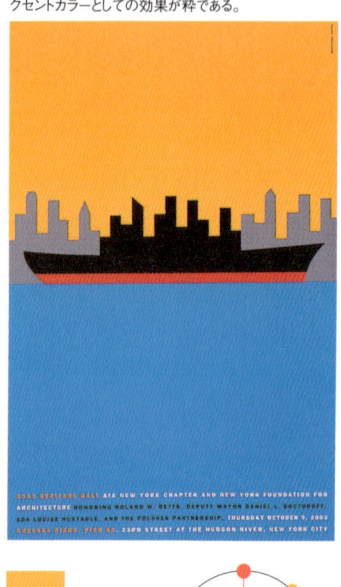

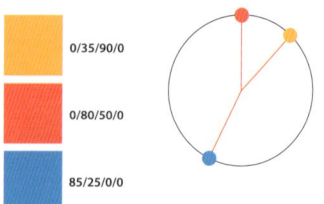

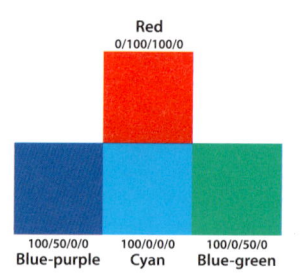

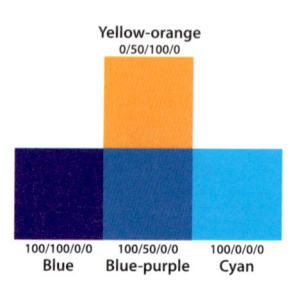

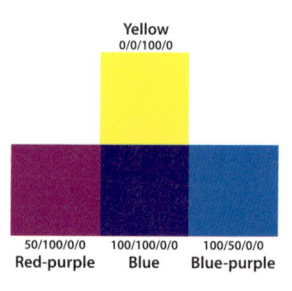

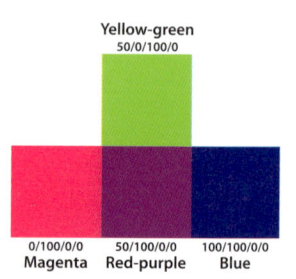

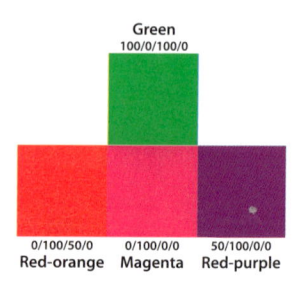

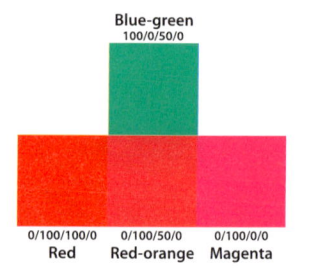

0/35/90/0
0/80/50/0
85/25/0/0

Red
0/100/100/0

Blue-purple 100/50/0/0　Cyan 100/0/0/0　Blue-green 100/0/50/0

Yellow-green
50/0/100/0

Magenta 0/100/0/0　Red-purple 50/100/0/0　Blue 100/100/0/0

Yellow-orange
0/50/100/0

Blue 100/100/0/0　Blue-purple 100/50/0/0　Cyan 100/0/0/0

Green
100/0/100/0

Red-orange 0/100/50/0　Magenta 0/100/0/0　Red-purple 50/100/0/0

Yellow
0/0/100/0

Red-purple 50/100/0/0　Blue 100/100/0/0　Blue-purple 100/50/0/0

Blue-green
100/0/50/0

Red 0/100/100/0　Red-orange 0/100/50/0　Magenta 0/100/0/0

148　9. デジタルカラーの配色法

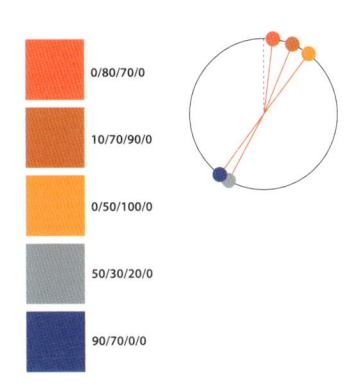

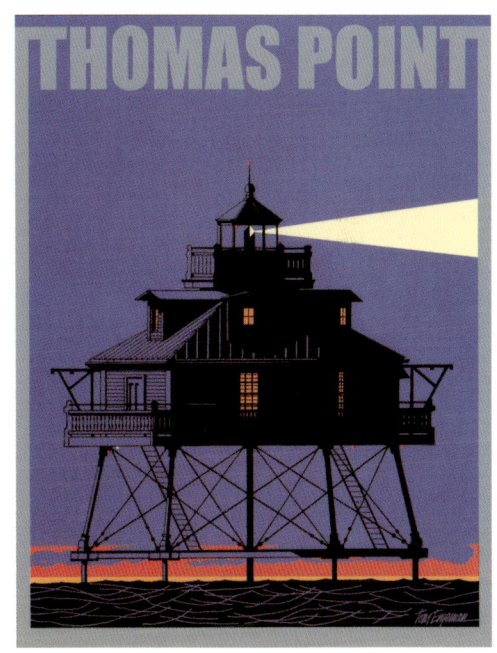

0/80/70/0	
10/70/90/0	
0/50/100/0	
50/30/20/0	
90/70/0/0	

"Thomas Point," Tom Engeman

青の基調色に、黄赤と光の近似色がアクセントカラーとなり、配色効果で見せるポスターとなった。

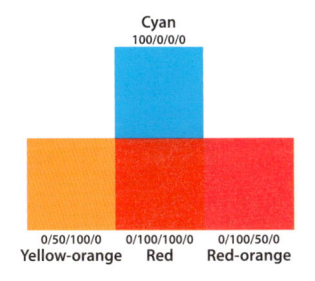

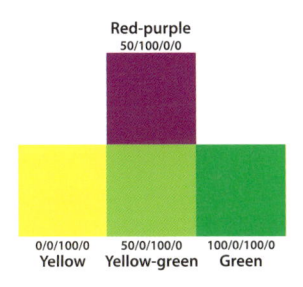

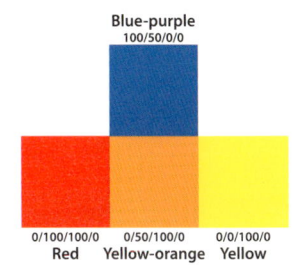

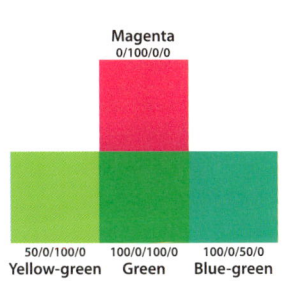

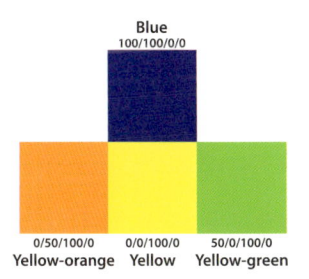

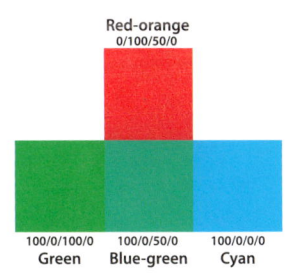

Cyan
100/0/0/0

0/50/100/0	0/100/100/0	0/100/50/0
Yellow-orange	Red	Red-orange

Red-purple
50/100/0/0

0/0/100/0	50/0/100/0	100/0/100/0
Yellow	Yellow-green	Green

Blue-purple
100/50/0/0

0/100/100/0	0/50/100/0	0/0/100/0
Red	Yellow-orange	Yellow

Magenta
0/100/0/0

50/0/100/0	100/0/100/0	100/0/50/0
Yellow-green	Green	Blue-green

Blue
100/100/0/0

0/50/100/0	0/0/100/0	50/0/100/0
Yellow-orange	Yellow	Yellow-green

Red-orange
0/100/50/0

100/0/100/0	100/0/50/0	100/0/0/0
Green	Blue-green	Cyan

149　　9. デジタルカラーの配色法

■ **CMYKカラーによる連続多色**

連続多色の配色は色環表の120°の範囲で、均等の5、6色を配した配色法である。ここで大切なのは、まず120°の5、6色の純色をCMYに置き換えることである。次にそれぞれの色にKを加えたり、CMYの割合を減らした色を加え、いくらでも多色配色にすることができるメリットをいかした色を選び出すことである。下図のようにCMYそれぞれ50%前後の量を加えたり、減らしたりすることによって簡単につくり出せる。

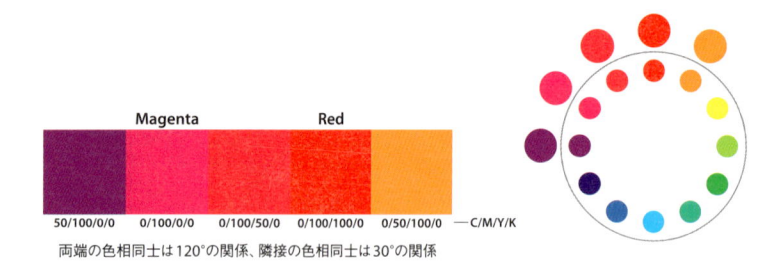

	Magenta		Red	
50/100/0/0	0/100/0/0	0/100/50/0	0/100/100/0	0/50/100/0 ― C/M/Y/K

両端の色相同士は120°の関係、隣接の色相同士は30°の関係

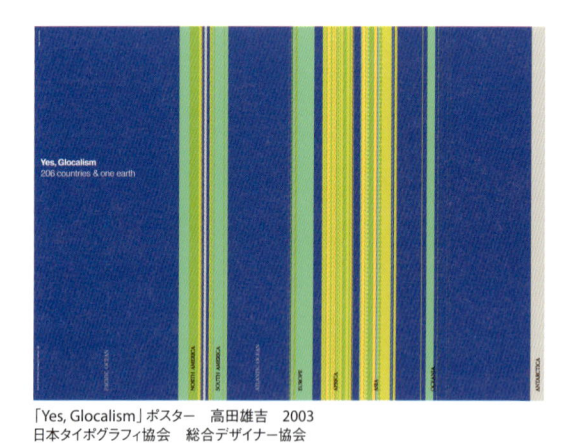

「Yes, Glocalism」ポスター　高田雄吉　2003
日本タイポグラフィ協会　総合デザイナー協会

環境をテーマにした作品。黄赤から青にかけての連続多色で、明度差をつけたメリハリのある美しい配色。

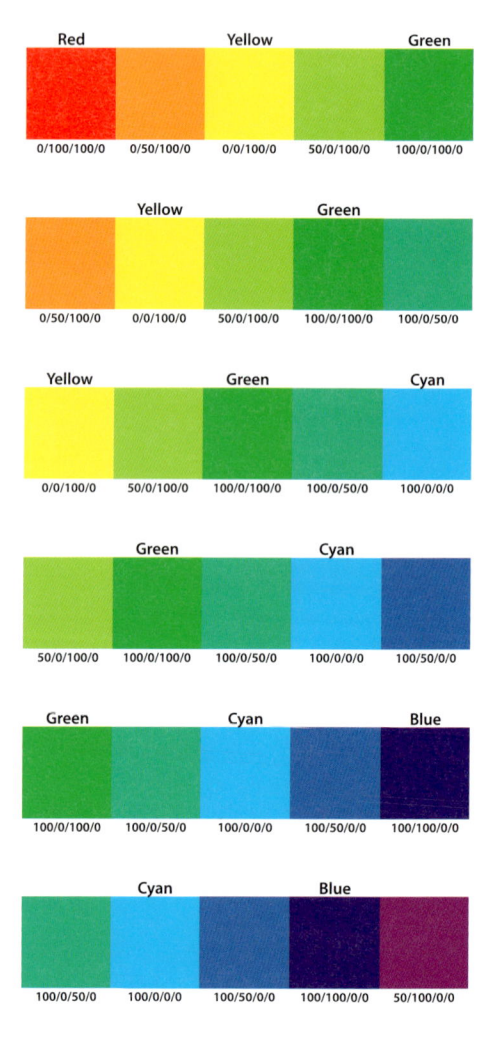

Red		Yellow		Green
0/100/100/0	0/50/100/0	0/0/100/0	50/0/100/0	100/0/100/0

	Yellow		Green	
0/50/100/0	0/0/100/0	50/0/100/0	100/0/100/0	100/0/50/0

Yellow		Green		Cyan
0/0/100/0	50/0/100/0	100/0/100/0	100/0/50/0	100/0/0/0

	Green		Cyan	
50/0/100/0	100/0/100/0	100/0/50/0	100/0/0/0	100/50/0/0

Green		Cyan		Blue
100/0/100/0	100/0/50/0	100/0/0/0	100/50/0/0	100/100/0/0

	Cyan		Blue	
100/0/50/0	100/0/0/0	100/50/0/0	100/100/0/0	50/100/0/0

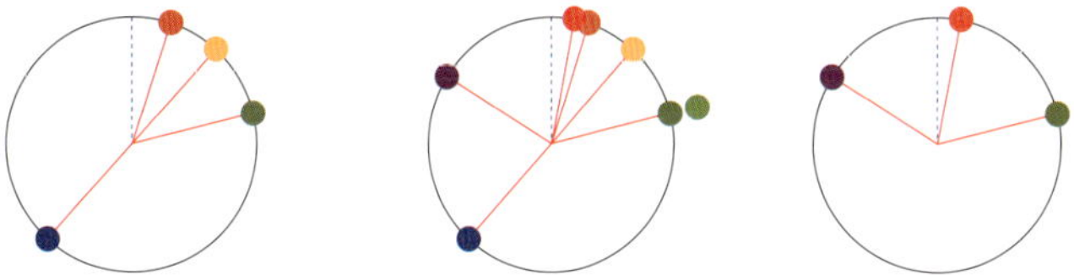

"O's Campus Cafe," Poster, Matt Heck, Rex Peteet

黒地に連続多色の配色。カラフルで豊潤なイメージを醸し出す。

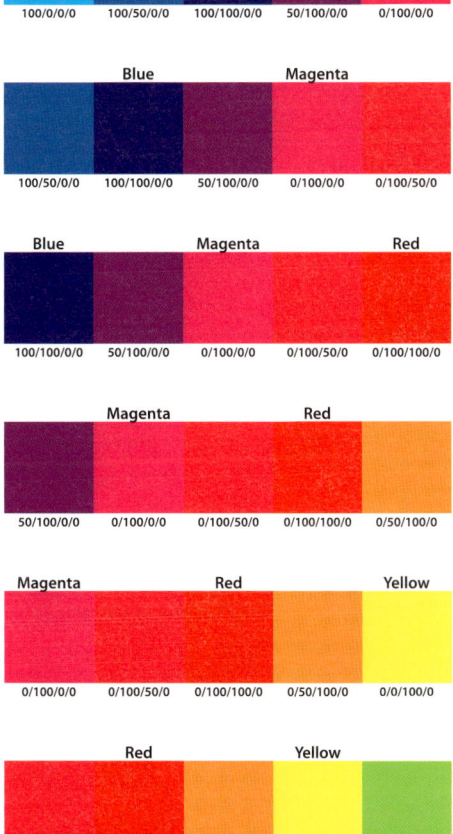

0/35/85/0	0/35/85/0	10/65/0/0	5/90/100/0
10/80/95/0	10/80/95/0	5/90/100/0	70/45/100/5
100/85/20/0	100/85/20/0	70/100/45/5	70/100/45/5
70/45/100/5	70/45/100/5		

Cyan — 100/0/0/0
Blue — 100/50/0/0, 100/100/0/0
Magenta — 50/100/0/0, 0/100/0/0

Blue — 100/50/0/0, 100/100/0/0
Magenta — 50/100/0/0, 0/100/0/0
— 0/100/50/0

Blue — 100/100/0/0
Magenta — 50/100/0/0, 0/100/0/0
Red — 0/100/50/0, 0/100/0/0

Magenta — 50/100/0/0, 0/100/0/0
Red — 0/100/50/0, 0/100/100/0
— 0/50/100/0

Magenta — 0/100/0/0
Red — 0/100/50/0, 0/100/100/0
Yellow — 0/50/100/0, 0/0/100/0

Red — 0/100/50/0, 0/100/100/0
Yellow — 0/50/100/0, 0/0/100/0
— 50/0/100/0

0/30/0/0
10/85/30/0
50/70/100/15
15/65/100/0
10/30/90/30
15/5/60/0

"Hedendaagse Kunst," Poster, Wim Crouwel, 1969, Stedelijk Museum Amsterdam

トーンの中に、同系のトーンを重ねたトーンイントーンの配色。ピンクの濁色が冴えている。

stedelijk museum amsterdam

hedendaagse kunst
l'art contemporain
contemporary art
kunst der gegenwart

9. デジタルカラーの配色法

■ CMYK値による配色と明度差の分析

CMYKの値を駆使しながら、アナログのそれぞれの配色法を下図のように数値データに置き換えた事例である。下記の表示の 0/50/100/0は「C0%、M50%、Y100%、K0%」を表している。互いに接する色同士の明度差をつけるための数値に注意しながら、チャートと見比べながらトレーニングを重ねるとよい。

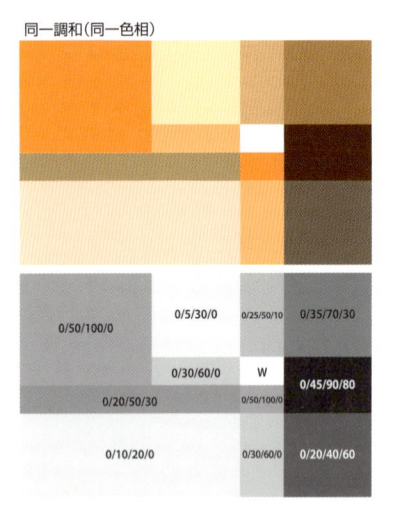

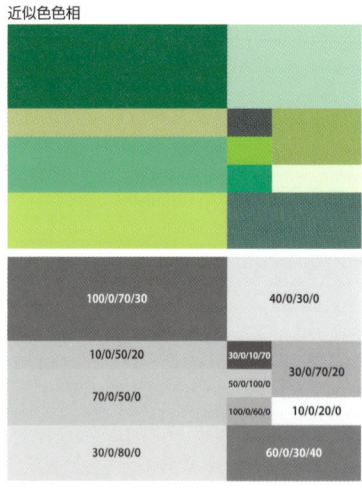

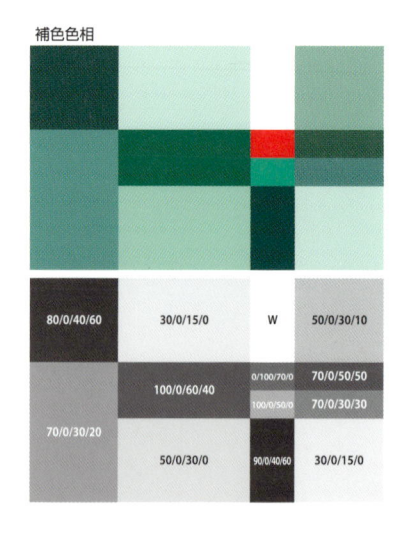

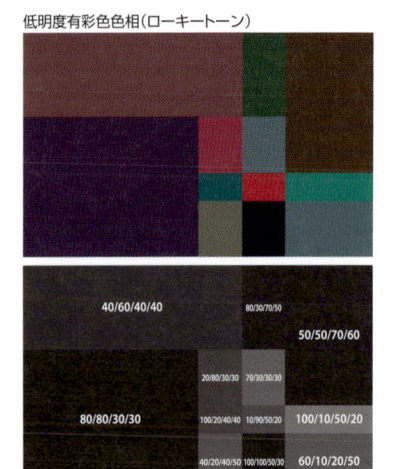

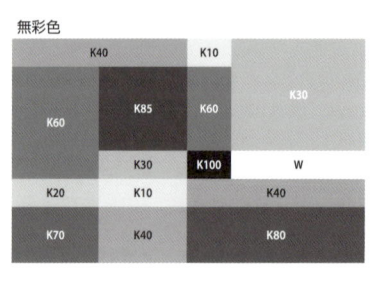

同一調和（同一色相）

0/50/100/0	0/5/30/0	0/25/50/10	0/35/70/30
0/30/60/0	W	0/45/90/80
0/20/50/30	0/50/100/0
0/10/20/0	0/30/60/0	0/20/40/60

近似色色相

100/0/70/30 / 40/0/30/0 / 10/0/50/20 / 30/0/10/70 / 30/0/70/20 / 70/0/50/0 / 50/0/100/0 / 100/0/60/0 / 10/0/20/0 / 30/0/80/0 / 60/0/30/40

補色色相

80/0/40/60 / 30/0/15/0 / W / 50/0/30/10 / 0/100/70/0 / 70/0/50/50 / 100/0/60/40 / 100/0/50/0 / 70/0/30/30 / 70/0/30/20 / 50/0/30/0 / 90/0/40/60 / 30/0/15/0

スプリットコンプリメンタリー（分裂補色色相）

40/0/100/60 / 40/0/90/70 / 5/0/60/0 / 30/0/100/50 / 40/0/80/0 / 70/0/80/0 / 80/0/50/0 / 70/0/100/70 / 15/0/80/0 / 80/0/50/20 / 20/0/60/20

連続多色色相

0/40/90/0 / 50/70/80/0 / 0/80/90/30 / 40/50/10/0 / 0/100/50/0 / 70/30/20/0 / 10/50/20/0 / 60/0/70/0 / 20/10/10/0 / 0/15/70/10 / 0/90/80/0 / 20/80/0/60 / 20/100/20/0

高明度有彩色色相（ハイキートーン）

5/0/20/15 / 20/0/10/0 / 0/0/10/0 / 20/5/5/0 / W / 0/10/5/0 / 5/0/40/0 / 20/20/10/0 / 10/5/10/0 / 10/0/5/0 / 20/5/10/0 / 20/10/10/0

低明度有彩色色相（ローキートーン）

40/60/40/40 / 80/30/70/50 / 50/50/70/60 / 20/80/30/30 / 70/30/30/30 / 80/80/30/30 / 100/20/40/40 / 30/60/30/50 / 100/10/50/20 / 40/20/60/40 / 100/30/50/10 / 60/10/20/50

無彩色

K40		K10	
K60	K85	K60	K30
		K30	K100	W
K20	K10		K40
K70	K40		K80

10 資料編

■ オストワルトシステム (Ostwald System)

W.オストワルトは、ヘリングの4原色に基づいて、混色すると無彩色になる赤と青緑、黄と藍の2対の反対色を直交するように置き、それぞれの中間に橙 (Orange)、青 (Turquoise)、紫 (Purple)、黄緑 (Leaf Green) を配置した。さらに8色相を3分割した24色からカラーサークルが構成され、各色相には1から24までの番号がつけられている。このカラーサークルは、スペクトルの色が反時計回りに並べられており、PCCSやマンセルのカラーサークルとは逆回りに配置されている。1916年に考案し、1923年に完成。ドイツの標準色表「DINシステム」はオストワルトシステムが基になっている。

オストワルトカラーサークル

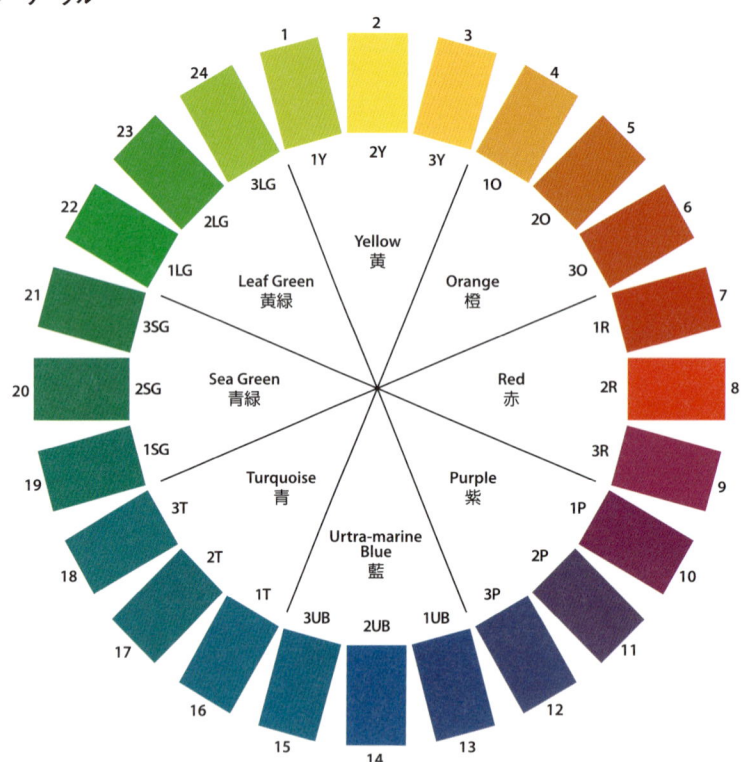

色相10とその補色の色相22の等色相面

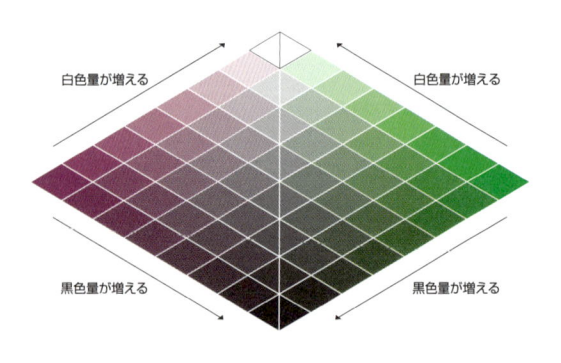

オストワルト等色相面と色記号

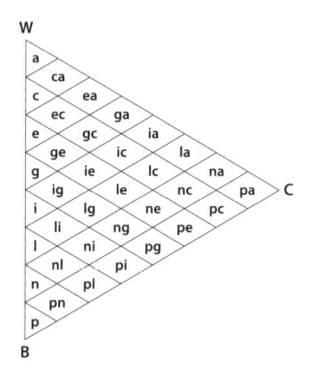

オストワルトの等色相面図は、正三角形の頂点に純色を置き、明度段階を上下方向に配置している。理想的な白 (W)、黒 (B)、純色を仮定し、白色、黒色、純色の混合比で、すべて色を再現できると考える。理論上で、白色量 (W) +黒色量 (B) +純色量 (C) =100%となる。等色相面図では、28色に分割し、aからpまでの記号で白色量、黒色量の順に表す。色指定は、色相の番号 (1から24) に色の記号 (24色) をつける。例えば、色相22の純色 (右の正三角形の頂点) は「22pa」のように表記する。

■ XYZ表色系（CIE1931標準表色系：CIE1931 Standard Colorimetric System [XYZ]）

CIE表色系は、XYZ表色系とも呼ばれ、CIE（国際照明委員会）が1931年に定めた色刺激値を表示するための基本体系である。この表色系は光源の色光、あるいは物体からの反射・透過した色光を表示するもので、RGB表色系の数学的な変換から導かれている。下のxy色度図のように、3刺激値X、Y、Zの各値を比率化し、xとyの値を色度座標にプロットする。xy色度図は、色相と彩度を表現しており、馬蹄形の輪郭部分が最も彩度が高く、中央部分は白色光になる。xの値が大きくなれば、赤味が増し、yの値が大きくなれば、緑みが増す。グラフは縦軸（y）、横軸（x）が0〜1.0で表され、馬蹄形周囲の数値は各スペクトルの長さ(nm)を示している。

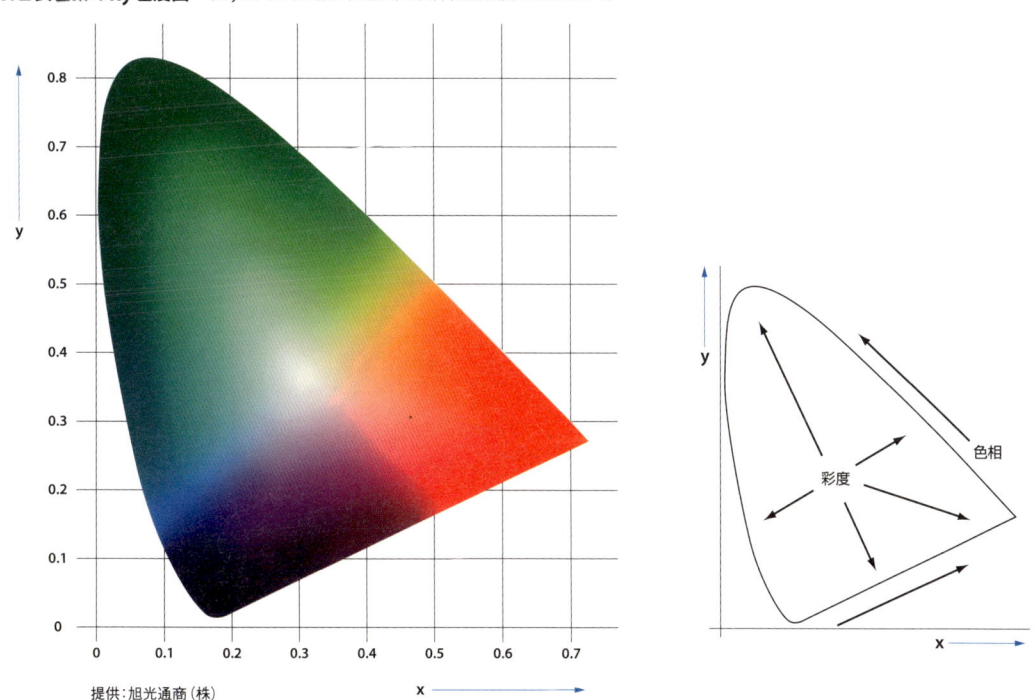

XYZ表色系のxy色度図　（x、yは、それぞれ色相（主波長）と彩度（刺激純度）を表わしている）

提供：旭光通商（株）

xy色度図（Chromaticity Diagram）は、比率化した3刺激値x、y、zのうち、xとyの値を色度座標にプロットしている。このxとyの値は、次の式から求められる。　　x = X/X+Y+Z、　　y = Y/X+Y+Z

これを図のように、色度図を作成する概念図として示した。高さ1の正三角形は、x+y+z = 1であり、zの値は、z = 1－（x+y）でわかるので、zの値は色表示のなかで省略する。xy色度図は、何色か、どれほどの鮮やかさなのかという「色味」を表わしていることになる。

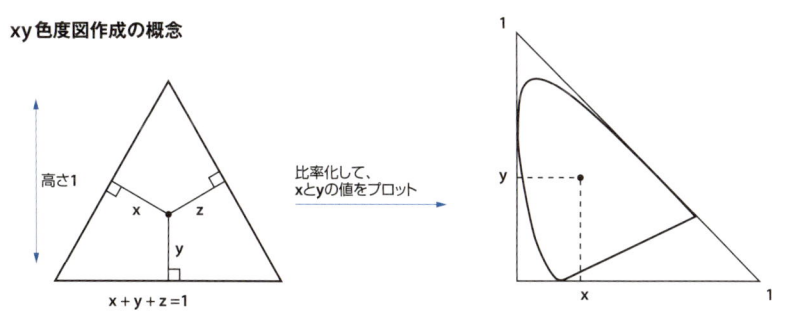

xy色度図作成の概念

※参考：渡辺安人「色彩学の実践」学芸出版社、2005

■ プロセスカラーチャート

1段目：C、M、Yにスミ（K）を掛け合わせたチャート。2段目：2色ずつの掛け合わせ。3段目：2段目に50％のY、C、Mを掛け合わせたもの。4段目：2段目に100％のY、C、Mを掛け合わせたもの。

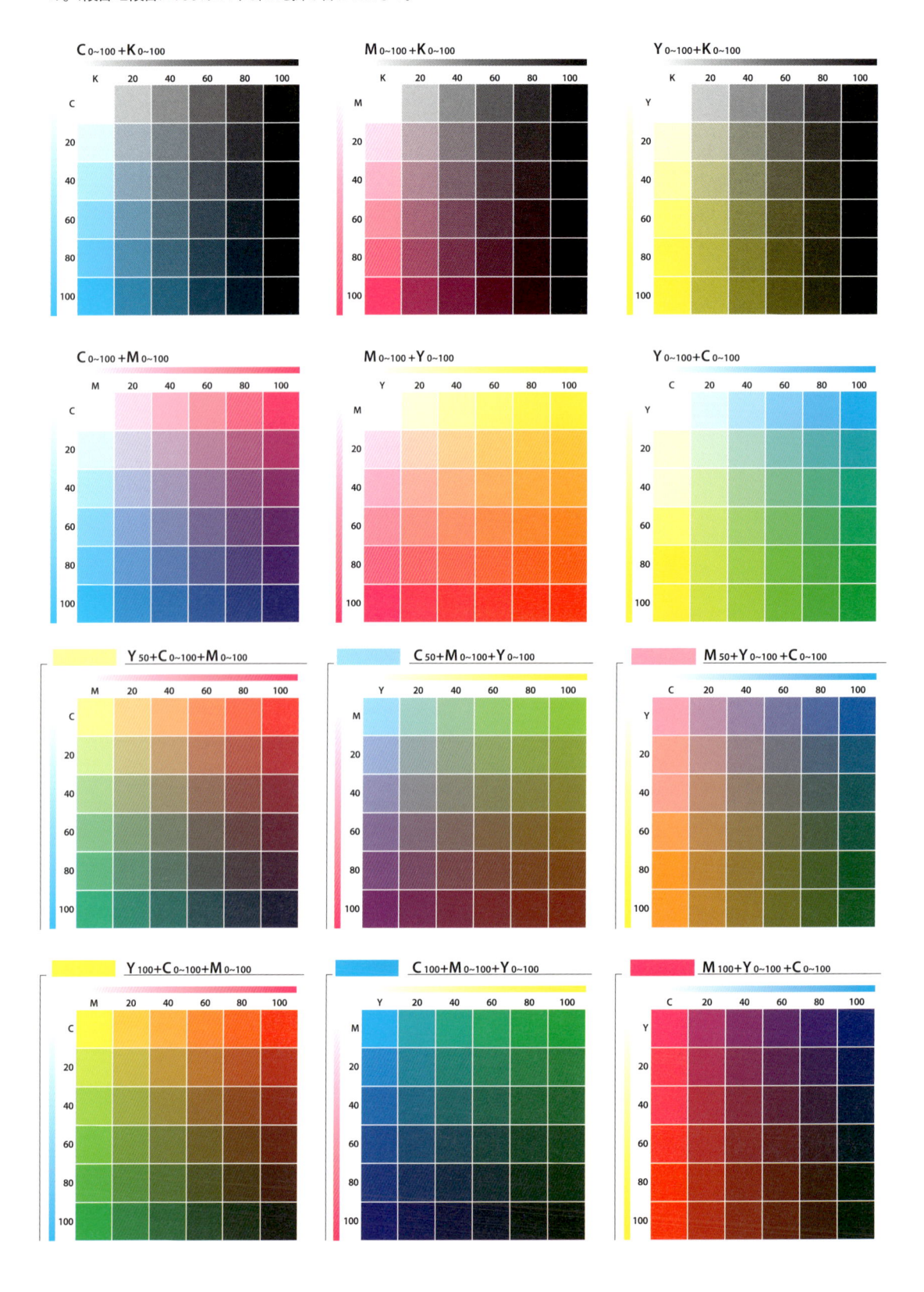

C 0~100 + K 0~100

M 0~100 + K 0~100

Y 0~100 + K 0~100

C 0~100 + M 0~100

M 0~100 + Y 0~100

Y 0~100 + C 0~100

Y 50 + C 0~100 + M 0~100

C 50 + M 0~100 + Y 0~100

M 50 + Y 0~100 + C 0~100

Y 100 + C 0~100 + M 0~100

C 100 + M 0~100 + Y 0~100

M 100 + Y 0~100 + C 0~100

■ プロセスカラーチャート（ライトカラー）

ライトカラーチャートは、左上のC、Mの0～30%までのカラーチャートを基本として、Yの濃度を10、15、20、25、30%まで変化をつけている。Yは高明度色であるため、Yの濃度がチャート全体に与える色の変化は少ないことがわかる。

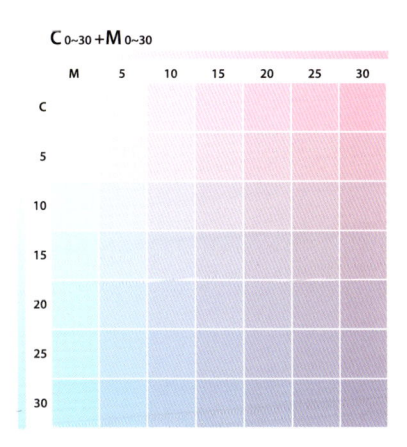

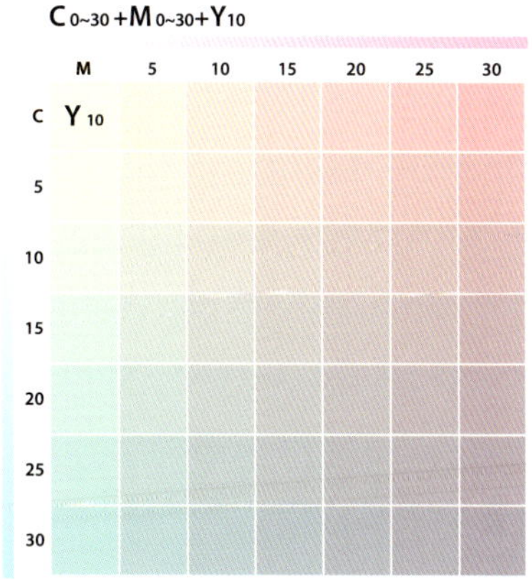

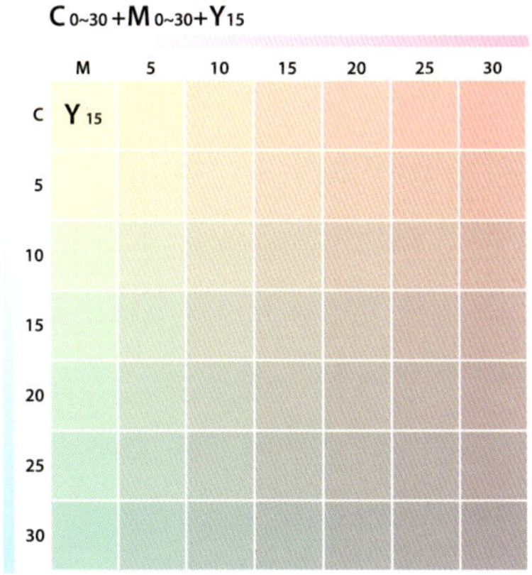

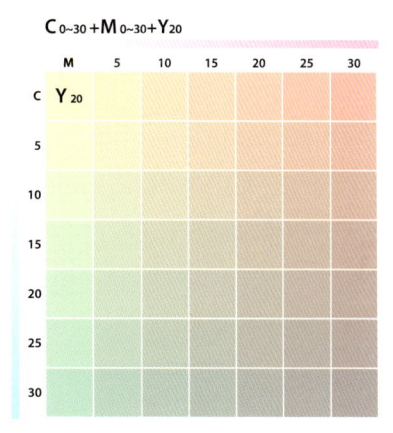

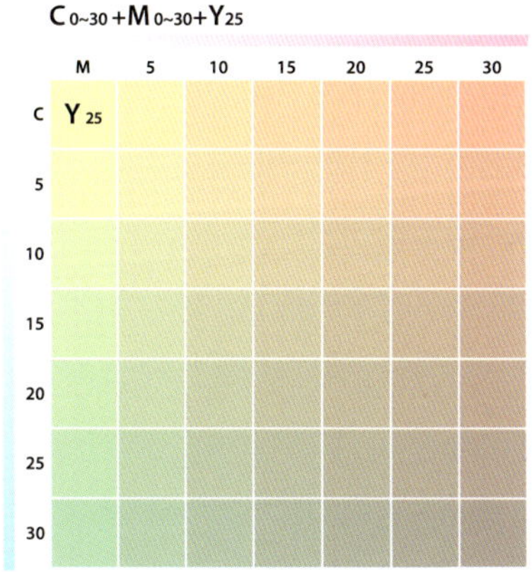

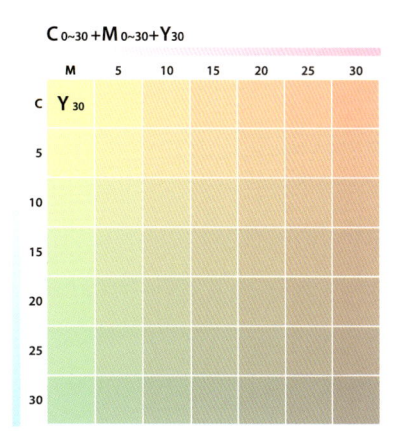

■ プロセスカラーチャート（ライトカラー＋K）

P.158の最上段のチャートは、C、M、Yそれぞれにスミ（K）の0〜10%までを掛け合わせたチャート。P.158の2段目以降とP.159のチャートは、CM、MY、YCの0〜10%までの掛け合わせに、スミ（K）の濃度を4、6、8、10、12%まで重ねている。スミの濃度がわずかでも混色に与える影響は大きい。少量のスミ（K）をのせたチャートは輝きのあるパールの色調に見える。

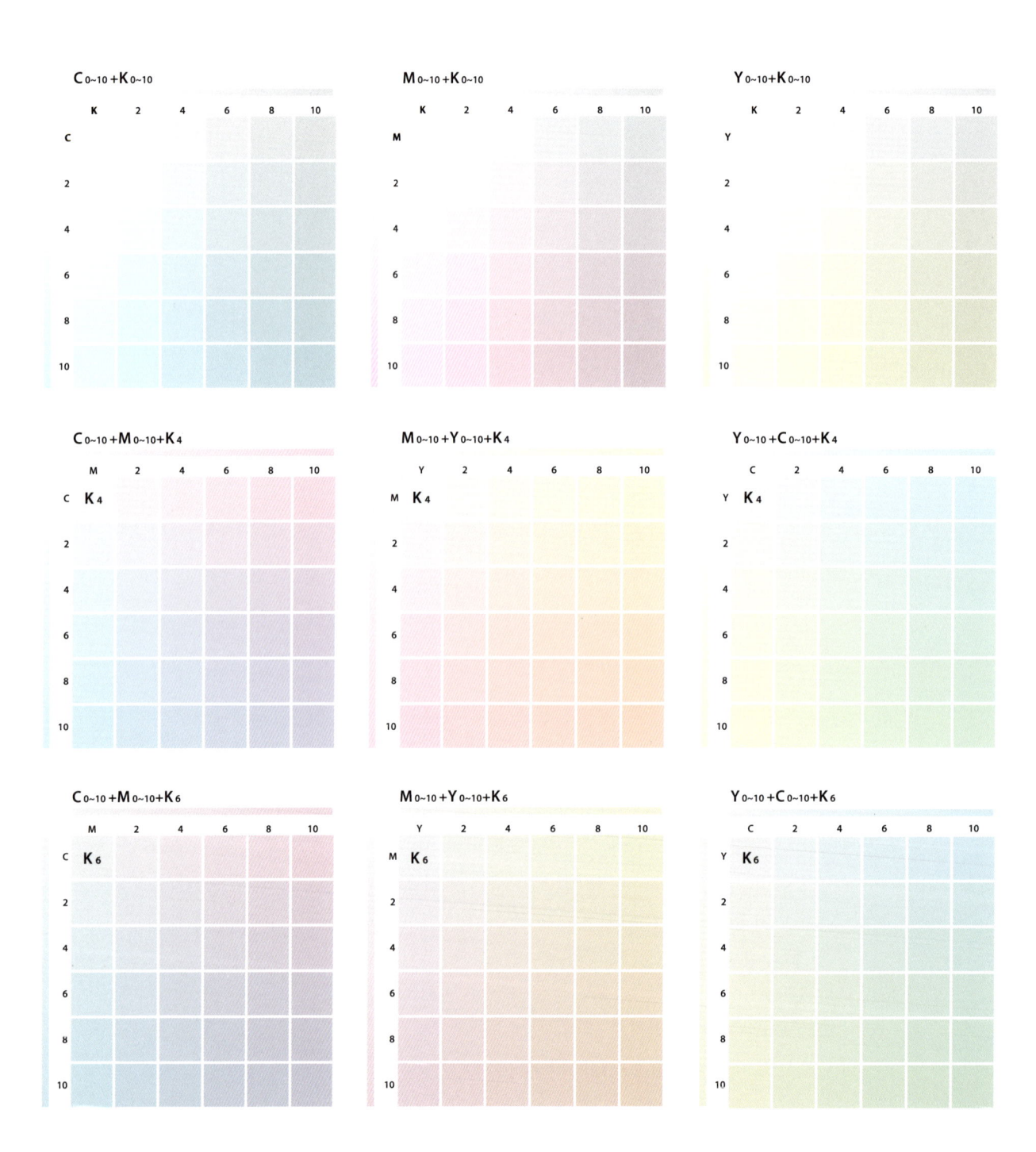

C 0~10 +M 0~10+K 8

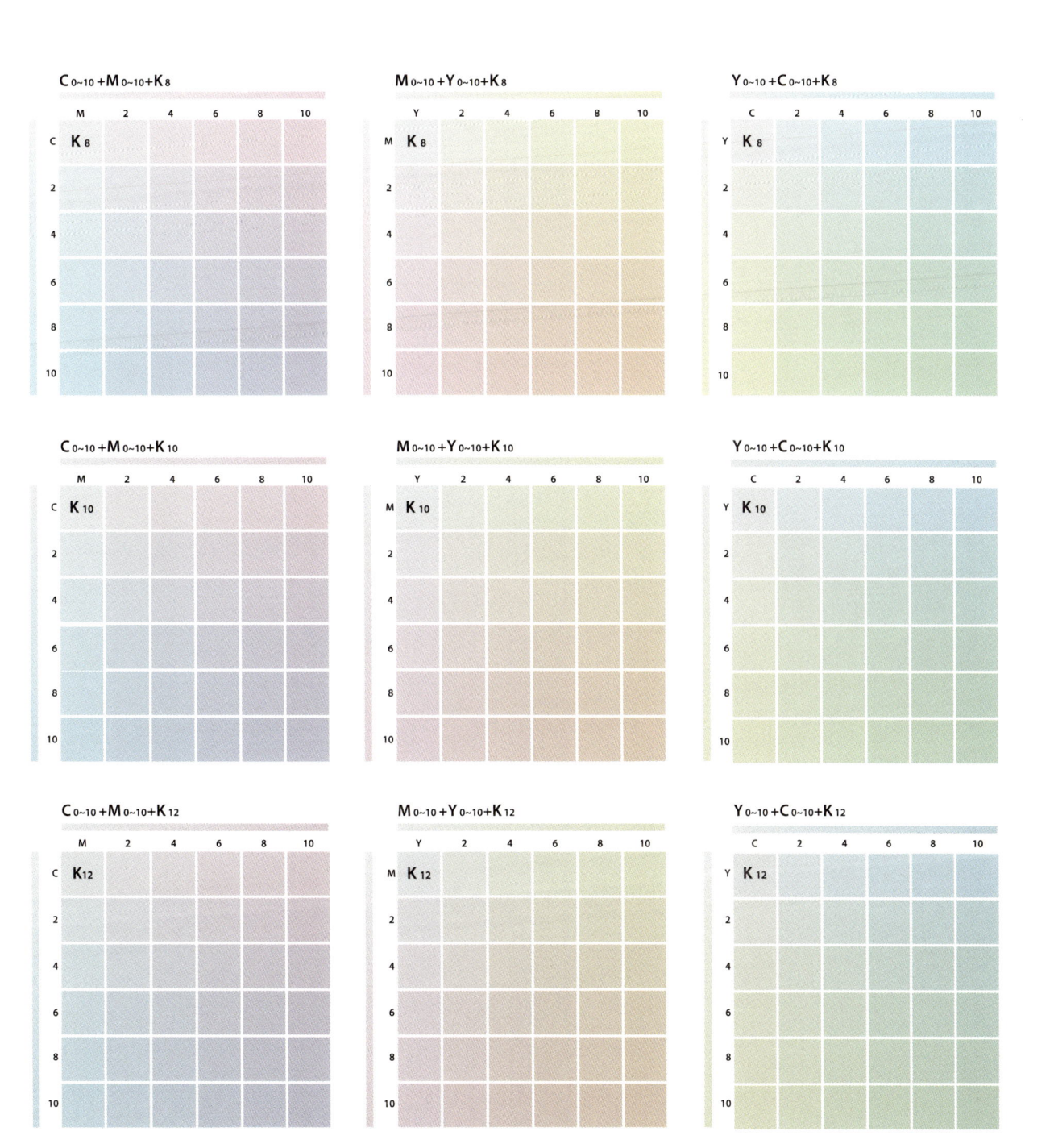

	M	2	4	6	8	10
C	K 8					
2						
4						
6						
8						
10						

M 0~10 +Y 0~10+K 8

	Y	2	4	6	8	10
M	K 8					
2						
4						
6						
8						
10						

Y 0~10 +C 0~10+K 8

	C	2	4	6	8	10
Y	K 8					
2						
4						
6						
8						
10						

C 0~10 +M 0~10+K 10

	M	2	4	6	8	10
C	K 10					
2						
4						
6						
8						
10						

M 0~10 +Y 0~10+K 10

	Y	2	4	6	8	10
M	K 10					
2						
4						
6						
8						
10						

Y 0~10 +C 0~10+K 10

	C	2	4	6	8	10
Y	K 10					
2						
4						
6						
8						
10						

C 0~10 +M 0~10+K 12

	M	2	4	6	8	10
C	K 12					
2						
4						
6						
8						
10						

M 0~10 +Y 0~10+K 12

	Y	2	4	6	8	10
M	K 12					
2						
4						
6						
8						
10						

Y 0~10 +C 0~10+K 12

	C	2	4	6	8	10
Y	K 12					
2						
4						
6						
8						
10						

■ PCCSのトーン記号一覧

下図は、P.71のPCCSトーン分類図にある同じ色票をトーン記号を付けて縦に並べている。各色票の色味とトーン記号を比較できる。日本色研事業（株）の「配色カード」等を利用した配色トレーニングに役立ててほしい。さらに、P.161～165までのPCCS色票インデックスは各色票のデータを参考にして、色彩構成やDTPデザインのデジタルカラーの学習においても活用できる。

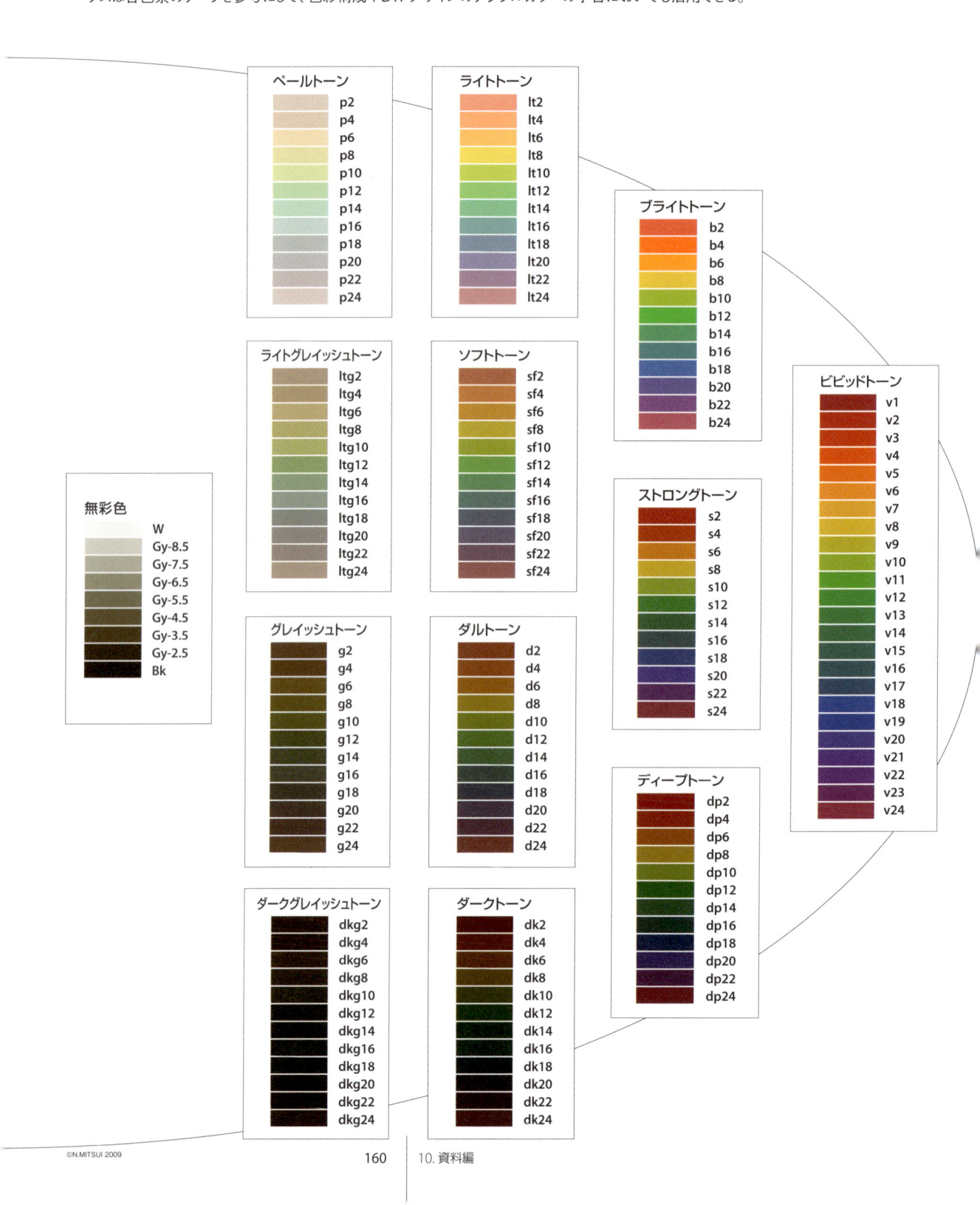

ペールトーン
p2, p4, p6, p8, p10, p12, p14, p16, p18, p20, p22, p24

ライトトーン
lt2, lt4, lt6, lt8, lt10, lt12, lt14, lt16, lt18, lt20, lt22, lt24

ブライトトーン
b2, b4, b6, b8, b10, b12, b14, b16, b18, b20, b22, b24

ビビッドトーン
v1, v2, v3, v4, v5, v6, v7, v8, v9, v10, v11, v12, v13, v14, v15, v16, v17, v18, v19, v20, v21, v22, v23, v24

ライトグレイッシュトーン
ltg2, ltg4, ltg6, ltg8, ltg10, ltg12, ltg14, ltg16, ltg18, ltg20, ltg22, ltg24

ソフトトーン
sf2, sf4, sf6, sf8, sf10, sf12, sf14, sf16, sf18, sf20, sf22, sf24

ストロングトーン
s2, s4, s6, s8, s10, s12, s14, s16, s18, s20, s22, s24

無彩色
W, Gy-8.5, Gy-7.5, Gy-6.5, Gy-5.5, Gy-4.5, Gy-3.5, Gy-2.5, Bk

グレイッシュトーン
g2, g4, g6, g8, g10, g12, g14, g16, g18, g20, g22, g24

ダルトーン
d2, d4, d6, d8, d10, d12, d14, d16, d18, d20, d22, d24

ディープトーン
dp2, dp4, dp6, dp8, dp10, dp12, dp14, dp16, dp18, dp20, dp22, dp24

ダークグレイッシュトーン
dkg2, dkg4, dkg6, dkg8, dkg10, dkg12, dkg14, dkg16, dkg18, dkg20, dkg22, dkg24

ダークトーン
dk2, dk4, dk6, dk8, dk10, dk12, dk14, dk16, dk18, dk20, dk22, dk24

■ PCCS色票インデックス

P.161からP.165まで、トーン別に並べたPCCSの色票の一覧である。左からトーン記号、PCCS記号、マンセル10色相に対応した色相、マンセル値、CMYK値の順。マンセル10色相に対応した色相はビビッドトーンのみ表記しており、参考程度に選んでいる。明清色であるブライト、ライト、ペールトーン、暗清色であるディープ、ダーク、ダークグレイッシュトーン、高彩度色のストロングトーンと中彩度濁色であるソフト、ダルトーン、低彩度濁色のライトグレイッシュ、グレイッシュトーンおよび無彩色の一覧である。

ビビッドトーン (高彩度 9s)

トーン記号	PCCS記号	マンセル10H対応	マンセル値	C/M/Y/K
v1	1:pR -4.0-9s		10RP 4.0/13.5	32.2 / 96.5 / 53.7 / 7.5
v2	2:R -4.5-9s		4R 4.5/14	20 / 93.7 / 69 / 4.3
v3	3:yR -5.0-9s		7R 5.0/14	14.1 / 89 / 80 / 2.8
v4	4:rO -5.5-9s		10R 5.5/14	7.8 / 81.2 / 90.6 / 0.8
v5	5:O -6.0-9s		4YR 6.0/14	6.7 / 67.5 / 94.1 / 0
v6	6:yO -7.0-9s		8YR 7.0/13.5	7.1 / 51.8 / 94.1 / 0
v7	7:rY -7.5-9s		2Y 7.5/13	10.6 / 36.5 / 94.5 / 0
v8	8:Y -8.0-9s		5Y 8.0/13	14.1 / 25.5 / 94.5 / 0
v9	9:gY -7.5-9s		8Y 7.5/12	27.8 / 23.5 / 95.7 / 0
v10	10:YG -7.0-9s		3GY 7.0/12	47.1 / 15.3 / 98 / 0.4
v11	11:yG -6.0-9s		8GY 6.0/11.5	73.7 / 10.2 / 98.8 / 0.4
v12	12:G -5.5-9s		3G 5.5/11	83.9 / 16.5 / 80.8 / 1.6
v13	13:bG -5.0-9s		9G 5.0/10.5	85.5 / 24.7 / 69.4 / 3.9
v14	14:BG -4.5-9s		5BG 4.5/10	85.9 / 33.3 / 58.4 / 6.7
v15	15:BG -4.0-9s		10BG 4.0/10	87.1 / 42.8 / 43.5 / 6.3
v16	16:gB -4.0-9s		5B 4.0/10	87.8 / 50.6 / 34.1 / 5.1
v17	17:B -3.5-9s		10B 3.5/10.5	89.8 / 60.8 / 23.9 / 3.5
v18	18:B -3.5-9s		3PB 3.5/11.5	90.2 / 69 / 0 / 0
v19	19:pB -3.5-9s		6PB 3.5/11.5	90.6 / 74.1 / 0 / 0
v20	20:V -3.5-9s		9PB 3.5/11.5	81.6 / 80.8 / 0 / 0
v21	21:bP -3.5-9s		3P 3.5/11.5	72.9 / 87.1 / 0 / 0
v22	22:P -3.5-9s		7P 3.5/11.5	66.3 / 91.4 / 1.6 / 0
v23	23:rP -3.5-9s		1RP 3.5/11.5	59.2 / 94.1 / 16.1 / 1.2
v24	24:RP -4.0-9s		6RP 4.0/12.5	42 / 94.1 / 35.7 / 3.9

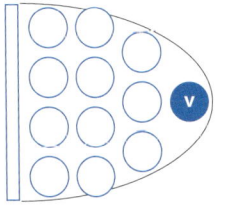

*CMYK値は「デジタル色彩マニュアル」(財団法人日本色彩研究所編、クレオ刊 2004)の掲載データを採用。

ブライトトーン (高彩度 8s)

トーン記号	PCCS記号	マンセル値		C / M / Y / K
b2	2:R -6.0-8s	4R	6.0/12	5.1 / 76.5 / 50.2 / 0
b4	4:rO -6.5-8s	10R	6.5/11.5	0 / 67.5 / 71.4 / 0
b6	6:yO -7.5-8s	8YR	7.5/11.5	0 / 45.5 / 86.3 / 0
b8	8:Y -8.5-8s	5Y	8.5/11	7.1 / 18 / 88.2 / 0
b10	10:YG -7.5-8s	3GY	7.5/10	40.4 / 9.4 / 92.9 / 0
b12	12:G -6.5-8s	3G	6.5/9	74.1 / 0 / 71.8 / 0
b14	14:BG -6.0-8s	5BG	6.0/8.5	79.2 / 12.6 / 48.6 / 0
b16	16:gB -5.5-8s	5B	5.5/8.5	81.2 / 29.8 / 27.1 / 0
b18	18:B -5.0-8s	3PB	5.0/10	83.1 / 47.8 / 0 / 0
b20	20:V -5.0-8s	9PB	5.0/10	68.2 / 62.4 / 0 / 0
b22	22:P -5.0-8s	7P	5.0/10	51 / 74.5 / 0 / 0
b24	24:RP -5.5-8s	6RP	5.5/10.5	24.7 / 76.9 / 23.1 / 0

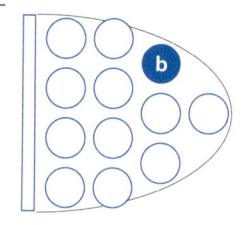

ライトトーン (中彩度 5s)

トーン記号	PCCS記号	マンセル値		C / M / Y / K
lt2	2:R -7.5-5s	4R	7.5/6.5	3.5 / 47.5 / 27.5 / 0
lt4	4:rO -8.0-5s	10R	8.0/6.5	0 / 40 / 36.1 / 0
lt6	6:yO -8.5-5s	8YR	8.5/6.5	0 / 27.1 / 47.1 / 0
lt8	8:Y -9.0-5s	5Y	9.0/6	5.9 / 10.6 / 57.7 / 0
lt10	10:YG -8.5-5s	3GY	8.5/5.5	24.7 / 4.7 / 60.4 / 0
lt12	12:G -8.0-5s	3G	8.0/5.0	47.8 / 0 / 45.5 / 0
lt14	14:BG -7.5-5s	5BG	7.5/5	56.5 / 0 / 33.7 / 0
lt16	16:gB -7.0-5s	5B	7.0/5	59.6 / 12.9 / 20 / 0
lt18	18:B -6.5-5s	3PB	6.5/5.5	58 / 30.6 / 10.6 / 0
lt20	20:V -6.5-5s	9PB	6.5/5.5	48.6 / 40.4 / 3.1 / 0
lt22	22:P -6.5-5s	7P	6.5/5.5	37.7 / 48.6 / 7.5 / 0
lt24	24:RP -7.0-5s	6RP	7.0/6	18.4 / 49.8 / 17.7 / 0

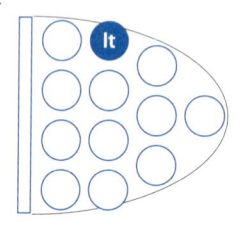

ペールトーン (低彩度 2s)

トーン記号	PCCS記号	マンセル値		C / M / Y / K
p2	2:R -8.5-2s	4R	8.5/2	14.1 / 20.4 / 14.1 / 0
p4	4:rO -8.5-2s	10R	8.5/2	12.6 / 21.2 / 17.3 / 0
p6	6:yO -9.0-2s	8YR	9.0/2	6.3 / 14.5 / 22 / 0
p8	8:Y-9.0-2s	5Y	9.0/2	10.6 / 10.2 / 28.2 / 0
p10	10:YG -9.0-2s	3GY	9.0/2	15.3 / 5.1 / 30.6 / 0
p12	12:G -8.5-2s	3G	8.5/2	31 / 2.4 / 27.1 / 0
p14	14:BG -8.5-2s	5BG	8.5/2	32.9 / 2 / 19.6 / 0
p16	16:gB -8.5-2s	5B	8.5/2	29.4 / 7.5 / 11.4 / 0
p18	18:B -8.0-2s	3PB	8.0/2	32.2 / 18 / 13.3 / 0
p20	20:V -8.0-2s	9PB	8.0/2	29 / 21.2 / 11.4 / 0
p22	22:P -8.0-2s	7P	8.0/2	25.5 / 23.9 / 12.6 / 0
p24	24:RP -8.5-2s	6RP	8.5/2	14.9 / 20.4 / 10.6 / 0

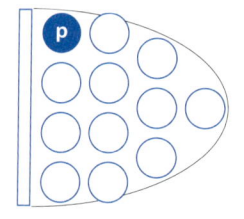

ディープトーン（高彩度 8s）

トーン記号	PCCS記号	マンセル値		C / M / Y / K
dp2	2:R -3.5-8s	4R	3.5/11.5	33.7 / 96.5 / 74.1 / 20.8
dp4	4:rO -4.0-8s	10R	4.0/11	30.6 / 87.8 / 92.2 / 21.2
dp6	6:yO -5.0-8s	8YR	5.0/11	31.8 / 66.7 / 98.4 / 14.5
dp8	8:Y -6.0-8s	5Y	6.0/10.5	39.2 / 43.5 / 97.7 / 7.5
dp10	10:YG -5.0-8s	3GY	5.0/9.5	60.4 / 34.1 / 100 / 9.4
dp12	12:G -4.0-8s	3G	4.0/8.5	89 / 38.8 / 85.5 / 21.2
dp14	14:BG -3.5-8s	5BG	3.5/8	89.4 / 49.4 / 61.2 / 20.8
dp16	16:gB -3.0-8s	5B	3.0/8	81.2 / 29.8 / 27.1 / 0
dp18	18:B -2.5-8s	3PB	2.5/9.5	96.5 / 85.5 / 31 / 12.2
dp20	20:V -2.5-8s	9PB	2.5/9.5	89.8 / 91 / 17.7 / 3.5
dp22	22:P -2.5-8s	7P	2.5/9.5	78 / 95.7 / 30.6 / 11
dp24	24:RP -3.0-8s	6RP	3.0/10	56.1 / 96.9 / 48.2 / 20.8

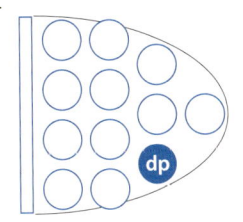

ダークトーン（中彩度 5s）

トーン記号	PCCS記号	マンセル値		C / M / Y / K
dk2	2:R -2.5-5s	4R	2.5/6	54.5 / 89 / 69.8 / 47.5
dk4	4:rO -3.0-5s	10R	3.0/6	47.8 / 83.9 / 82 / 45.5
dk6	6:yO -3.5-5s	8YR	3.5/6	49.8 / 70.6 / 93.3 / 39.6
dk8	8:Y -4.0-5s	5Y	4.0/5.5	57.3 / 58.8 / 94.9 / 32.9
dk10	10:YG -3.5-5s	3GY	3.5/5.0	71.8 / 52.9 / 94.9 / 38
dk12	12:G -3.0-5s	3G	3.0/4.5	86.7 / 53.7 / 80.8 / 42.4
dk14	14:BG -2.5-5s	5BG	2.5/4.5	91.4 / 63.5 / 67.5 / 43.5
dk16	16:gB -2.5-5s	5B	2.5/4.5	92.9 / 70.6 / 56.1 / 34.5
dk18	18:B -2.0-5s	3PB	2.0/5.0	94.5 / 83.1 / 49.8 / 33.7
dk20	20:V -2.0-5s	9PB	2.0/5.0	89 / 87.5 / 49 / 33.7
dk22	22:P -2.0-5s	7P	2.0/5.0	81.2 / 89.8 / 53.7 / 40
dk24	24:RP -2.5-5s	6RP	2.5/5.5	66.7 / 89 / 57.3 / 38.4

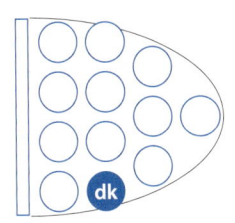

ダークグレイッシュトーン（低彩度 2s）

トーン記号	PCCS記号	マンセル値		C / M / Y / K
dkg2	2:R -2.0-2s	4R	2.0/1.5	72.9/78.4/69.4/58.8
dkg4	4:rO -2.0-2s	10R	2.0/1.5	71.8 / 76.5 / 72.6 / 60.8
dkg6	6:yO -2.5-2s	8YR	2.5/1.5	70.2/70.6/75.3/53.7
dkg8	8:Y -2.5-2s	5Y	2.5/1.5	72.6 / 67.8 / 77.7 / 54.1
dkg10	10:YG -2.5-2s	3GY	2.5/1.5	76.5/65.5/76.5/52.9
dkg12	12:G -2.0-2s	3G	2.0/1.5	81.6 / 68.6 / 73.7 / 60.4
dkg14	14:BG -2.0-2s	5BG	2.0/1.5	84.3/71/69.4/57.3
dkg16	16:gB -2.0-2s	5B	2.0/1.5	85.5 / 73.3 / 65.9 / 54.1
dkg18	18:B -1.5-2s	3PB	1.5/1.5	87.1/78.4/64.3/59.2
dkg20	20:V -1.5-2s	9PB	1.5/1.5	85.1 / 82 / 62.4 / 58
dkg22	22:P -1.0-2s	7P	1.5/1.5	81.6/82.8/63.5/60
dkg24	24:RP -2.0-2s	6RP	2.0/1.5	75.7 / 79.6 / 66.7 / 56.5

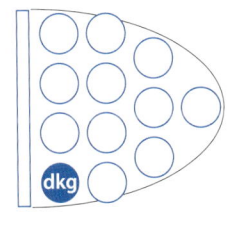

ストロングトーン (高彩度 8s)

トーン記号	PCCS記号	マンセル値		C / M / Y / K
s2	2:R -4.5-8s	4R	4.5/12	25.1 / 89.8 / 67.5 / 7.5
s4	4:rO -5.0-8s	10R	5.0/11.5	21.2 / 82 / 87.5 / 7.5
s6	6:yO -6.5-8s	8YR	6.5/11.5	15.3 / 55.3 / 94.5 / 1.2
s8	8:Y -7.5-8s	5Y	7.5/11	20.8 / 29 / 94.9 / 0
s10	10:YG -6.5-8s	3GY	6.5/10	51.4 / 22.8 / 97.3 / 2
s12	12:G -5.0-8s	3G	5.0/9	85.5 / 25.1 / 81.2 / 5.9
s14	14:BG -4.5-8s	5BG	4.5/8.5	86.7 / 40 / 58.8 / 11
s16	16:gB -4.0-8s	5B	4.0/8.5	87.1 / 52.6 / 38 / 7.5
s18	18:B -3.5-8s	3PB	3.5/10	90.2 / 70.2 / 12.6 / 0.8
s20	20:V -3.5-8s	9PB	3.5/10	82 / 80.8 / 0 / 0
s22	22:P -3.5-8s	7P	3.5/10	68.2 / 89.4 / 11.8 / 1.2
s24	24:RP -4.0-8s	6RP	4.0/10.5	46.3 / 90.2 / 40.4 / 7.1

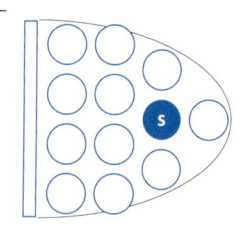

ソフトトーン (中彩度 5s)

トーン記号	PCCS記号	マンセル値		C / M / Y / K
sf2	2:R -6.0-5s	4R	6.0/6.5	27.8 / 62.4 / 45.1 / 0.8
sf4	4:rO -6.5-5s	10R	6.5/6.5	19.6 / 56.1 / 54.1 / 0.4
sf6	6:yO -7.0-5s	8YR	7.0/6.5	20.8 / 43.9 / 67.5 / 0.4
sf8	8:Y -7.5-5s	5Y	7.5/6	26.3 / 27.1 / 71 / 0
sf10	10:YG -7.0-5s	3GY	7.0/5.5	43.9 / 22.8 / 72.9 / 0.4
sf12	12:G -6.5-5s	3G	6.5/5.0	63.9 / 14.9 / 58.4 / 0
sf14	14:BG -6.0-5s	5BG	6.0/5	72.6 / 21.2 / 46.7 / 0.4
sf16	16:gB -5.5-5s	5B	5.5/5	74.5 / 35.3 / 32.9 / 0.8
sf18	18:B -5.0-5s	3PB	5.0/5.5	74.1 / 51.4 / 23.9 / 1.6
sf20	20:V -5.0-5s	9PB	5.0/5.5	66.7 / 59.2 / 18.8 / 0.8
sf22	22:P -5.0-5s	7P	5.0/5.5	56.9 / 65.9 / 23.9 / 1.6
sf24	24:RP -5.5-5s	6RP	5.5/6	40 / 65.9 / 33.7 / 1.2

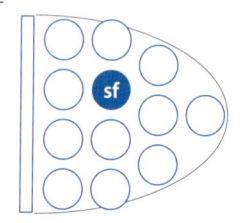

ダルトーン (中彩度 5s)

トーン記号	PCCS記号	マンセル値		C / M / Y / K
d2	2:R -4.5-5s	4R	4.5/6.5	41.2 / 76.1 / 60 / 14.5
d4	4:rO -5.0-5s	10R	5.0/6.5	35.7 / 69.8 / 69.4 / 12.9
d6	6:yO -5.5-5s	8YR	5.5/6.5	35.3 / 57.7 / 80.8 / 10.6
d8	8:Y -6.0-5s	5Y	6.0/6	42.4 / 42.8 / 84.3 / 7.5
d10	10:YG -5.5-5s	3GY	5.5/5.5	58 / 37.3 / 85.5 / 10.2
d12	12:G -5.0-5s	3G	5.0/5	76.1 / 35.3 / 70.6 / 10.6
d14	14:BG -4.5-5s	5BG	4.5/5	84.3 / 41.6 / 56.9 / 11
d16	16:gB -4.0-5s	5B	4.0/5	86.7 / 54.9 / 43.9 / 11.8
d18	18:B -3.5-5s	3PB	3.5/5.5	87.1 / 68.6 / 34.5 / 10.6
d20	20:V -3.5-5s	9PB	3.5/5.5	79.6 / 75.7 / 31 / 9
d22	22:P -3.5-5s	7P	3.5/5.5	71 / 80.8 / 36.9 / 12.6
d24	24:RP -4.0-5s	6RP	4.0/6	54.5 / 79.6 / 47.8 / 15.3

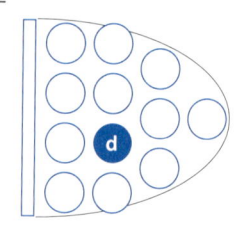

ライトグレイッシュトーン（低彩度 2s）

トーン記号	PCCS記号	マンセル値		C / M / Y / K
ltg2	2:R -7.0-2s	4R	7.0/2	34.1 / 37.7 / 30.2 / 0
ltg4	4:rO -7.0-2s	10R	7.0/2	33.3 / 38 / 34.9 / 0
ltg6	6:yO -7.5-2s	8YR	7.5/2	27.1 / 30.2 / 36.1 / 0
ltg8	8:Y -7.5-2s	5Y	7.5/2	31.4 / 26.3 / 42.4 / 0
ltg10	10:YG -7.5-2s	3GY	7.5/2	35.3 / 22 / 43.5 / 0
ltg12	12:G -7.0-2s	3G	7.0/2	49.4 / 22 / 42 / 0
ltg14	14:BG -7.0-2s	5BG	7.0/2	50.6 / 21.6 / 33.3 / 0
ltg16	16:gB -7.0-2s	5B	7.0/2	48.6 / 24.7 / 26.3 / 0
ltg18	18:B -6.5-2s	3PB	6.5/2	51 / 35.7 / 26.7 / 0
ltg20	20:V -6.5-2s	9PB	6.5/2	47.8 / 38.4 / 25.9 / 0
ltg22	22:P -6.5-2s	7P	6.5/2	44.3 / 41.2 / 26.3 / 0
ltg24	24:RP -7.0-2s	6RP	7.0/2	35.3 / 37.7 / 27.1 / 0

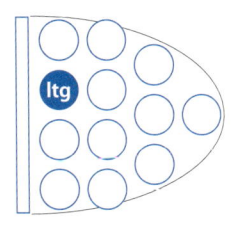

グレイッシュトーン（低彩度 2s）

トーン記号	PCCS記号	マンセル値		C / M / Y / K
g2	2:R -4.0-2s	4R	4.0/2	62 / 67.5 / 59.2 / 23.9
g4	4:rO -4.0-2s	10R	4.0/2	60.8 / 66.7 / 62.8 / 25.9
g6	6:yO -4.5-2s	8YR	4.5/2	57.3 / 59.2 / 65.1 / 20.4
g8	8:Y -4.5-2s	5Y	4.5/2	60.8 / 55.3 / 68.6 / 21.2
g10	10:YG -4.5-2s	3GY	4.5/2	65.5 / 51.8 / 68.2 / 20.4
g12	12:G -4.0-2s	3G	4.0/2	74.5 / 54.1 / 65.9 / 24.7
g14	14:BG -4.0-2s	5BG	4.0/2	77.3 / 55.7 / 58.4 / 21.2
g16	16:gB -4.0-2s	5B	4.0/2	77.3 / 58 / 52.6 / 18.8
g18	18:B -3.5-2s	3PB	3.5/2	78.8 / 66.3 / 51.4 / 23.1
g20	20:V -3.5-2s	9PB	3.5/2	75.7 / 69.8 / 49.4 / 22
g22	22:P -3.5-2s	7P	3.5/2	71.8 / 72.6 / 50.6 / 23.1
g24	24:RP -4.0-2s	6RP	4.0/2	63.9 / 68.6 / 54.1 / 21.2

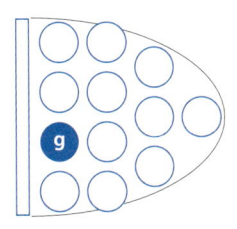

無彩色

トーン記号	PCCS記号	マンセル値		C / M / Y / K
W	n -9.5	N	9.5	7.1 / 4.3 / 4.3 / 0
Gy-8.5	n -8.5	N	8.5	21.2 / 15.3 / 14.1 / 0
Gy-7.5	n -7.5	N	7.5	34.9 / 25.5 / 23.5 / 0
Gy-6.5	n -6.5	N	6.5	48.2 / 37.7 / 34.9 / 0
Gy-5.5	n -5.5	N	5.5	58.4 / 48.2 / 45.1 / 5.5
Gy-4.5	n -4.5	N	4.5	66.7 / 56.9 / 53.3 / 15.3
Gy-3.5	n -3.5	N	3.5	73.3 / 65.1 / 61.2 / 30.2
Gy-2.5	n -2.5	N	2.5	78.4 / 71.4 / 67.5 / 49
Bk	n -1.5	N	1.5	80.4 / 74.1 / 71 / 67.8

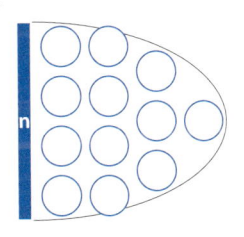

色彩を活用するためのツール

色彩を実践的な現場で活用するツールとして、JIS標準色票や特色の色見本帳、プロセスカラーチャートなどが挙げられる。色彩調査や色の指定、配色、色彩計画のツール、教育用の資料など、各用途に応じて活用しよう。ここでは代表的なツールを紹介する。

DIC(株)

DICカラーガイド第19版

DICカラーガイド パート2（第4版）

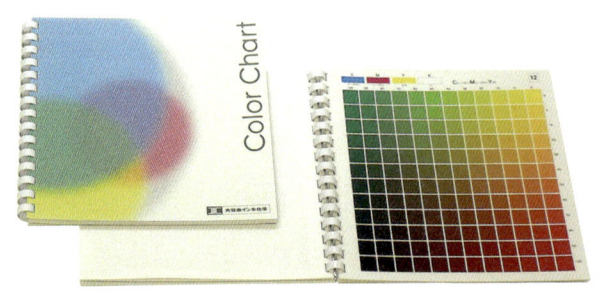

セルリング型カラーチャート

提供：DIC(株)

DICカラーガイド第19版は652色の色見本帳で、第19版になって小型色見本帳「DICカラーガイドmini」が追加された。また、カラーセレクター（インキ配合表）では、CMYK値、RGB値、マンセル値の近似値が掲載されている。
第1巻：DIC-1～257 明るく華やかな色調
第2巻：DIC-258～501 渋く落ち着いた色調
第3巻：DIC-502～654 グレイッシュカラー／Fグロス標準色／蛍光色／メタリックカラー／無彩色

DICカラーガイドパート2は、DICカラーガイドを補完する637色の色見本帳。

セルリング型カラーチャートは、プロセスカラー4色の掛け合わせ一覧表。
網点％：0、5、10、20、30、40、50、60、70、80、90、100％の12段階。

東洋インキ製造(株)

COLOR FINDER（カラーファインダー）

TOYO INK Color Chart

提供：東洋インキ製造(株)

COLOR FINDERは、4冊1組の1050色の見本帳。マンセルシステムに準拠した色の配列になっているため、直感的に選びやすい。
セット0 処方表（調色のためのインキ配合比）
セット1（派手な色のグループ）CF10001～10263
セット2（派手な色のグループ）CF10264～10526（蛍光色10色を含む）
セット3（地味な色のグループ）CF10527～10797
セット4（地味な色のグループ）CF10798～11050（パール、メタリック系の色を含む）。巻末に中間色インキ29色も掲載。

TOYO INK Color Chart（カラーチャート）は、2色チャート、3色チャート、うす墨のせチャート、グラデーションスケール、疑似色選択スケールなど多様なカラーチャートになっている。

PANTONE®（パントン）

PANTONE SOLID CHIPS three-book set
SOLID CHIPS coated, SOLID CHIPS uncoated, SOLID CHIPS matte
パントンソリッドチップス3冊組／コート紙、上質紙、マットコート紙

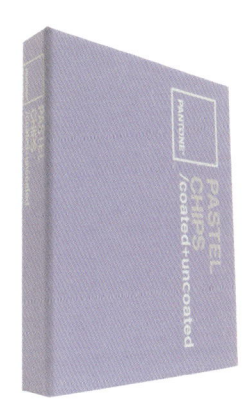

PANTONE PASTEL CHIPS / coated + uncoated
パントンパステルチップス／コート紙、上質紙

PANTONE FORMULA GUIDE / coated, uncoated, matte
パントンフォーミュラガイド3冊組

PANTONE PASTEL FORMULA GUIDE / coated + uncoated
パントンパステルフォーミュラガイド

PANTONE 4-COLOR PROCESS GUIDE / coated, uncoated
パントン4カラープロセスガイド・セット／コート紙、上質紙

PANTONE COLOR BRIDGE™ / coated, uncoated
パントンカラーブリッジ／コート紙、上質紙

提供：(株)ユナイテッド・カラー・システムズ

パントン ソリッドチップスは、パントン ソリッドカラー全1114色のカラーチップを収録した色見本。本製品は紙質による色の違いを確認できるよう、コート紙、上質紙、マットコート紙のソリッドチップスがセットになった、3冊組。RGBとCMYKいずれかで再現しやすい色にマークが付いている。

パントンパステルチップスは、柔らかい印象を与えるパステルカラー154色のチップが収録されている。

パントン4カラープロセスガイドは、パントンのプロセスカラー4色のかけ合わせに（175線）よる約3000色とそのスクリーン値を収録した色見本帳で、コート紙（C）と上質紙（U）のガイド2冊組。

パントンカラーブリッジは、パントンのソリッドカラー（メタリックを除く）それぞれを4色プロセス（175線）で再現した場合の色合いとCMYKの各スクリーン値を表示する。

パントンカラーブリッジ 部分図

PANTONE®
Solid / CMYK

PANTONE 1767 C
R 250 G 177 B 194
HTML FAB1C2

PANTONE 1767 PC
C M Y K
0 32 10 0

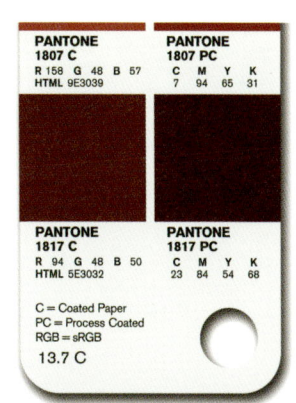

PANTONE 1807 C
R 158 G 48 B 57
HTML 9E3039

PANTONE 1807 PC
C M Y K
7 94 65 31

PANTONE 1817 C
R 94 G 48 B 50
HTML 5E3032

PANTONE 1817 PC
C M Y K
23 84 54 68

C = Coated Paper
PC = Process Coated
RGB = sRGB
13.7 C

N. Mitsui 2009

用語解説

色彩用語　(五十音順)

アクセントカラー　accent color
配色全体を引き締めるアクセントとなる色で強調色ともいう。色の面積は小さいほど効果が高い。全体の5%くらいが最も効果的である。(P.64、P.91、P.92参照)

暗清色（あんせいしょく）　shade
純色に黒のみを加えてできる色の総称。セピア色は黄赤に少量の黒を加えてできた暗清色であり、紺色は青に黒を混ぜてできた暗清色である。また白を加えた色は明清色（めいせいしょく）と呼んでいる。(P.18、P.59、P.72参照) →明清色

イッテンの色彩調和理論
ヨハネス・イッテン（Johannes Itten, 1888-1967）は、世界的に有名な造形学校「バウハウス」創立者の初代校長W. グロピウスから1919年に招聘を受け、1923年まで、予備課程と工房で教育に携わった。カリキュラムの色彩学では独自の色彩教育を展開。1961年、『色彩の芸術（The Art of Color）』として著した。今日の2色調和のダイアード、3色調和のトライアード、4色調和のテトラードはこの調和論に基づき、現在なお一定の評価を得ている。(P.24参照)

色温度　color temperature
太陽光や白熱電灯光、蛍光ランプなど発光体の温度を表し、ケルビン「K」で表記する。太陽光は約5250K、白熱電球は2400〜3100K、白色蛍光灯は4200Kである。

色の軽重感　apparent weight of color
高明度色は軽く、低明度色は重く感じられる心理的効果。有彩色では、赤、青、紫が重く、黄、黄緑が軽く感じられる。

色の混合　color mixture
2色以上の色光、あるいは色料を合わせて色をつくること。加法混色と減法混色に大別できる。(P.114〜P.117参照)

色の三属性　three attributes of color
色の3つの基本的な性質。色相（Hue）、明度（Value）、彩度（Chroma）で、すべての色を体系的に分類、識別する。(P.15、P30参照)

色の視認性　visibility
色の見えやすさ、注意の引きやすさの度合い。安全標識や交通標識、公共施設のデザイン等では高い視認性の色や配色が求められる。視認性の高い黄や黄赤、赤は、色を認識できる距離である「視認距離」が大きい。広告マーケティング用語で使用される「弁別性」は、複数のヴィジュアル要素を視覚的に区別できるかどうかを表す用語。(P.100、P.104、P.105参照) →色の誘目性

色の象徴性　color symbolism
色自体がもっている心理的な感情効果や色から連想するイメージ性やシンボル性を指す。赤は強い感情や血からのイメージで、積極性のシンボルとして、白は死、宇宙、無などを表すシンボルととらえられているが、国や地域、宗教などによって必ずしも共通ではない。JIS安全色彩などは、色の象徴性を生かした一例で、災害防止、救急体制の分野で使われている。(P.36、P.104参照)

色の誘目性　attractiveness of color
誘目性は心理的な作用を含めた色の目立ちぐあいを表している。一般に赤、黄赤、黄などの暖色系の色は高く、緑、青、紫など寒色系の色は低いとされる。UD（ユニバーサルデザイン）においては、例えば、危険な個所や注意を喚起させる部分は誘目性の高い色を使用する。(P.100、P.104、P.105参照) →色の視認性

インターカラー　Intercolor
国際流行色委員会（International Study Commission for Color）の呼称であり、同組織で年に2回、選定される国際流行色。1963年に組織され、現在13カ国が参加。日本の代表団体は日本ファッション協会 流行色情報センター（JAFCA）。→流行色

NCS表色系　Natural Color System
スウェーデンの工業規格による表色系。オストワルト表色系と似ているが、NCSでは6つの心理原色の白、黒、黄、赤、青、緑で構成されている。

演色　color rendering
色の見え方に対して、照明（光源）が与える影響。蛍光灯下で見た肉は赤味が少なく新鮮に見えないが、白熱電灯光下では赤味が鮮やかに見えるように照明光による演色性は意外と大きい。

縁辺対比　border contrast
色面と色面の境界に生じる明度の錯視をいう。例えば、明度の異なる灰色が接する場合、同じ灰色であっても、明るい灰色に接する境界では暗く、暗い灰色に接する境界では明るく見える現象が起こる。（P.106参照）→同時対比

画素　pixel
デジタル画像を生成する最小の単位。オフセット印刷の網点に当たり、ピクセルと呼んでいる。コンピュータのモニター上のすべての色はR、G、Bの画素（ピクセル）の割合によって表示される。

カマイユ配色　camaieu
カマイユは仏語の単色画法の意で、ほぼ一色に見える色同士による配色。フォカマイユ配色は同一色相の微妙な濃淡や20°くらいの近似色相までのおだやかな配色を指す。

カラーコーディネーション　color co-ordination
色彩計画を行う際に、全体を統合し、美しく調和させる技法や計画の手法をいう。環境や使用目的に合わせて、どんな色をどのように配色させて全体の調和をはかればよいかを計画、実践する。この色彩調整をする専門家をカラーコーディネーターと呼んでいる。

慣用色名
ある色を伝える場合に、「桜色」や「いちょう色」、「うぐいす色」などのように動植物や食物などの名前を引用した色名がつけられている。これを固有色名と呼んでいるが、このなかで、広く慣用化された色名を慣用色名と呼ぶ。「JISZ8102 物体色の色名」に規定されている。（P.15、P.20～P.21参照）

顔料　pigment
不溶性（水、油などに溶けない）の着色料でインク、塗料、絵の具、化粧品などの製造に使用される。染料は水や油に溶ける。

基調色　base color
一般に配色面で、基調となっている大きな面積を占めている色。ベースカラーとも呼ぶが、ドミナント（dominant）カラー（主調色、支配色）とほぼ同義的に扱える。色面全体に優位な色で、統一感を与える。ドミナントカラーは、色彩調和の視点からとらえた用語として使用されている。（P.89、P.92参照）

輝度　luminance
色光における光源のまぶしさ、明るさの単位をいう。一般的には、光源の明るさをいうが、照明された反射面のテレビ画面や液晶面の明るさも輝度で表示する。輝度の単位はカンデラ毎平方メートル（cd/m^2）で表す。（P.114参照）

基本色名　basic color name
色を表現する基本となる色の名前。日本のJIS規格では、有彩色として赤（red）、黄（yellow）、緑（green）、青（blue）、紫（purple）と、これらの中間の色として黄赤（yellow red, orange）、黄緑（yellow green）、青緑（blue green）、青紫（purple blue, violet）、赤紫（red purple）の10種類が採用されている。無彩色には、白（white）、灰色（gray）、黒（black）の3種類がある。→系統色名

グレイスケール　gray scale
明度を段階的に並べた明度スケールのこと。マンセル表色系では黒を0、白を10としているが、現実的には黒を1.5、白を9.5としている。（P.17、P.60、P.130、P.137参照）

継時対比　successive contrast
2つの色を時間差をつけて見るときに生じる色の対比現象。

系統色名　systematic color name
赤、青、白、黒などの基本色名に修飾語を組み合わせた色の表記方法。明度、彩度に関する修飾語としては、鮮やかな（vivid）、明るい（light）、強い（strong）、濃い（deep）、柔らかい（soft）、くすんだ（dull）、暗い（dark）、灰みの（grayish）などがあり、色相に関する修飾語では、赤みの（reddish）、黄みの（yellowish）、緑みの（greenish）、青みの（bluish）、紫みの（purplish）がある。例えば、慣用色名の琥珀色は「くすんだ赤みの黄」という表記となる。正確な色表示には不向きであるが、系統色名で色をイメージすることができる。JIS系統色名やPCCS系統色名、アメリカのISCC-NBS色名法などがある。（P.20～P.21参照）→基本色名

コーポレートカラー　corporate color
企業色のこと。企業をイメージする色でCI（コーポレートアイデンティティー）のベーシックシステムのひとつ。企業イメージを彷彿とさせる色。コカ・コーラのレッドやコダックのイエロー、富士フイルムのグリーンなど。（P.35参照）

CIE（Commission Internationale de l'éclairage：国際照明委員会）
測色や照明等に関わる国際的標準の取り決めを行う機関。（P.155参照）

CIE表色系（CIE 1931 standard colorimetric system）
1931年、CIE（Commission Internationale de l'éclairage=国際照明委員会）で定めた等色関数に基づく三色表色系であるXYZ表色系。（P.155参照）

紫外線　ultraviolet radiation
可視光線より短波長で、紫の外側にある電磁波。UVと略される。波長は10～380nm。皮膚や眼に有害だが、殺菌能力をもつ。（P.10参照）

色材　color material
日常的に身近な絵の具を含め、顔料、染料などの着色材料の総称。（P.112～P.114参照）

色彩の感情効果　color and emotion
人が色を見て想起する連想やさまざまなイメージの心理的効果をいう。赤は情熱や愛をイメージし、黒は死や沈黙、あるいは厳粛、威嚇などの思いを描く感情表現の視覚化ともいえる。色の象徴などとも呼んでいる。

色相環　hue circle
マンセルシステムやPCCSのように、色を体系化したカラーオーダシステムにおいて、基本となる色相を環状に並べたものを色相環という。一般にはヒューサークルというが、本書では便宜的にカラーサークルとしている。（P.12、P.13、P.17、P.19、P.26、P.70、P.154参照）

ジャッドの色彩調和理論
アメリカの色彩学者（Dean Brewster Judd, 1900-1972）が1950年代に発表した色彩調和理論。基本的にマンセルやオストワルトの調和理論に基づいているが、ジャッドは色彩調和に、人間の心理的な要因である「なじみ」や「類似性」「明瞭性」「秩序への原理」に類型化し配色を統合的にまとめあげた。この理論は、既存の表色系の類型的分類では説明しきれない、現代の多様化した色彩空間を反映したものとして評価されている。

シュヴルールの色彩調和理論
フランスの化学者（Michel Eugène Chevreul, 1786-1889）は、1839年、「色彩の同時対比の法則」を発表し、同時対比や並置混合、対比調和など、現代の色彩調和理論に大きな影響を与えた。色立体を考案、色の三属性による色彩調和の研究を行うなど、色を定量的に表した先駆者である。

純色　pure color
有彩色で、中明度の最も彩度の高い色。また、白や黒など無彩色は一切含まない色みの強い色である。PCCSでは、ビビッドトーン（V）を指す。（P.12、P18、P19、P30、P.71、P.72参照）→濁色

スペクトル　spectrum
光を分光器によって分解し、波長の長さの順（380〜780nm）に並べた色の帯。ニュートンが初めて日光をプリズムで分解して赤、橙、黄、緑、青、青紫、紫の波長の異なる色が存在していることを明らかにした。（P.10参照）

赤外線　infrared radiation
可視光線の赤色光よりも波長が長く、ラジオなどの電波よりも波長の短い電磁波。波長は約780nm〜1mm。（P.10参照）

測色　colorimetry
色の計測。肉眼で視覚的に行う方法（視感測色）と、測色器などによって物理的に計測する方法に大別できる。（P.120参照）

濁色　moderate color
純色に白と黒、つまり灰色を加えてできた全ての色を濁色と呼ぶ。グレイッシュ系の色は白、ベージュやオリーブグリーンやサックスブルー、ラベンダーなどの色は黒の微妙な配色によってでき上がった濁色である。（P.14、P.72参照）→純色

中間色　moderate color
濁色のこと。純色に白と黒を混ぜてできる彩度が低い色。（P.72参照）

中性色
寒暖のイメージを与えにくい黄緑や緑の色相を指す。（P.101参照）

DINシステム
ドイツ工業標準規格（Deutsches Institute für Normung）の表色系で1955年に制定された。ドイツのリヒターらの研究者によってオストワルト表色系を改良し、より使いやすくしたカラーシステムである。色相（T）、飽和度（S）、暗度（D）の3つの要素で構成されている。（P.154参照）

同化現象（フォン＝ベゾルト効果）　assimilation effect
ある色が、周囲の色の影響を受け、その色に近づくように変化して見える錯視の一種で、これを色の同化と呼んでいる。この同化作用は、図形の形状や、図と地の認知に影響を受けやすく、さまざまな色の見え方が現われる。（P.103参照）→同時対比

透過色　transparent color
ガラスや液体など、透明な物体を透過した光によって見える色。（P.113参照）

同時対比　simultaneous contrast
同時に見ている視野に入る色によって、色の印象や見た目が影響を受ける現象。継時対比の対語。(P.102参照) →同化現象　→縁辺対比

PCCS（日本色研配色体系）　Practical Color Co-ordinate System
1964年、日本色彩研究所（色研）が発表したカラーシステム。マンセル表色系やオストワルト表色系をベースにしながら、より使いやすく、実用的な日本のカラーシステムとして発展してきた。PCCSで定義されている「トーン」は、明度と彩度を合わせた概念で、色の調子を示す。(P.68、P.70〜P.72、P.160〜P.165参照)

表面色　surface color
物の色として知覚できる物体の表面の色で、最も日常的に色を認知する色。物体色の中でも物に反射した光によって現れる色を指す。(P.113参照)

分光分布　spectral distribution
人間が光を知覚できる可視光線の波長（電磁波）で、スペクトル（380〜780nm）における反射率や透過率をグラフ化して示した図。色によって分布の範囲が一目でわかる。横軸に波長、縦軸に強度をとって表わしたグラフは分光分布曲線と呼ばれる。

並置混合　juxtaposition color mixture
色を直接パレットの上で混ぜないで、そばに併置しながら離れて見たときに、目の網膜で混色する現象。直接混ぜ合わせる色よりも彩度は落ちず、平均の明度・彩度となる。点描法の表現や縦糸・横糸によってできる織物、オフセット印刷の網点（スクリーン）なども同様。(P.26、P.114参照)

明順応、暗順応　light adaptation, dark adaptation
明るい外光からトンネルなど急に暗所へ入ると、初めは暗くてよくわからないが、しばらくすると周囲が見えてくる視覚現象を指す。逆に暗い所から急に明るい場所に出てくると、まぶしいばかりであるが、しばらくすると見えてくる。これを、それぞれ明順応、暗順応と呼んでいる。

明清色　tint
純色に白を混ぜてできる明るい色でティント（tint）ともいう。黒を混ぜた色は暗清色、シェード（shade）。黒と白を混ぜた色は濁色、または中間色と呼ぶ。(P.18、P.59、P.72)→暗清色

モノトーン　monotone
白、黒、灰の無彩色による配色および、単一色相による明暗の配色を指す。モノクローム（monochrome）ともいう。(P.55、P.60〜P.64参照)

ライトカラー　light color
淡彩（色）のことで、淡く色が彩色されていることも指す。極彩色、濃彩の対語。(P.157〜P.159参照)

リープマン効果　Liebmann effect
色のちらつき現象をいう。微細な縞模様を見つめたときや同明度の色同士、例えば5R（赤）と5BG（青緑）のチェッカーパターンなどでは、目がチカチカする現象がよく起こる。これを避けるためにストライプやグリッド（格子）の幅を大きくしたり、明度差をつけた配色にするなどして、ちらつきを消すことができる。(P.49、P.87、P.106参照)

流行色　fashion color
現在流行している色、あるいは配色をいう。欧米では一般にファッションを中心にその用語が広まったため、「ファッションカラー」、中国では「時装色」と呼んでいる。国際的にはパリに本部のある国際流行色委員会が、日本では日本流行色協会が中心となって、ファッションやコスメティクスなどの分野の色彩の流行を主導している。(P.76、P.98参照)→インターカラー

INDEX

あ

アーノルディ, ペア (Per Arnoldi)　141、143
RGBカラー　132
RGBカラーキューブ　133〜136、138
RGB値　133
RGB値の総和　137
あいまい領域　39、42、53
アクセントカラー　55、64、82、91、92
Adobe RGB　120
網点　114、115
アリストテレス (Aristoteles)　26
アルバース, ヨゼフ (Josef Albers)　89、92、102、106
暗清色　18、51、59、72
イッテン, ヨハネス (Johannes Itten)　22、24、78
Illustrator　37、47、115、116
色の寒暖　101
色の三属性　15、30
色見本帳　122、166、167
色立体　24、28、32、118、135
インク　114
ヴィヴィッドトーン → ビビッドトーン
Webカラー　132〜134
Webカラーキューブ　137、139
Webセーフカラー　133、134、136
HSBカラーモード　47、114、115、118、119
HTML　133、135
HV/C　23、29
エーレンシュテイン現象　108
sRGB　120
xy色度図　155
XYZ表色系　155
絵の具の三原色　114、116
縁辺対比　106
オーガニック　57
オストワルト, ウィルヘルム (Wilhelm Ostwald)　30、154
オストワルトシステム　30、154
オストワルト等色相面　154
オプチカルアート　87

か

回折　26、113
可視光線　113

可読性　100
カニッツア図形　108
加法混色　26、106、114、117、133
カラーサークル　12〜14、17、19、30、31、39、80、127、154
カラーシステム　27、31
カラーパネル　116〜118
カラーピッカー　118
カラーファインダー　166
カラーマネージメント　120
干渉　26、113
干渉縞 → モアレ
寒色　100、101
慣用色名　15、20、21
基調色（主調色）　60、73、89、92
輝度　114
禁色（きんじき）　36
近似色　39、47、51、58
屈折　113
グラデーション　53〜59
グレイッシュトーン　68、71、72、160、165
グレーサー、ミルトン（Milton Glaser）　83
クロウエル、ウィム（Wim Crouwel）　63、151
グロピウス、ヴァルター（Walter Gropius）　24
系統色名　20
ゲーテ、ヨハン・ヴォルフガング・フォン
（Johann Wolfgang von Goethe）　26、110
ゲーリック、マイケル（Michael Gericke）　61、148
ゲシュタルト心理学　27、100
ゲルストナー、カール（Karl Gerstner）　56
減法混色　26、106、113、114、116
『光学』　26
光源色　113〜115
後退色　101
光度　114
コーポレートカラー　35、38、39
小島良平　46
5色配色　24
固有色名　20
コントラストの配色 → 対比調和

さ

彩度　15〜17、22、23、30
彩度対比　60、102
彩度の同化　103
錯視　100、108

三次色　124、126
3色配色　24
散乱　113
CIE（国際照明委員会）　155
CIE表色系　27、155
CMYカラー　119
CMYカラーキューブ　119、124〜129、131
CMYカラーチャート　131
CMY12色相　124、126、127、130
シェード → 暗清色
色陰現象　102
色研 → 日本色彩研究所
色光の三原色　26、114、117
「色彩環」　26
色彩構成　62、64
色彩心理学　27
色彩調和　37
『色彩の芸術』　24
色彩の錯覚　100
色相　12、15〜17、19、23、30、31、45
色相環　13、39
色相差　47、50、73
色相対比　102
色相の同化　103
紫根（しこん）　36
JIS標準色系　30
自然光　113
視認距離　104
視認性　100、104、105
Japan Color 2001 Coated　120
収縮色　101
「修正マンセルシステム」　30
シュヴルール、ミシェル＝ウジェーヌ
（Michel Eugéne Chevreul）　28
10進数　133
16進数　133
主観的輪郭（錯視的輪郭）　108
主調色→基調色
シュテルツル、グンタ（Gunta Stölzl）　22
純色　12、14、18、19、22、30、39、72、105
ショーペンハウアー、アルトゥル（Arthur Shopenhauer）　110
人工光　113
進出色　101
スーラ、ジョルジュ（Georges Seurat）　26
図と地　101、106

ストロングトーン　69、71、72、160、164
スプリットコンプリメンタリー　24、43、50、51、53、90、148
スペクトル　10、55、155
墨のぼかし　54
清色　72
漸変（ぜんぺん）　54、55
ソフトトーン　71、72、160、164

た

ダークグレイッシュ　68、71、72、74、78、160、163
ダークトーン　71、72、160、163
ダイアード　24、53、80
対比調和　43、48、49、53、74、87、88、146
多義図形　105
濁色　14、72
ダルトーン　71、72、160、164
暖色　53、100、101
チェッカーパターン（市松模様）　87、90
中間色 → 濁色
中性色　101
DINシステム　154
DTP（Desk Top Publishing）　112
ディープトーン　71、72、160、163
DIC　122、166
DICカラーガイド　166
ティント → 明清色
テクスチュア　92、93、95、96
デジタルデザイン　120
テトラード　24、80、81
デモクリトス（Dēmokritos）　26
点描表現　26
同一調和　43〜45、53、88、140
同化現象　103
透過色　113
同時対比　102
透明　95
透明感　57
透明視（知覚的透明）　106
TOYO（東洋インキ製造）　122、166
トーナルカラー　51
トーン　43、68、70、71、73、74、101
トーン・イントーン（Tone in Tone）　74
トーンオントーン（Tone on Tone）　54、74
トーン記号　70、71
特色（スポットカラー）　122

ドミナントカラー　54
トライアード　24、80
トランスペアレント → 透明
トリコロール　56、60
トレンドカラー → 流行色
トロクスラー, クラウス（Niklaus Troxler）　66

な

二次色　114、123〜126
24bit表示 → フルカラー表示
2色配色　24
2対補色 → テトラード
日本色彩研究所（色研）　11、30、43、68
ニュートン, アイザック（Isaac Newton）　12、26
ネオンカラー効果　106
ネフ社（Naef Spiele AG Swiss）　69、110

は

ハーマングリッド → ヘルマングリッド
バイカラー　56
ハイキートーン　74、78、89
配色　36、37、39、47、49、54、55、68、73、86〜96、152
ハウスアムホルン（Haus am Horn）　69
バウハウス　22、69、110
バウハウス・カラーゴマ
（Bauhaus Optischer Farbmischer）　110
バウハウス・バウスピール（Bauhaus Bauspiel）　69
パステルカラー　18
パスファインダ　123
破調　49、91
PANTONE　122、167
パントン・ビューカラープランナー　98
PCCS　16、17、27、30、31、68、70
PCCSトーン　70〜72、160〜165
ビエルト, マイケル（Michael Bierut）　63
光の三原色 → 色光の三原色
ヒケティエル, アルフレッド（Alfred Hickethier）　122
ビビッドトーン（ヴィヴィッドトーン）　68、69、71、72、160、161
ヒューサークル → カラーサークル
標色　105
表面色　113
Photoshop　115、117、134
ブッシャー, アルマ・シードホフ（Alma Siedhoff-Buscher）　69
物体色　16、112、113
「物体色の色名」　20

ブライト　95
ブライトトーン　71、72、160、162
フラクタル（Fractal）　145
プランニングカラー　51、160〜165
プリズム　10、12
フルカラー表示　115、132
フレネル, オーギュスタン・ジャン
（Augustin Jean Fresnel）　26
プロセスインキ　122
プロセスカラー　122
プロセスカラーチャート　156〜159
ブロックマン, ヨゼフ・ミューラー
（Josef Müller-Brockmann）　37
ブロナー, モニカ・ベラ（Monica Bella-Broner）　141
分光　10、12、27
並置混合　26、114
ベーシックカラー　55
ペールトーン　68、71、72、74、78、160、162
ヘクサード　24
ベゾルト, ウィルヘルム（Wilhelm von Bezold）　28、103、110
ヘルマングリッド　106
ヘルムホルツ, ヘルマン・フォン
（Hermann Ludwig Ferdinand von Helmholtz）　26
偏光　113
ベンソン, ウィリアム（William Benson）　28
ペンタード　24
ホイヘンス, クリスティアーン（Christiaan Huygens）　26
膨張色　101
補色　31、39、49、51、58、81、87、102
補色対比　53、87

ま

埋没図形　105
マクスウェル, ジェームス・クラーク
（James Clerk Maxwell）　26
マック, ルートヴィッヒ・ヒルシュフェルト
（Ludwig Hirschfeld-Mack）　110
マット　95
松永 真　48
マッハバンド　106
マンセル, アルバート（Albert H. Munsell）　30
マンセルカラーサークル　13
マンセルカラーツリー　28
マンセルシステム　12、13、15〜18、22、29〜32、39
マンセル等色相面　16

「マンセル ブック オブ カラー」　33
見本帳　15
ムーン・スペンサーの色彩調和理論　11、39、42、43、50、68
無彩色　16、18、39、54、55、60、64、160、165
明視性　87
明清色　18、51、59、72
明度　15〜19、23、30、130、138
明度差　49、54、60、73、79、86、87、89、152
明度対比　102、103
明度の同化　103
面積比　49、89
メンデル, ピエール（Pierre Mendell）　45、46、48
モアレ　108
モノトーン　55、60、62、64

や

ヤング, トマス（Thomas Young）　26
有彩色　16、18、19、26、54、60
誘目性　100、104、105
4色配色　24

ら

ライトカラー　157〜159
ライトグレイッシュトーン　71、72、160、165
ライトトーン　71、72、160、162
ランバート, ヨハン（Johan Lambert）　28
リープマン効果　49、87、106
リヒター, マンフレッド（Manfred Richter）　28
流行色　98
類似調和　43、46、47、53、74、88、142
ルード, オーデン・ニコラス（Ogden Nicholas Rood）　26
「ルードの近代色彩論」　26
ルンゲ, フィリップ・オットー（Philipp Otto Runge）　28
レオニ, レオ（Leo Lionni）　29
連続多色　43、52〜54、90、150
レンブラント・ファン・レイン
（Rembrandt Harmensz. van Rijn）　110
ローキートーン　74、78
6色配色　24

■ 参考文献

"Aesthetic Measure Applied to Color Harmony," Parry Moon and Domina Eberle Spencer, J. Opt Soc. Am. 34, 234-242（1944）
"Area in Color Harmony," Parry Moon and Domina Eberle Spencer, J. Opt. Soc. Am. 34, 93-103（1944）
"Geometric Formulation of Classical Color Harmony," Parry Moon and Domina Eberle Spencer, J. Opt. Soc. Am. 34, 46-50（1944）
"Language of Vision," Gyorgy Kepes, New York: Dover, 1995（Originally published: Chicago: P. Theobald, 1944）
"Interaction of color," Josef Albers, New Haven: Yale University Press, 1963
"Color Mixing by Numbers," Alfred Hickethier, New York: Van Nost. Reinhold, 1970
"The Color Star Stencils with Booklet," Johannes Itten, New York: John Wiley & Sons Inc; Pap/Bklt, 1986
"Computer Generated Colour: a practical guide to presentation and display," Richard Jackson, Lindsay MacDonald, Ken Freeman. New York: J. Wiley, 1993
"Colour World," Seppo Rihlama, Helsinki: The finnish Bulding Center Ltd.（Rakennustieto Oy）, 1999
"Karl Gerstner: review of 5 x 10 years of graphic design etc.," Karl Gerstner, Ostfildern-Ruit: Hatje Cantz, 2001
"Art and Illusion : A Study in the Psychology of Pictorial Representation," E. H. Gombrich, 6th edition. London : Phaidon, 2002
"Karl Gerstner: review of seven chapters of constructive pictures etc.," Karl Gerstner, Ostfildern-Ruit: Hatje Cantz, 2003
"Complete Guide to Colour: The Ultimate Book for the Colour Conscious, " Tom Fraser, Adam Banks. Cambridge: ILEX, 2004
"Graphic Designrer's Print + Color Handbook, Constance Sidles, Rick Sutherland, Barb Karg. Gloucester, Mass. : Rockport Publishers, 2005
"Color Management for Logos: a comprehensive guide for graphic designers," John Drew, Sarah Meyer, Mies: Roto Vision, 2006
"Color Studies," Edith Anderson Feisner, New York: Fairchild, 2006
"Josef Albers: to open eyes : the Bauhaus, Black Mountain College, and Yale," Frederick A Horowitz ; Brenda Danilowitz, New York: Phaidon Press, 2006
"Kurt Naef : der Spielzeugmacher / the toymaker," Charles von Büren, Basel : Birkhäuser, 2006
"Swiss Graphic Design : the origins and growth of an international style 1920-1965," Richard Hollis, New Haven: Yale University Press, 2006
"The Digital Canvas," Jonathan Raimes, East Sussex: Ilex, 2006
"Typography and Graphic Design: from antiquity to the present," Roxane Jubert. Paris: Flammarion, 2006
"In Style,"（US edition）New York: Time Inc., April 2008

『カラーシステム』日本色彩研究所監修　日本色研事業　1975
『色彩学』千々岩英彰　福村出版　1983
『ミサワホーム・バウハウス・コレクション図録』バウハウス・コレクション委員会　ミサワホーム・バウハウス準備室編　1991
『色彩調和論』福田邦夫　朝倉書店　1996
『日本の色辞典』吉岡幸雄　紫紅社　2000
『ヨハネス・イッテン：造形芸術への道』山野英嗣編　ドロレス・デナーロ（ほか）Exh. Cat. 京都国立近代美術館　2003
『色彩用語事典』日本色彩学会編　東京大学出版会　2003
『デジタル色彩マニュアル』日本色彩研究所編　クレオ　2004
『色彩学の実践』渡辺安人　学芸出版社　2005
『新構成学』三井秀樹　六耀社　2006
『マンセルシステムによる色彩の定規・拡充版』日本色彩研究所監修　日本色研事業　2008

■ 出典

P12上、下 "OPTICE" I. Newton, 1706, London
P26上 "Modern Chromatics" Ogden Nicholas Rood, 1879
P27上『色圖問答』家原政紀　滋賀新聞會社　1876
P29 "Little blue and little yellow" Leo Lionni, Astor-Honor Publishing, 1959
P36『Trick Advertising 視線を勝ち取る広告デザイン』Uwe Stoklossa　ビー・エヌ・エヌ新社　2006
P44上、P65左下 "Graphis Poster Annual '08 / '09" Graphis Inc.
P48右上、P63右下、P73右上、P78下、P80左上、P91左上、P92左下、P93下 "Graphis Poster Annual 2006" Graphis Inc.
P55下 "Graphis Advertising Annual 2008" Graphis Inc.
P56上『シンプルグラフィックス』ピエ・ブックス　2007
P56下 "Karl Gerstner" Hatje Cantz, 2003
P60下 "The New Big Book of Color in Design" David E. Carter, Collins Design, 2006
P61下、P65右下、P74下 "Graphis Poster Annual 2007" Graphis Inc.
P64『年鑑世界のグラフィックデザイン Vol.1』講談社　1993
P81、P87右上、P96上、P102最下 "Graphis Design Annual 2007" Graphis Inc.
P105右下 "Advertising, New Techniques for Visual Seduction" Uwe Stoklossa, Thomas Rempen, Thames & Hudson Ltd., 2007
P147左上 "New Masters of Poster Design" Rockport Publishers, Inc., 2006
P149 "Color Management" RotoVision SA, 2005

あとがき

私は、デジタルメディアによる新しいアートアンドデザインの領域を中心に、大学でデザインの基礎や色彩の教鞭をとっています。DTP（デスクトップパブリシング）による編集デザインやWEBデザインの演習を通して感じることは、学生の色彩に関する感性は鋭いにもかかわらず、実際の応用力となると、感性のレベルにまだまだ追いついていないことです。これを何とかしなければという思いが、本書執筆のひとつの契機となりました。

現在、色彩検定等の資格取得がブームです。特に女性の間で人気を集めており、その検定対策の書籍や参考書がさまざまに刊行されています。
実際、私自身も色彩セミナーの講師経験がありますが、受講者の多くは自動車運転免許の学科目のごとく、色彩の知識を詰め込むだけの試験勉強に終始しています。資格を取得したとしても、色彩学を生かした配色の実践力の会得には至っていないケースが多いのも事実です。

本書は色彩学の本には違いありませんが、従来のように色彩科学としての学問的な理論書とは一線を画しています。ビジネスや日常の暮らしのなかで役に立ち、感性を高められる配色法や色彩の知識に重点を置いた内容の書です。またこの色彩感覚をグラフィックソフトにも活用できるよう、デジタルカラーの仕組みとその配色法も充実させています。
私たちが色彩を学ぶ目的は、ニュートンやゲーテの色彩光学や美学哲学的な色彩の理論を学ぶためではないはずです。その真の目的とは、ファッションやインテリア等のカラーコーディネートに生かしたり、自分自身が豊かな感性を実感したりできる色彩センスの習得にあるのではないでしょうか。

粋でセンスがいいと評価の高い今の日本文化は「クールジャパン」といわれ、世界中でもてはやされています。確かに伝統的な日本文化や現代のグラフィックデザインを見ても、日本人の美意識の高さがわかります。しかし、現代の日本人の色彩感覚はどうでしょうか。私がかつて留学中過ごしたニューヨークやボストン、ジョージア州サバナの人々は、そこが都会か田舎かに関わらず、街が豊かな色彩に溢れ、自然とその環境から色彩に対する感性が磨かれていたのに比べると、日本人はまだまだ彼らのレベルに及ばないと今なお実感しています。

帰国後、アートやデザインをさらに広い視座からとらえるため、「環境」を切り口に京都大学人間環境学研究科で学びました。色の感性は、人間と環境との関わりの中で自ずと磨かれていくということを再認識すると同時に、色彩学は配色学であるという結論に至りました。

本書は見て楽しみながら理論を学び、色彩のセンスが身につくよう、欲張った内容を目指しましたが、まだまだ道半ばの心境にあります。
色彩への関心が高く、こだわりをもっているのに、色を上手に使いこなせないといった読者のみなさんにとって、本書が配色力を高め色彩感覚を身につけていただくきっかけとなれば嬉しく思います。

最後に本書の企画に快くご賛同下さった六耀社の皆様に心より御礼感謝申し上げます。

2009年4月吉日

三井直樹

著者略歴

三井直樹（みつい なおき）

1968年東京都出身。1991年筑波大学芸術専門学群芸術学専攻卒業。1992-1994年、ニューヨーク州立大学 Fashion Institute of Technology（F.I.T.）大学院在籍。1998年ジョージア州 Savannah College of Art and Design 大学院修了（Master of Fine Arts）。The M. Curtis Propes Fellowship 奨学生（米国）。2004年京都大学大学院人間・環境学研究科博士後期課程修了。京都大学博士（人間・環境学）。

現在、共立女子短期大学教授（メディアデザイン研究室）。東海大学、文化学園大学、玉川大学、長岡造形大学非常勤講師。日本デザイン学会、日本色彩学会、形の科学会、形の文化会会員。専門は「色彩デザイン学」「構成学」「メディアデザイン」。

著書等

『建築とデザインのためのフラクタル幾何学』共訳　鹿島出版会　1997
「形の文化誌」6号―モンドリアンの作品にみるフラクタル幾何学―　工作舎　1999
「形の文化誌」7号―キュビズムとフラクタル幾何学―　工作舎　2000
『色彩用語事典』共著　東京大学出版会　2003
『基礎パーフェクト！ Illustrator & Photoshop』共著　明現社　2004
『にほんのかたちをよむ事典』共著　工作舎　2011
『高校美術DVD教材：動画で広がる美術の学習』監修・出演　日本文教出版　2013
『デジタル教材：色彩入門』監修　日本文教出版　2015
文部科学省検定教科書『高校美術1・2・3』共著　日本文教出版　2014
文部科学省検定教科書『高校生の美術1・2』共著　日本文教出版　2016
『構成学のデザイントレーニング ―デザインに活かす造形力―』共著　六耀社　2017
Webオンライン講座（ファンズプロジェクトカレッジ）『三井直樹先生の色彩学入門』https://college.funs-project.com/ 大日本印刷　2019　ほか。

三井秀樹（みつい ひでき）

1942年東京都出身。東京教育大学教育学部芸術学科卒業。同大学教育学専攻科芸術学専攻修了。筑波大学名誉教授。玉川大学名誉教授。形の文化会名誉会員。専門は「構成学」「メディアアート」。

著書

『美の構成学』中央公論社 中公新書　1996
『フラクタル造形』鹿島出版会 SD選書　1996
『ガーデニングの愉しみ』中央公論社 中公新書　1998
『美のジャポニスム』文藝春秋 文春新書　1999
『形の美とは何か』NHK出版 NHKブックス　2000
『形とデザインを考える60章』平凡社 平凡社新書　2001
『メディアと芸術』集英社 集英社新書　2002
『オーガニック・デザイン』平凡社　2003
『デザイン事典』共著　朝倉書店　2003
『色彩用語事典』共著　東京大学出版会　2003
『新構成学』六耀社　2006
『かたちの日本美 ―和のデザイン学―』NHK出版 NHKブックス　2008
『琳派のデザイン学』NHK出版 NHKブックス　2013
『ハンディクラフトのデザイン学』日本ヴォーグ社　2013
『構成学のデザイントレーニング ―デザインに活かす造形力―』共著　六耀社　2017　ほか。

色彩デザイン学
THE THEORY OF COLOR DESIGN

発行	2009年 5月12日　初刷
	2022年 5月27日　11刷
著者	三井直樹　三井秀樹
装丁レイアウト	三井直樹
タイプコンポジション	design Seeds 瀬戸早苗
撮影	大島哲二
編集担当	中原君代　只井信子
発行者	折笠智和
発行所	株式会社六耀社
	〒135-0091
	東京都港区台場2-3-4
	Tel. 03-6426-0131　Fax. 03-6426-0143
	www.rikuyosha.co.jp/
印刷・製本	図書印刷株式会社

©2009 Naoki Mitsui
©2009 Hideki Mitsui
©2009 Rikuyosha Co., Ltd.
Printed in Japan
ISBN978-4-89737-638-7
NDC757.3　24.7cm
無断で本書の複写・転載を禁じます。

• Some posters and others are reproduced without permission from the creators because we were not able to contact them or receive their replies to our request. We included them considering this is a textbook for design students.
• The PANTONE Color shown here may not match PANTONE®-identified standards. Consult current PANTONE Color Publications for accurate color. PANTONE and other Pantone, Inc. Trademarks are the property of pantone, Inc. All other Trademarks are the property of their respective owners. Mac and Mac OS are trademarks of Apple Computer, Inc. Adobe, Illustrator and Photoshop are either registered trademarks or trademarks of Adobe Systems Incorporated in the United States and/or other countries. Windows is a registered trademark or trademark of Microsoft Corporation in the United States and/or other countries. Any omission of such marks from any product is regretted and is not intended as an infringement on such trademarks. Pantone, Inc. is a wholly-owned subsidiary of X-Rite, Incorporated.
Portions© Pantone, Inc., 2009. All right reserved.

資料協力
財団法人日本色彩研究所
日本色研事業株式会社
株式会社ミサワホーム総合研究所
エックスライト株式会社
株式会社ユナイテッド・カラー・システムズ
株式会社アトリエ ニキティキ
DIC株式会社
東洋インキ製造株式会社
旭光通商株式会社
株式会社マッキャンエリクソン
株式会社電通
株式会社博報堂
株式会社アーテリア
Naef Spiele AG Swiss
Vorwerk Co.Teppichweke Gmbh&Co.KG
Savannah College of Art and Design
アップルジャパン株式会社
ハーレーダビッドソンジャパン株式会社

協力者
加谷法子（共立女子短期大学メディアアート研究室）

学生作品
筑波大学芸術専門学群
玉川大学芸術学部メディアアーツ学科
共立女子短期大学生活科学科
日本ヴォーグ社 キルト塾